Territorialidades afro-indígenas e lutas pelo reconhecimento

Territorialidades afro-indígenas e lutas pelo reconhecimento

Lourdes Carril (organizadora)

alameda

Grafia atualizada segundo o Acordo Ortográfico da Língua Portuguesa de 1990, que entrou em vigor no Brasil em 2009.

Edição: Haroldo Ceravolo Sereza & Joana Montaleone
Projeto gráfico, diagramação e capa: Maria Beatriz de Paula Machado
Assistente acadêmica: Tamara Santos
Revisão: Alexandra Colontini

CIP-BRASIL. CATALOGAÇÃO NA PUBLICAÇÃO
SINDICATO NACIONAL DOS EDITORES DE LIVROS, RJ

T317

Territorialidades afro-indígenas e lutas pelo reconhecimento / organização Lourdes Carril. - 1. ed. - São Paulo : Alameda, 2022.
320 p. ; 21 cm.

Inclui índice
ISBN 978-65-5966-100-8

1. Quilombos - Posse de terra - Brasil. 2. Cultura afro-brasileira - Estudo e ensino - Brasil. 3. Indígenas da América do Sul - Posse de terra - Brasil. 4. Índigenas da América do Sul - História - Estudo e ensino - Brasil. 5. Educação multicultural. I. Carril, Lourdes.

22-76802 CDD: 305.896081
CDU: 316.347(81)

ALAMEDA CASA EDITORIAL
Rua Treze de Maio, 353 – Bela Vista
CEP: 01327-000 – São Paulo – SP
Tel.: (11) 3012-2403
www.alamedaeditorial.com.br

Sumário

Prólogo 9

Prefácio 13
Dilma de Melo Silva

Introdução 17
Lourdes Carril

PARTE 1
NARRATIVAS QUILOMBOLAS

Memórias Quilombolas:
Sr. Deodato (Quilombo de Pilar do Sul/SP) 31

PARTE 2
TERRITÓRIO E ANCESTRALIDADE:
LUTA PELO RECONHECIMENTO

Capítulo 1 - Ancestralidade afro-indígena: conceitos para a psicologia e saúde mental 45
Regina Marques de Souza e Reinaldo José de Oliveira

Capítulo 2 - Projeto modernizador de construção da nação e o reconhecimento dos direitos culturais e territoriais pelo Estado brasileiro 85
Eliane Cantarino O'Dwyer

Capítulo 3 - Reconhecimento e modelos políticos: análise sobre as propostas de Taylor e Honneth 121
Patrícia Hetti

PARTE 3
TERRITORIALIDADES AFRO-BRASILEIRAS E INDÍGENAS

Capítulo 4 - Territorialidades afro-indígenas e Políticas de Reconhecimento **161**
Aderval Costa Filho

Capítulo 5 - Da subjetividade ferida à identidade negra: a canção **Sou quem sou 100% negro**, *dos rappers do Grupo Realidade Negra do Quilombo do Campinho da Independência* **191**
Renata Câmara Spinelli e
Maria Cecília Cortez Christiano de Souza

Capítulo 6 - Patrimônio, memória e território: ações de mobilização comunitária (Rio Claro – SP) **227**
Bernadete Aparecida Capriogio de Castro e
Daniela Cristina Lopes de Abreu

Capítulo 7 – Histórias da tradição: valorizando, protegendo e divulgando as narrativas tradicionais dos povos Karajá e Xavante **247**
Angela Pappiani

Capítulo 8 - Entre Palmares e as narrativas territoriais quilombolas: lembrar para não permitir que a história apague a memória **273**
Lourdes Carril

Agradecimentos **313**

Sobre os autores **315**

Zumbi morreu na guerra
Eterno ele será
Rei justo e companheiro
Morreu pra libertar
Zumbi morreu na guerra
Eterno ele será
Se negro está lutando
Zumbi presente está
Herói cheio de glórias
Eterno ele será
À sombra da gameleira
A mais frondosa que há
Seus olhos hoje são lua,
Sol, estrelas a brilhar
Seus braços são troncos de árvores
Sua fala é vento é chuva
É trovão, é rio, é mar.

Da peça *Malungos*, musicado em 1996
por Vítor Trindade. O Poeta do Povo

PRÓLOGO

Este livro é o resultado dos seminários realizados por meio do Programa de Extensão (PROEX) da UFSCar, campus Sorocaba, no âmbito da Pesquisa do CNPq.[1] Os trabalhos foram coordenados pelo Grupo de Pesquisa Evamariô: Educação e Identidades Territorializantes/Observatório Quilombola Evamariô, ligado ao Curso de Licenciatura em Geografia da universidade. Sob minha coordenação, realizamos os Seminários Afro-indígenas,[2] contando, também, com o apoio fundamental dos alunos da graduação e da pós-graduação, da UFSCar.

As discussões contemplaram os debates sobre territórios quilombolas brasileiros e o ensino da história e cultura afro-brasileira e indígenas, temas abarcados pela política pública

1 Projeto: Perdas e Ressignificações dos Usos do Território na História do Negro em Sorocaba-SP (Chamada MCTIC/CNPq Nº 28/2018). Processo: 433023/2018-0. A pesquisa se encontra em fase final.

2 Seminários sobre Territorialidades Afro-Indígenas e Políticas de Reconhecimento (19/11/2015), II Seminário de Territorialidades Afro-Indígenas e Lutas pelo Reconhecimento (21/11/2016), III Seminário sobre Territorialidades Afro-Indígenas e Políticas de Reconhecimento (21/11/2018).

que o MEC apresenta sob a Lei 10.639/03 e, posteriormente, a Lei.11.645/08. Nestas legislações, o currículo escolar deve apresentar temas até hoje pouco abordados no universo escolar no Brasil envolvendo a Cultura Afro-brasileira e indígena.

Em um país em que, historicamente, a discriminação, o racismo e as desigualdades se mantêm fortemente no cenário escolar, uma parte da pesquisa voltou-se à promoção de ações pedagógicas que tratem da diversidade social e cultural que, em geral, não estão presentes na sala de aula, abrangendo, assim, as histórias e culturas afro-brasileiras e indígenas.

Ao discutir as territorialidades afro e indígenas, não buscamos trazer uma simples identificação entre dois povos, tampouco nos aproximar da teoria das três raças – teoria baseada no modelo eurocêntrico que fundamenta a formação do Brasil com base nos vários povos que constituíram a nação, pautando-se pela miscigenação e apagamento étnico nas narrativas sobre a sociedade brasileira. Buscamos, sim, pensá-las, considerando algumas linhas antropológicas que analisam o conceito de grupo étnico:

> como fluxos de história e memória, pessoas e técnicas com quem cruzaram em sua trajetória, dos quais retiraram ou ´resgataram´ algo, como os artistas populares e foliões que fazem o Bloco de Índio e o Bloco das Nagôs; uma relação de aliança entre seus antepassados africanos e indígenas, entendidos não como povos originalmente ´puros´, mas como grupos que já estariam de algum modo em contato e, portanto, misturados, antes e após a conquista das Américas.[3]

3 MELLO, C. C. do A. Devir-afroindígena: "Então vamos fazer o que a gente é". *Cadernos de campo*, São Paulo, n. 23, p. 1-381, 2014. Disponível em: file:///C:/Users/lfati/Downloads/98443-Texto%20do%20artigo-171019-1-10-20150526.pdf Acesso em: 05 fev 2020.

Em outras palavras, como analisa Barth, a permanência de categorias étnicas não depende do isolamento de um grupo porque não se trata da manutenção da pureza cultural. Ao contrário, a definição de um grupo étnico passa por incorporações e exclusões que não destroem as diferenças, redefinindo as fronteiras apesar do fluxo de pessoas e contatos: *as diferenças culturais podem persistir apesar do contato interétnico e da interdependência entre etnias*[4] (BARTH, 2000, p. 26).

Ressalte-se que os quilombos não reuniam apenas escravizados. Indígenas, cativos, libertos, brancos pobres que viviam nas províncias, agricultores e outras populações, em maior ou menor escala, compuseram os territórios quilombolas. Etnografias realizadas sobre quilombos contemporâneos encontraram diversos sujeitos étnicos e, inclusive, uma identidade que trouxe a possibilidade de titular o território que se auto identifica quilombola.[5] Ou seja, a territorialidade afro-indígena pode representar a estratégia pela qual um grupo étnico estabelece a sua singularidade.

O próprio contexto geográfico de Sorocaba, onde se encontram quilombos rurais e urbanos, proporcionou, também, a todos nós, a oportunidade de ouvir dessa comunidade suas experiências, suas lutas cotidianas, enfim, seus modos locais de lidarem com o difícil acesso à terra, ao mercado de trabalho, à urbanização e ao cultivo de seus valores.

O tema afro-indígenas acabou por revelar o enorme contingente de populações - caiçaras, ribeirinhos, e, principalmente, a

4 BARTH, F. *O guru, o iniciador e outras variações antropológicas*, Rio de Janeiro: Contra Capa, 2000, p. 26.

5 ANDRADE, M. de P. *Terra de índio*: identidade étnica e conflito em terras de uso comum e resistência camponesa. (Tese de Doutoramento). FFLCH-USP, 1990.

grande representatividade das populações periféricas de todas as cidades, em suas lutas contra a invisibilidade decorrente das políticas coloniais e escravistas herdadas, que historicamente lhes nega o acesso ao território, ao alimento, ao direito à sua voz e suas expressões culturais simbólicas.

A narrativa do Sr. Deodato, na 1ª parte deste livro, traz a voz de um quilombola da comunidade Fazenda Pilar, representante de tantas outras presentes no território metropolitano de Sorocaba, que luta pelo direito ao território ancestral. A sua voz ecoa num espaço de lutas antigas que traduzem as perdas territoriais quilombolas e ressignificam o uso do território.

Intentamos reunir, assim, visões que trafegam por distintos locais, mas que captam os traços comuns de uma história em fragmentos, segundo Mbembe:

> mobilizados para dar conta em si mesma fragmentada, a [história] de um povo em pontilhado, lutando para se definir não como um compósito disparatado, mas como uma comunidade cujas manchas de sangue são visíveis por toda a superfície da modernidade.[6]

Esses diferentes olhares apresentam em comum a revelação do caráter estruturante do silenciamento de diversos grupos da economia e geopolítica brasileiras.

Enfim, que essa coletânea possa oferecer, aos interessados pelo tema, ricos subsídios para suas reflexões, tais quais foram profícuos nos debates e aprendizados nos Seminários.

Lourdes Carril

---

6 MBEMBE, Achille. Crítica da Razão Negra. São Paulo: *N-1*, 2019. p. 63.

PREFÁCIO

A coletânea *Territorialidades Afro-indígenas e Lutas pelo Reconhecimento* traz a público o resultado dos debates ocorridos durante os Seminários *Territorialidades e identidades afro-indígenas e lutas pelo reconhecimento*, que reuniu quilombolas, *rappers*, estudantes, intelectuais e professores, apresentando aspectos multifacetados que envolvem as territorialidades bem como as lutas no campo social e jurídico para o reconhecimento e o alcance da cidadania. O fortalecimento das identidades étnicas e raciais no Brasil, a partir da Constituição de 1988, nos faz pensar que agora, atravessada a Calunga Grande, – o Atlântico Negro que nos une – a força vital constituinte do (a) MUNTU africano (a) penetrou no território americano e atuou durante séculos em lutas, resistências, reelaborações, ressignificações.

O ponto central desta publicação focaliza o processo pelo qual, na atualidade, seus (suas) herdeiros (as) mantêm a sabedoria milenar vinda com os malungos desabrochada em mocambos e senzalas e lutam por cidadania plena.

Passados tantos anos da Abolição formal, seus valores se perpetuam nas vitórias cotidianas frente à arrogância das elites míopes, cegas e ofuscadas com reacender o ideário de princípios civilizatórios solidários e estruturantes.

Por toda parte, de Cafundó a Serra da Barriga, passando pelos quartos escuros e insalubres das áreas de serviço verticalizadas das metrópoles os (as) MUNTU arrancados (as) de suas comunidades de origem mantêm acesa a certeza da supervivência em terras estrangeiras, hoje, transmutadas em quilombos, posses e não lugares antropofagicamente conquistados.

Séculos de história, espaços luminosos, espaços opacos, cores, contrastes, penumbras, símbolos e significados construídos, minuto a minuto, de luta/resistência/sobrevivência.

Bosques e montanhas percorridos, trilhas convergentes, veredas propícias, *Elegbá* atuante, ontem e hoje, nas encruzilhadas dos caminhos que nos separam e nos unem, o senhor de muitos nomes mistura tudo em águas turbulentas e abre caminhos floridos.

Narrar essa trajetória, relatar algo deste percurso. Ouvir murmúrios trazidos pela aragem da manhã gravados em gotas de orvalho e cacimba do entardecer. O futuro é hoje, a força vital das palavras presentes nos testemunhos, nos revelam: nós também estivemos lá e nos convencem: ninguém é melhor do que todos (as) nós juntos (as).

Neste encontro, por ocasião deste livro, desenhamos nossos trajetos a partir de nossa subjetividade fecundada pela determinação de construir e manter a vida, num presente e num devir revelador de nossa presença partícipe no território conquistado.

Comecemos pela aprendizagem de desaprender, esquecendo o modo de lembrar que nos foi ensinado/inculcado/imposto em décadas de embranquecimento. O sistema escolar de brasileiro é terreno minado: cuidado ao pisar! Por todo lado os subterfúgios, a negação, o desmerecimento, a dor da cor!

Eliminar a tinta que embotou nossos sentidos, desvelar o nosso olhar, descolonizar nossas mentes, decodificando um a um os elementos coesivos da preservação comunitária. Usar a astúcia do *trikster* na arte do subterfúgio ao manipular fios e laçadas presentes na tessitura única de nossa cultura, de nossa pluriculturalidade.

Retomar os valores civilizatórios afro-indígenas presentes em nós, entranhados em nosso DNA, não somos europeus, nem norte americanos ou asiáticos, se somos o que somos, se nos reconhecemos numa identidade única, isso se deve à nossa ancestralidade de malungos vindos nos tumbeiros...desabrochada junto aos povos autóctones.

E hoje, celebramos com este grupo a revelação de um mundo às avessas, e somos convidados para um festim/celebração em torno dos onze autores da coletânea que será leitura básica para obtenção de conhecimentos sobre território e sociedade, direitos humanos, ordem espacial... na trilha dos ensinamentos de nosso Mestre Milton Santos que nos ensina: "o território já usado pela sociedade ganha usos atuais, que se superpõem e permitem ler as descontinuidades nas feições regionais; cada região não acolhe igualmente as modernizações nem seus atores dinâmicos, cristalizando usos antigos e aguardando novas racionalidades" (SANTOS, M.A. *Brasil: Território e Sociedade no início do século XXI).*

Saudamos aqui as lições reflexivas do Seminário realizado na UFSCAR, num momento em que nossas Universidades estão carentes de teares e tecelões que construam fio por fio a trama do conhecimento com sensibilidade, compromisso e responsabilidade.

Dilma de Melo Silva
Docente sênior da ECA/USP

INTRODUÇÃO

A análise da luta quilombola revela continuidades e descontinuidades, desterritorializações e reterritorializações, emaranhamentos presentes nas diásporas negras, cujas dinâmicas remetem à complexidade cultural e histórica do pertencimento.

A emancipação pós abolição aprofundou uma luta de autodeterminação e constante autoconsciência, em que a memória, a ancestralidade, as expressões culturais e os valores, se reafirmaram num sentido de reescrever a História, principalmente, nos lugares em que essa existência é apagada, no campo, na cidade, na escola, na vida cotidiana, no território, como Mbembe aponta:

> No Ocidente, a realidade é a de um grupo composto por escravos e homens de cor livres que vivem, na maior parte dos casos, nas zonas cinzentas de uma cidadania nominal, no seio de um Estado que, apesar de celebrar a liberdade e a democracia, nem por isso deixa se preservar em seus fundamentos como um Estado escravagista.[1]

---

1 *Ibidem,* 2019. p. 62.

É na vida cotidiana que se processa a ressignificação do território frente às práticas hegemônicas. Estas que concebem um conjunto de lugares e espaços lisos,[2] contíguos e homogêneos, fundamentados na propriedade privada e no embranquecimento espacial que negam as diferentes territorialidades. Portanto, revelam um modelo excludente e conflitante com as distintas temporalidades e projetos diversos nas dinâmicas históricas do Brasil.

Este livro reúne artigos que buscam contribuir à reflexão sobre as ressignificações étnicas e raciais que dão sentido à história, à cultura e às presenças contemporâneas territoriais num mundo desigual e interdependente. Trata-se de contemplar conhecimentos e práticas críticas à naturalização de "experiências, identidades e relações históricas da colonialidade e da distribuição geocultural do poder capitalista mundial",[3] entendendo a colonialidade como uma perspectiva cultural hegemônica de longa duração que atravessa os diversos períodos e fases da expansão do capitalismo. A instituição das ideias culturais que sustentam a produção e a reprodução da lógica sistêmica capitalista tem como fundamento a imposição de uma classificação hierárquica racial/étnica da população, nas palavras de Quijano[4] uma lógica fundante de configurações culturais e identitárias instituídas para além do mundo colonial.

As ações políticas e estratégicas que conformaram o modelo ocidental de território, em suas diversas escalas, têm como

2 SANTOS, M. *A natureza do espaço* – Técnica e tempo. Razão e Emoção. São Paulo: HUCITEC, 1996.

3 QUIJANO, A. *Colonialidade do poder e classificação social.* SANTOS, B. de S.; MENEZES, M. P. *Epistemologias do Sul,* Coimbra: Edições Almedina, 2009. p. 86.

4 *Ibidem,* p. 84-131.

fundamento o racismo como pressuposto ontológico e, por conseguinte, a construção de imagens inerentes às classificações hierárquicas, baseadas entre civilização e barbárie, periferia e centro, moderno e atraso etc.

Passados séculos da colonização configurou-se nos continentes africano, asiático e latino-americano, um mundo interdependente e profundamente desigual. Nele, a África acaba, por ser conhecida, também, apenas pelo que representa de estados periféricos, desorganizados e empobrecidos; tais imagens distintivas constituem o apagamento de uma história milenar.

Numa perspectiva mais abrangente do que a ocupação político-estatal, para além da propriedade da terra,[5] os quilombos brasileiros reivindicam o território que garante suporte de sobrevivência e autonomia a eles enquanto sujeitos que portam diferentes territorialidades. É preciso entender e estar atento ao território considerando os modos de organização, de articulação, de resistência e de sobrevivência que as pessoas que ocupam esses espaços vão concebendo no seu cotidiano.

Nesse sentido, as pesquisas apresentadas nos textos desta coletânea se pautam em referenciais teóricos distintos, trazendo à tona diversas análises e estudos realizados, promovendo a discussão sobre sujeitos que evocam territorialidades. Ao refletirmos sobre territórios afro-indígenas, nos preocupamos em compreender os sujeitos inseridos em um contexto que remete, não somente ao passado, mas ao presente. Tornou-se necessário estabelecer o significado da diferença étnica por intermédio de novos paradigmas teóricos e metodológicos frente aos fenômenos sociais.

---

5 ARRUTI, J. M. *Mocambo* – história e antropologia do processo de formação quilombola, Florianópolis: Edusc, 2006.

Os temas apresentados nesta obra mostram bem os termos dos desafios suscitados, posto que as terras de santos, territórios indígenas e quilombolas vêm se tornando espaços identificáveis em sua relação com o passado, dando suporte à ressignificação cultural. Quando as comunidades buscam o reconhecimento enquanto negros e indígenas, eles se reconstroem como comunidade para si. Tais processos contribuem à compreensão da complexidade dos usos do território e dos recursos naturais, que coincidem com o seu modo de vida e cultura.[6]

A questão das identidades territoriais conjuga uma síntese de processos sociais e históricos que articulam as formações nacionais aos projetos de dominação, frutos da exploração colonial e da escravidão indígena e africana, no Brasil e na América Latina. Na sua base, essas sociedades são multiétnicas e multiculturais, convivendo com tensões, diálogos, exclusões e resistências. Nascidas desse encontro (ou "mau encontro"),[7] as diversas culturas presentes, tanto indígenas, quanto africanas, aprenderam a língua, a religião e a educação dos dominantes,

---

6 CARRIL, L. *Quilombo, favela e periferia*. A longa busca da cidadania. São Paulo: Annablume, 2006.

7 O "mau encontro", segundo Marilena Chauí, é definido por La Boétie "quando formula a ideia de mau encontro que teria desnaturado o homem, fazendo-o perder a lembrança de sua liberdade originária, La Boétie ergue uma hipótese: a de que nascesse `uma gente toda nova, nem acostumada à sujeição nem atraída pela liberdade" e à qual se perguntasse se que queria viver como serva ou viver livre: `com que leis concordaria? ´- indaga La Boétie. A hipótese é evidente: La Boétie se refere à imagem dos habitantes do Novo Mundo, tradicionalmente apresentada pelos viajantes como a dos homens sem lei, sem fé e sem rei – *sans loi, sans foi et sans roi.* (CHAUI, M. *Contra a Servidão Voluntária*, Bela Horizonte: Autêntica, 2013, p. 123)

inseridos na exploração do trabalho, na escravização e em toda a sorte de violências.

O processo colonial fragmenta o mundo, hierarquizando regiões e conjuntos populacionais para a reprodução da riqueza e exploração do trabalho. Contudo, as características do passado colonial estão presentes na constituição da economia globalizada de fundamento neoliberal, afirmando o poder do capital sobre os múltiplos territórios e as expressões culturais existentes.

No Brasil, a modernização abandonou enorme contingente de estratos de influência africana e ameríndia e privilegiou a lógica produtiva sobre o território. Foram construídos aparatos jurídico-administrativos que deram suporte à formação territorial segundo um princípio unificador das diferenças sociais. Neste processo, fundou-se uma hierarquia social de cunho eugenista que estigmatizou os descendentes de escravos negros, indígenas e outros grupos excluídos, quando outras nacionalidades vieram a competir no mercado de trabalho e mesmo, posteriormente, quando se revalorizou a força de trabalho nacional.

O modelo da colonização que gestou a sociedade brasileira foi e continua a ser de grande importância para o controle sobre o espaço geográfico, nele, o território tem sido o elemento básico de configuração da identidade. O interesse se fixa sobre os fundos territoriais, legado que se perpetua aos dias atuais.[8] A partir desta configuração, a formação social brasileira se estruturou diferenciando-se pelos níveis de riqueza de patrimônio e pelo desenraizamento de segmentos étnicos despojados de seus territórios, de sua ancestralidade e cidadania.

---

8 MORAES, A. C. R. de. *Território e História no Brasil.* São Paulo: HUCITEC, 2002.

No Brasil contemporâneo, como em diversas nações latino-americanas, o território se consolidou como poder central do Estado construindo-se uma subcidadania territorial. Talhada localmente pelas elites brancas e *creoules,* que moldaram as nações nascentes a partir dos referenciais ocidentais do Estado Moderno, a visão de território fixa-se como base de poder político de uma determinada classe que ocupa o poder do Estado.

O desenho político geográfico do território brasileiro está baseado numa lógica em que as diferentes presenças, tais como: formas comunitárias, quilombolas, caiçaras, camponesas, ribeirinhas, indígenas e outras relações territoriais[9] são negadas no modelo existente. Constantemente, se tornaram indesejadas, invisíveis, combatidas e destruídas, mas, nunca desaparecem plenamente e emergem como o retorno do recalcado em movimentos de pertencimento territorial.

Dar luz à história de lutas e de construções identitárias vai ao encontro do pensamento de Adorno[10] sobre o desejo de libertar-se do passado como processo de desvencilhar-se de suas sombras que ainda permanecem muito vivas nas violências herdadas. Para que sejam superadas as demandas autoritárias do presente torna-se necessária a reelaboração do passado, processo que pode nos conduzir à desalienação, bem como, à construção de projetos de emancipação dos indivíduos.

Procuramos desvelar, neste trabalho, por meio de distintos olhares, um modelo institucional e social que historicamente

---

9 ALMEIDA, A. W. B. de. Terras de quilombos, terras indígenas, "babaçuais livres", "castanhais do povo", faxinais e fundos de pastos: terras tradicionalmente ocupadas. Projeto Nova Cartografia Social da Amazônia (ppgsca-ufam / Fundação Ford / ppgda-uea), 2008.

10 ADORNO, T. W. *Educação e emancipação*. Rio de Janeiro: Paz e Terra, 2012.

prolongou e disseminou uma relação hierárquica racial. Portanto, estamos diante de práticas que propagam exclusões e preconceitos, como, por exemplo, o poderoso silêncio e a omissão que perpetuaram segregações, ratificando o discurso racista dominante ao uso do território.

Na sociedade brasileira, verifica-se a marca do racismo e da exclusão, nas diversas relações interpessoais e institucionais que estão fundamentadas em uma visão liberal de cultura, apresentando os sujeitos como cidadãos descorporificados, e cujas diferenças são diluídas num todo homogeneizante.

Ao considerarmos as lutas seculares pela justiça e igualdade, ainda não totalmente consolidadas a uma grande parte da sociedade no Brasil, devemos atentar para compreendermos que resistências historicamente constituídas estão emaranhadas numa multiplicidade de histórias, muitas delas, milenares, como a africana, e de culturas híbridas, fruto do intercâmbio e da conexão com outras comunidades, locais ou globais. Segundo Gilroy,[11] as culturas têm viajado, se deslocado, daí ocorrerem empréstimos, transformação e reinscrição contínua que lhe são características. Sua discussão aqui permeia os diversos textos na medida em que estes trazem narrativas, histórias, territorialidades e os desafios à universalização dos direitos.

Este livro está constituído, desta forma, por três partes: a Parte 1 - *Narrativas Quilombolas,* trazendo o relato de vida do Sr. Deodato de Almeida Caetano, memória viva do Quilombo Fazendinha de Pilar; Na Parte 2 - *Território e Ancestralidade: a Luta pelo Reconhecimento*, composta por 3 capítulos, organizados com textos que debatem e problematizam os usos terri-

---

11 GILROY, P. *O Atlântico Negro*. Modernidade e dupla consciência. São Paulo, Rio de Janeiro: 34/Universidade Candido mendes, Centro de Estudos Afro-asiático, 2001.

toriais e a ancestralidade, além da discussão sobre a teoria do reconhecimento; finalmente, a Parte 3 - *Territorialidades Afro-brasileiras e Indígenas*, com 5 capítulos, busca discutir o tema das lutas pelo território afro indígenas e a sua relevância aos debates para a educação e às práticas pedagógicas significativas.

No capítulo 1, *Ancestralidade afro-indígena: conceitos para a psicologia e saúde mental*, Marques e Oliveira, procuram abordar as várias formas de pensar a ancestralidade negra e indígena no contexto do território brasileiro e internacional. O conceito de ancestralidade, para os autores, é múltiplo, denso, expandido e abarca diferentes campos disciplinares no conjunto das produções dos escritos sobre a diáspora negra, povos indígenas e africanos. Os autores ressaltam que é necessário considerar, em termos psíquicos e emocionais, que as revoluções e as vitórias na transformação dos paradigmas do mundo passam necessariamente pela força dos de 'baixo' que possuem um alicerce bem fundamentado para sua permanência na construção do que é mais caro e valioso a toda humanidade. Analisam que para a psicologia e ciências da saúde, o conceito de ancestralidade é pouco compreendido e sequer explorado. Convidam, finalmente, à reflexão de que esse campo do conhecimento vem a contribuir para uma nova ordem civilizatória.

O´Dwyer, no capítulo 2, *Projeto modernizador de construção da nação e o reconhecimento dos direitos culturais e territoriais pelo Estado brasileiro*, analisa os movimentos reivindicatórios de reconhecimento do território com base na memória de comunidades que emergem frente a processos de impactos socioambientais advindos de políticas modernizantes. Nesse sentido, o assassinato de Chico Mendes, em 1989, e a criação da primeira reserva extrativista do Brasil – do Alto Juruá, Acre, modificaram a condição dos pesquisadores etnógrafos, conduzindo-os, para além do campo científico, ao exercício de práticas que alimentam o campo jurídico com vistas ao reconhecimento de novos direitos territoriais. A etnografia como forma de conhecimento que focaliza a experiência das territorialidades singulares permite pensar os liames do Estado e os reclamos da institucionalidade jurídica nas manifestações culturais e simbólicas. A Constituição de 1988, além de outras legislações, ampliou os direitos dos territórios indígenas e quilombolas, possibilitando que as pesquisas etnográficas partindo das experiências dos sujeitos desfizessem as margens territoriais e conceituais do Estado. Estas que são entendidas pela autora como periferias do projeto de construção do Estado-Nação brasileiro que não se findou.

Hetti, no capítulo 3, *Reconhecimento e modelos políticos: análise sobre as propostas de Taylor e Honneth*, reflete sobre as bases teóricas e filosóficas do conceito de reconhecimento, uma referência para a compreensão da luta pelos direitos dos indivíduos e grupos sociais nas sociedades contemporâneas. Para tanto, a autora escolhe dois pensadores: Charles Taylor e Axel Honneth. Na modernidade, segundo Charles Taylor, a negação do reconhecimento produz marcas que podem ser introjetadas pelos membros da sociedade, sendo que o modelo liberal clássico de reconhecimento se torna cada vez inviável para abarcar a multiculturalidade presente. Em Axel Honneth, a autora destaca a análise da noção de luta pela autoconservação em contraposição ao modelo do contrato social baseado pelo reconhecimento, sendo a luta pelo reconhecimento como a gramática da luta social.

Costa Filho, no capítulo 4, *Territorialidades Afro-indígenas e Políticas de Reconhecimento*, discorre sobre um quadro amplo de diversas manifestações territoriais frente a conflitos instituídos a partir de interesses econômicos, desenvolvimentistas e modernizantes, que impõem desafios à organização sociocultural e política dos grupos. Esses processos subjazem à ordem do direito, às políticas públicas, às categorias conceituais e ao trabalho etnográfico. Diante à ordem constitucional, um conjunto de povos tem sido reconhecido juridicamente na categoria de "povos e comunidades tradicionais", tendo como base características próprias de saberes ancestrais, uso do território e de recursos naturais, defesa da biodiversidade, bem como outros referenciais fundamentais para a reprodução social. O autor analisa, também, que tais grupos não podem ser analisados somente como resultado de conteúdos culturais, essencialmente existentes, mas envolvem identidades múltiplas e mobilizadas frente aos conflitos, expressam interações e a construção de novas fronteiras culturais, bem como produzem distintos movimentos de identificação.

Spinelli e Souza, no capítulo 5, *Da subjetividade ferida à identidade negra: a canção Sou quem sou 100% negro dos rappers do Grupo Realidade Negra do Quilombo do Campinho da Independência*, apresentam reflexões sobre a potência do *rap* na educação das crianças e jovens negros do quilombo. A canção do Grupo Realidade Negra revela a história da resistência dos afrodescendentes nas lutas travadas desde a escravidão. Neste capítulo, as autoras, analisam as mudanças ocorridas na comunidade que vão aglutinando múltiplas experiências, tais como a transformação da comunidade tradicional em pentecostal, que canta *rap gospel* e se torna, também, agente do turismo no quilombo, garantindo a auto sustentabilidade. Contrariando a história oficial, a invisibilidade e um extenso trajeto de negação dos sujeitos negros, inclusive na escola, o *rap* busca reparação, autocompreensão, alento e sustentação psíquica.

Pappiani, no capítulo 6, em *Histórias da Tradição: Valorizando, Protegendo e Divulgando as Narrativas Tradicionais dos*

Povos Karajá e Xavante, apresenta a realização de trabalhos desenvolvidos no Projeto Histórias da Tradição, coordenados pela IKORE, onde ela realiza trabalhos de fortalecimento das culturas tradicionais. Neste capítulo, a autora discorre sobre relações antigas de amizade e trabalho com os povos parceiros Xavante, da aldeia Etenhiritipá (MT) e Karajá, da aldeia Fontoura (TO), em iniciativas de grande importância e impacto social favorável aos mesmos. Destaca, também, que por meio da construção de projetos de afirmação e divulgação do modo de vida indígena tem sido possível expressar as narrativas desconsideradas frente à valorização da escrita da nossa sociedade.

Castro e Abreu, no capítulo 7, *Patrimônio, Memória e Território: ações de mobilização comunitária - Rio Claro – SP*, traz a pesquisa desenvolvida sobre expressões materiais e imateriais do patrimônio cultural constituído pela cultura negra na cidade de Rio Claro. A partir da formação do grupo de pesquisa *Africanidades*, no Arquivo Público e Histórico de Rio Claro - SP, realizou-se o registro de depoimentos dos representantes da comunidade da cidade obtendo as narrativas dos mais velhos (Griôs), tendo como objetivo a interlocução com a comunidade negra e a reconstituição de sua trajetória histórica local. A autora interpreta que o diálogo interdisciplinar é de suma importância para esses estudos no sentido de refletir os significados da noção de patrimônio cultural. O trabalho incluiu a participação do Conselho da Comunidade Negra de Rio Claro (Conerc), Arquivo Público e Secretaria Municipal de Educação, bem como a partir dele, a realização de Curso de Capacitação para Professores Coordenadores do Ensino Fundamental.

Carril, no capítulo 8, *Entre Palmares e as Narrativas Territoriais Quilombolas: Lembrar para não permitir que a história apague a memória*, discute as relações entre memória e território na formação territorial brasileira. A partir da pesquisa realizada no quilombo Fazenda Pilar, discorre sobre os conceitos de território, territorialidade e memória, evidenciando a necessidade da lembrança para não se apagar a história. Por meio de suas narrativas, esse quilombo urbano percorre muitos caminhos de luta para a visibilidade no município de Pilar do Sul. Segundo a autora, na medida em que o território se encontra inserido em relações sociais e históricas, as ausências dessas articulações nos currículos, práticas escolares e no cotidiano social, reforçaria o imaginário social da branquitude, negando a presença viva das culturas afro-brasileiras. Entende, portanto, que a partir de pedagogias críticas torna-se possível vincular a vida social dos sujeitos negros aos currículos e projetos curriculares e práticas docentes. É com base nessa premissa que estão sendo realizados cursos de extensão junto ao quilombo, movimentos sociais e educadores.

Lourdes Carril
UFSCar, campus Sorocaba

Parte 1
Narrativas Quilombolas

Memórias Quilombolas: Sr. Deodato (Quilombo de Pilar do Sul/SP)

Sr. Deodato de Almeida Caetano, Quilombo Fazenda Pilar (2016)

Foto: Lourdes Carril

Trabalhar com a narrativa a partir do resgate da história oral nos permite acessar o campo das memórias e com estas articular as pegadas da história vivida por um sujeito que compõe sua singularidade em meio ao movimento das marcas da história oficial, na medida que se torna possível o registro de seu caminhar ao resgate de sua experiência de vida. Assim, o retomar a memória enquanto um registro é também um exercício bastante delicado e ao mesmo tempo político, pois este recurso torna-se valioso na medida em que apontamos a memória como um instrumento de pesquisa que carrega, em seu imaginário coletivo, a construção sociocultural das relações entre as pessoas e o curso que determina o tempo e espaço, na configuração dos fatos e suas consequências ao estruturar o papel da história. Esta história por muito tempo tem sido cerceada pela posição privilegiada dos protagonistas que oficializaram seus feitos silenciando as vozes dos vencidos.

Ao estabelecer a voz do Sr. Deodato,[1] na abertura dos trabalhos presentes neste livro, tomamos as reflexões feitas pelo filósofo Walter Benjamin sobre a categoria dos vencidos, lugar dialético onde se encontra o narrador ao qual é destinado o velamento por parte da história oficial. Busca-se, assim, contribuir para a apresentação deste trabalho, ouvir e retratar as memórias e histórias do Sr. Deodato de Almeida Caetano enquanto um sujeito da história dos vencidos cujo movimento de retorno ao passado nos permite situar a relevância política de seu olhar histórico. Ao revisitar o que já foi vivido, o narrador permite o resgate das raízes que configuram as marcas opressoras da história oficial que ofuscou a presença de sua família e o legado desta na cidade de Pilar do Sul, assim é possível destacar como sinaliza Walter Benjamin que:

> Articular historicamente o passado não significa conhecê-lo "como ele de fato foi". Significa apropriar-se de uma reminiscência, tal como ela relampeja no momento de um perigo. [...] em cada época, é preciso arrancar

---

1 Relato registrado para o Grupo de Pesquisa Evamariô por Pâmela Keiti Baena.

> a tradição ao conformismo, que quer apoderar-se dela. Pois o Messias não vem apenas como salvador; ele vem também como o vencedor do Anticristo. O dom de despertar no passado as centelhas da esperança é privilégio exclusivo do historiador convencido de que também os mortos não estarão em segurança se o inimigo vencer. E esse inimigo não tem cessado de vencer.

Nessa perspectiva, a narrativa das memórias do Sr. Deodato abre essa coletânea, representando a importância de dedicar-se à escuta das experiências deste senhor. É um exercício que contribui para tentar sanar uma dívida histórica com as vidas de seus ancestrais, que por um longo período têm sido silenciadas. E por mais que o tempo continue a passar, é preciso uma revisão dos fatos para que o inimigo, personagem opressor do passado não continue a silenciar as vidas do presente.

Seguem alguns trechos do relato de Deodato de Almeida Caetano, realizado em 2016.

Débora Priscila de Oliveira
UFSCar, campus Sorocaba[2]

---

2 O Quilombo de Pilar do Sul integra o Projeto de Pesquisas "Perdas e Ressignificações dos Usos do Território na História do Negro em Sorocaba-SP".

Deodato de Almeida Caetano

Sobre meus pais

[...] Meu nome completo é Deodato de Almeida Caetano. Nasci no bairro do Campo Grande, cidade de Pilar do Sul, em 26 de outubro de 1941. A minha nacionalidade é brasileira e sou descendente da raça africana, sendo meu tetravô "Lourenço", natural da Guiné.

Meu pai era um homem bom, honesto, trabalhador, cumpridor de seus deveres, bom pai, bom marido. Seu nome era Adelino Adão Caetano, nascido no dia 22 de agosto de 1919. A profissão dele enquanto adolescente era ajudar o seu pai, pois ele era carreiro, fazia transporte de mercadorias de Pilar para Sorocaba e vice-versa. Quando ficou mais velho, entrou no D.E.R. (Departamento de Estradas e Rodagem) como conserveiro, e, quando foi em 1943, entrou na Prefeitura Municipal, com a profissão de Fiscal Geral, até o ano de 1977, quando se aposentou.

Minha mãe também era uma senhora simples, honesta, trabalhadora, boa mãe, boa esposa. Seu nome era Rosalina Maria de Almeida e nasceu no dia 06 de junho de 1920, ela era sobrinha-trineta do fazendeiro fundador de Pilar, o Tenente Antônio de Almeida Leite. Minha mãe era uma pessoa boa, caridosa, só fazia serviços domésticos. Tinha uma missão que cumpriu muito até sua morte, "era benzedeira", curou bastantes crianças, de susto e perna curta, tudo no decorrer de sua vida.

Minha mãe, quando era mocinha, num bairro da cidade chamado Barrinha tinha uma amiga chamada Faustina, filha de um fazendeiro da cidade que se chamava Francisco Antônio de Carvalho Sobrinho, vulgo Chiquinho Mineiro. Elas eram unidas e sempre vinham do sítio nas festas da cidade. Foi num dia de suas visitas nas festividades de São Roque que conheceu o Sr. Adelino e desse encontro trocaram olhares e daí para frente nasceu o amor entre eles. O namoro começou entre o Sr. Adelino, filho do carreiro Nicolau, sendo esse namoro um pouco conturbado, pois mesmo sem demonstrar havia discriminação por parte da família dela, pelo motivo que o Sr. Adelino era de cor negra. Mas, mesmo assim, enfrentaram juntos o problema e logo marcaram o casamento e o enlace foi realizado no dia 19 de outubro de 1938.

Meu pai era músico, seresteiro, também tinha um primo que se chamava Américo, pois era músico também. Frequentavam bailes e participavam das festas tradicionais da cidade e minha mãe também participava das festas. Junto com a sua amiga Faustina, ambas gostavam de fazer visitas pras pessoas enfermas. A mãe seguia a tradição de sua mãe, a Sra. Percília. Eles se relacionavam muito bem, se estimavam, eu aprovei o relacionamento deles enquanto morava junto. A nossa relação era boa, tanto com o pai e com a mãe. O que sou hoje devo a eles.

Sobre meus avós e bisavós

Sobre meus avós paternos não sei quase nada. O que sei foi contado pelos meus pais, como eram eles, como viviam, pouca coisa sei. Dos meus avós maternos, apenas cheguei a conhecer a avó e nessa época eu tinha seis anos de idade. A vó me tratou muito bem, saía sempre a passear com ela, assistir festas na capela do Cascudo. Meu avô não cheguei a conhecer, pois quando nasci já era falecido, ficando viúva, a minha vó veio morar na cidade, casando pela 2ª vez com Cesário Alves Machado, ambos me tratavam muito bem.

Meus bisavós, tanto paternos como maternos, não cheguei conhecer, mas meu pai e minha mãe contavam [...] que foram escravos do Tenente Antônio de Almeida Leite, mas nada sofreram, pois o sinhô era bom. E os bisavôs maternos também eram bons, segundo o que meus pais contavam, que escutavam também dos pais deles. De acordo com o que meus pais contaram dos meus antepassados, aproveitei pra pesquisar sobre meus antepassados que eram herdeiros das terras que hoje estamos reivindicando e que estamos prestes a ganhar.

Sobre meus irmãos

A minha família é composta de 7 pessoas, sendo 6 irmãos legítimos e 1 por parte de pai. Seus nomes são: Deodato de Almeida Caetano, mais velho, depois vem Maria Madalena Caetano de Paula, Fernando José de Almeida Caetano, Dolores Caetano da Silva, João Wanderlei de Almeida Caetano, Cecília Caetano Fernandes e Pedro Climério Vieira.

A relação entre nós é ótima, somos próximos e temos contato, pois o pai Adelino nos ensinou e educou assim. Todos meus irmãos e irmãs trilharam caminhos bons, casaram e constituíram famílias. Os homens trabalham e as mulheres são donas de casa.

Sobre minha infância

Nasci na capoava de meu avô Nicolau – arrabalde da cidade de Pilar do Sul, chamado Campo Grande. Na época era área rural, hoje é área urbana. [...] O bairro era pequeno, poucas casas de moradia e na vizinhança próxima eram todos bons. As ruas eram feitas de terra batida e eram ruas estreitas. A minha casa até quando era moleque, até idade de 12 anos, era de (taipa) de bairro como era dos antigos descendentes de escravos, tinha 4 a 5 cômodos, cozinhas, sala, 2 quartos ou sala, cozinha e 3 quartos.

A mobília na época era rústica, mesas, cadeiras, catre (cama) daquele tempo, hoje tudo mudou. [Não possuía luz elétrica], usava vela de cera ou luz de querosene. O terreno era grande e no pomar tinha vários tipos de frutas, tais como laranja, mexerica, goiaba, jabuticaba etc. Tinha gato, cachorro, galinhas, porcos, cabra etc.

[...] Quando [tinha] reunião em casa, meus pais, meus amigos e outras pessoas com quem convivíamos o assunto era contar história do passado, pescaria e como tinha uma venda próxima da casa a gente ia até lá onde [nos] divertíamos jogando baralho, boxe e no fim jogava uma trucada pra despedir.

A mãe escalava cada um em seu serviço e "ai" se um deles não cumprisse a tarefa por ela distribuída. Um ajudava na casa, outro fazia almoço, outros lidava com as plantações embora fosse só pro gasto, outros colhiam ovos, tiravam leite das cabras e assim completavam as tarefas do dia. [...] Minha infância foi boa, [me] diverti bastante com meus amigos, jogava futebol, participava de reuniões na qual aprendia muitas coisas que serviram pra minha formação e também nas horas de folga acompanhava meu pai nas reuniões que participava. Minha educação e de meus irmãos foi ótima, pois meus pais eram severos demais e nos criaram da mesma maneira em que foram criados.

[...] Como disse anteriormente, nos reuníamos no coreto da praça da matriz onde ali contávamos histórias de mula-sem--cabeça, de assombração, do Saci-Pererê, de pescarias não podia faltar, pois o Samuel Gordo era o mentiroso da turma. [...]

Meu pai tinha a tradição deixada pelos meus avós, era o cultivo da cana-de-açúcar onde dela fazia o melado [de] açúcar mascavo, rapadura e também o amendoim que também fazia a paçoca e a paçoquinha que era cortada em pedaços.

A minha família seguia e segue a religião católica. Isso já vem dos meus bisavós, sendo que dentro da família tem quem segue outras religiões como a Evangélica.

Frequentei o curso primário no Grupo Escolar Padre Anchieta do primeiro ao quarto ano, de 1949 a 1953, quando recebi o diploma e fiz 3 anos de ginásio, no Ginásio Estadual Padre Anchieta de 1958 a 1960. Não me formei, pois na época precisei ajudar os meus pais, pois era o filho mais velho e eu mesmo via a dificuldade dele.

Eu não necessitava de condução pra ir na escola pois morava apenas a dois quarteirões da escola. Da escola eu lembro como se fosse hoje. Estudava junto com bons amigos, os professores eram bons, dedicados, ensinavam bem. A respeito dos amigos eram todos excelentes, embora eu fosse descendente da raça negra não tive discriminação nenhuma dos meus colegas. Da escola, o que eu mais gostei foi do tratamento que recebi dos professores e dos meus colegas, pois durante o tempo que frequentei fui bem tratado. E o que não gostei foi de algum servente que alguma vez maltratava a gente e tratava mal, apenas isso.

Eu frequentava a escola no período de cedo. Depois que saía ia pra casa, almoçava e depois saía junto com o meu pai ajudar ele entregar aviso de impostos, pois ele era funcionário da Prefeitura e eu sentia [me] bem em ajudá-lo, pois ali eu conhecia mais ainda o sistema do nosso povo pilarense. Não tenho lembranças de histórias [da escola], pois eu não tinha tempo de ficar no meio dos amigos pra contar, pois depois das aulas eu tinha o compromisso de ajudar o meu pai.

Meu pai na época assinava o Jornal Correio Paulistano, revista a gente lia O Cruzeiro e livros, como não existia biblioteca, eu emprestava de amigos ou comprava aquele que achava necessário. [Em casa tinha] rádio e vitrola que tocava disco de 78 rotações. A primeira vez que eu tive o prazer de assistir uma televisão foi em 1958 na Copa do Mundo quando o Brasil sagrou-se campeão e foi no Restaurante e Posto de Gasolina Sakamoto que [se] situava no Bairro do Campo Grande.

Eu casei com Maria Aparecida de Proença Almeida, em 26 de setembro de 1964 e estou até a presente data com a mesma mulher. Meu casamento foi lindo, num dia bonito de sol quente. À tarde, na hora do casamento na Igreja, choveu e isto pra mim foi legal, pois os antigos falavam que quando chove no dia do casamento dura bastante e nisso eu acreditei, pois hoje faz 52 anos de casado e feliz

Sobre sua Juventude e Vida Adulta

Minha juventude foi boa, [me] diverti bastante, aproveitei [para] passear enquanto fui solteiro, porque depois que casar a situação mudava. Gostava de vários tipos de diversões, praticava esportes, ia no cinema, gostava de filmes de bang bang, filme do Tarzan, sempre ia tocar música em barzinho, divertir os amigos e também gostava de esportes. Frequentava clubes, pois era músico e tocava em bailes simples e também carnavalescos, no Clube da Associação Atlética Pilarense, também como músico tocava na Corporação Musical Pilarense nas festividades de São Roque e do Bom Jesus do Bomfim Padroeiro de Pilar, na época não tinha namoro, pois já era casado.

[...] Meu primeiro emprego foi no Cartório de Registro Civil, onde comecei a trabalhar. Foi logo que tirei diploma do grupo em 1953. Depois do Cartório fui em pouco tempo na Prefeitura e em 1965 fui trabalhar na Cooperativa Cotia onde fui colocado na Carteira Agrícola de Crédito Rural até 1973 e logo deixei a Cooperativa e voltei na Prefeitura onde fiquei mais uns anos, depois saí da Prefeitura e consegui trabalhar por conta lidando com madeira até me aposentar.

As tarefas não eram divididas, pois a mulher trabalhava em casa e eu no meu emprego e na hora de folga eu ajudava ela cuidar dos filhos, enquanto pequenos. Ela trabalhava fora, era cozinheira no hospital, na folga trabalhava na casa e fazia as tarefas domésticas cuidando também dos filhos e eu também ajudava, pois os filhos eram pequenos. Nós tivemos nove filhos e os nomes são: Rosa Maria, Rosângela, Roberto, Renato, Rosana, Rafael, Rodrigo, Raquel e Regiane Proença de Almeida. As profissões dos meus filhos são as seguintes: três filhos são carreteiros, duas filhas são professoras, uma enfermeira, duas dona de casa e um rapaz frentista de Posto de Gasolina e todos estão trabalhando em seus cargos.

[...] Fui filiado em dois partidos políticos, primeiro no antigo MDB e atualmente sou filiado no PTB. Nunca participei de sindicatos e atualmente sou vice-presidente da Associação Quilombola de Pilar do Sul.

Eu em 1990 fui operado, quando foram extraídas as duas cordas vocais e fui obrigado a requerer a minha aposentadoria. Depois de diversos exames feitos o médico que fez a perícia me aposentou por invalidez em 18-12-2003.

Quando comecei a trabalhar no cartório em 1953, o meu pai já pedia que eu pesquisasse os livros antigos do cartório, de nascimento, óbitos e casamentos, assim eu fiz e anotei tudo em meus cadernos e deixei guardado em casa. Em 1965, eu mais o meu pai começamos a pesquisar no Cartório de Notas de Itapetininga e também na Cúria Diocesana de Sorocaba onde juntei todos os documentos necessários para dar abertura do processo para resgatar as terras que pertencia aos quilombolas de Pilar, no qual meu pai tinha parte. E assim hoje estamos prestes a receber as terras que por direito nos pertence, provando com documentos para não ter problema.

Hoje tenho a vida mais ou menos tranquila, sem problemas, esperando que mais pra frente posso ficar melhor. O que faço atualmente é trabalhar com afinco junto com meus parceiros da Diretoria da Associação para o bom andamento do processo até o fim.

Gosto de programas de televisão, jornal, algumas novelas, sempre vou na biblioteca e pego livros pra ler, leio revistas e também gosto de escutar músicas. Mas é difícil lazer, pois não tenho tempo, o tempo que tenho dedico pro bem da Associação, pois isso foi a meta que meu pai deixou para ser atingida e se Deus quiser eu atingirei.

Parte 2
Território e ancestralidade: luta pelo reconhecimento

CAPÍTULO 1
Ancestralidade afro-indígena: conceitos para a psicologia e saúde mental

Regina Marques de Souza
Reinaldo José de Oliveira

Introdução

Procuramos abordar algumas formas de pensar a ancestralidade negra e indígena no contexto do território brasileiro e internacional. O conceito de ancestralidade é múltiplo, denso, expandido e abarca diferentes campos disciplinares no conjunto das produções dos escritos sobre diáspora negra, povos indígenas e africanos. Nossa preocupação é promover em linhas gerais considerações em termos psíquicos, afetivos e emocionais. Sob este aspecto, temos trabalhado algumas incursões importantes no campo psicológico e psicanalítico aliando aos estudos de Frantz Fanon, território e violência.[1]

Os povos da diáspora, em sua territorialidade expandida e transfronteiriça, sofrem violências extremas a partir de uma sociedade-mundo capitalista que marginaliza as territorialidades outras existentes sobre o globo.[2]

---

1 OLIVEIRA, Regina Marques de Souza. Frantz Fanon, psicologia e psicanálise: epistemologias da violência, *Revista da ABPN*, v. 10, n. 24, nov. 2017- fev.2018, p.40-66.

2 *Ibidem.*

Em termos psíquicos todo ser humano, mas principalmente os povos diaspóricos, tem o encanto do nascimento continuamente roubado. É ceifada sua capacidade de fazer-se por si.[3] Sua expansão mental e capacidade criativa que é o alicerce emocional da sanidade mental é violada pela contravenção do ocidente.

O ato criativo é o advento da relação do sujeito psíquico com o espaço e natureza: o território. A integração e intimidade do ser humano com a sociedade, consigo mesmo e a capacidade de realizar o pensamento. Pensar verdadeiramente é ato. Ato mental e psíquico metamorfoseado – emancipado em criação; interpretação da história e realidade objetiva. Indivíduo e sociedade, singular e plural, subjetivo e objetivo. O território não é apenas físico. É subjetivo, é cultura, etnicidade, afetos. Transmutados criativamente em ação. Ser é pensar que é agir: criar

> Criar a si mesmo. O primeiro ato criativo da condição humana é a capacidade de criar a si mesmo. Para criar o mundo e agir autonomamente sobre ele, é preciso primeiro criar a si mesmo. Haver-se consigo e com sua realidade. Nascer em um território específico e em uma localidade é estar sustentado inevitavelmente por estas condições.[4]

O território, a paisagem e o entorno objetivo, formam a emocionalidade humana. Os povos da diáspora estão inscritos nestes caminhos. Neste sentido, traçaremos noções de como as territorialidades negras ou afro-indígenas produzem também territórios psíquicos de expressão de vida e pensamento. Atos criativos na ordem do mundo e do planeta Terra para além dos corpos físicos e individuais dos sujeitos afro-indígenas ou povos da diáspora afro atlântica.

---

3 *Ibidem.*

4 *Ibidem*, p.42.

Este enredo psíquico, afetivo e emocional, que é a base do sujeito humano constituído pela linguagem, narra o alicerce da ancestralidade negra africana e afro-indígena.

Neste texto não nos centraremos nas noções específicas da psicologia, da psicanálise ou das análises psicossociais importantes para compreensão do sujeito psíquico afetivo e emocional da contemporaneidade e movimentos, engendramentos políticos de nossa era.

Partiremos do conceito de ancestralidade afro-indígena, ou negro indígena; pois esmiuçar a interseccionalidade deste conceito das ciências humanas nos estudos das relações raciais, etnicidade e colonialismo é fundante para estudos sobre psiquismo e saúde mental da população negra, da diáspora e povos indígenas.

Sendo um conceito interseccional e multifacetado, procuraremos expandir suas significâncias a fim de aproximar o entendimento da dimensão psicológica desta terminologia, conceito ainda muito raro nos estudos "psis".

Obviamente, sendo um conceito interseccional, o texto serve também a todos os profissionais, intelectuais e estudiosos que buscam compreender o trânsito da diáspora negra em seus territórios além-mar e a origem de suas pegadas na elaboração de seu espaço vivência, mundo político e de transformação social, psicossocial e íntimo singular.

Para percorrer estas ideias partiremos também de mitos fundadores da condição humana e cosmovisão civilizatórias do *corpus negro* no Brasil e no mundo – territorialidades afro atlânticas e indígenas – dialogadas com pretensas imposições e amarras do ocidente colonial e capitalista.

De fato – fato psíquico e emocional criativo – o *corpus negro*, ou a permanência da emancipação da diáspora – revolução e evolução constantes – não se encarcera ou se extingue em um espaço tempo cronológico objetivo ao gosto do ocidente milimetrado.

Nesta outra lógica, imaterial inversa e material concreta, o ser da diáspora canta. Vive e se expande para além de seu tempo e universo. As canções ecoam e atravessam os tempos, as eras e os corpos – diminutos em um espaço tempo eterno.

Os mitos fundadores deste espaço tempo e territorialidade afro indígena no Brasil e no mundo nos permitirão compreender alguns aspectos, elementos e significados de nossos tempos nesta segunda década do século XXI; principalmente no referente às questões voltadas para a saúde mental e as possíveis construções epistemológicas vindouras sobre a importância da ancestralidade para a dimensão psicológica, psíquica e bem estar físico e emocional enquanto potência do porvir em revoluções contra hegemônicas face aos paradigmas o ocidente.

A história da mãe que teve um filho feio e um filho belo

Mãe Aninha Obá Bií, filha de africanos, foi uma das maiores e mais antigas sacerdotisas da religião dos orixás no Brasil. Ela ensinou Agenor Miranda Rocha muitos dos segredos e caminhos do Candomblé. E foi assim, pela sabedoria da transmissão de uma mulher africana que Professor Agenor se tornou um oráculo prestigiado do candomblé iorubá, seguidor da tradição de Ifá, que é o representante mais ilustre da ancestralidade negra africana que fala a partir do jogo de búzios.[5] Uma sábia africana é a transmissora do legado e epistemologia do Jogo de Ifá no Brasil.

Mãe Aninha ensinou Agenor Miranda, e este emprestou seu livro-caderno para Reginaldo Prandi.[6] Ele cunhou nos ventos brasileiros o axé da ancestralidade negra africana no território indígena do Brasil. Nos candomblés da Bahia, onde Agenor foi

5 PRANDI, Reginaldo. *Os príncipes do destino*: história da mitologia afro-brasileira. São Paulo: Cosacy Naif, 2001, p.112.

6 *Ibidem*.

iniciado, existe uma tradição da Mãe de Santo – Yalorixá, pedir para que seus iniciados escrevam em um caderno as orações, os ritos e os preceitos que ela lhes ensina. Quando do bori de água de Reinaldo José de Oliveira no Terreiro Ilé Axé Oponjá Odé, na Baixa do Morro, depois do Território do Quilombo Alto do Morro, ao redor das margens do Rio da Dona, Mãe Nilza da Oxum, solicitou além de um enxoval branco, um caderno para anotações de seus ensinamentos e providenciou muitas folhas, banhos, ervas e oferendas que realizou para a cerimônia do bori.[7]

O culto afro-brasileiro, o candomblé, é consagrado à cabeça. A sanidade mental dos filhos de santo. O santo, é o protetor da cabeça. E como todos deveríamos saber é a cabeça que traça o caminho. A cabeça direciona a marcha dos pés.

Esta metáfora, é semelhante ao ofício do profissional da psicologia. O cuidador do psiquismo. Do bem-estar emocional. Do desenvolvimento do aparelho mental. A psicologia cultiva o conhecimento – conhece a si mesmo – a sabedoria de viver para a busca do bem-estar e da felicidade.

No mito da criação da vida dos seres humanos, Nanã é o orixá da sabedoria, da maternidade primeira, a mãe ancestral. Neste mito Nanã ensinou oxalá os segredos da vida, da generosidade e paciência para sustentar o nascimento dos corpos, dos povos e como modelar o barro, tirar da simplicidade a vida, como a semente da terra, a partir da lama, do pó que todos nós somos e um dia haveremos de devolver à Nanã, nossa Mãe, que nos deu por empréstimo.

Oxalá observou o Jardim da Vida. O cultivo e a fonte, o berçário de onde nascem os mais valiosos tesouros.

---

7 Oferenda à cabeça; ritual no qual é cultuado o ori – o princípio da individualidade, considerado por muitos sacerdotes como a grande iniciação.

E aprendendo, Oxalá venceu a sacerdotisa plena, que apaixonada gerou dois filhos: Omolu e Oxumarê. Omolu o orixá dos segredos da vida e da morte, o destituído de beleza estética imediata, o magma – diamante – do fundo e centro da terra. Oxumarê o belo. Aquele que transita entre o céu e a terra, que aparece como o elo entre o sol e a chuva, o conhecimento e a riqueza.

Os filhos de Nanã com Oxalá são ricos. Cheios de felicidade e potencialidades de riquezas materiais e simbólicas. Afinal, são filhos dos orixás mãe e pai. Os cuidadores e responsáveis pelo surgimento da vida.

Nanã que é o barro, cuida e cria o Jardim da vida. Oxalá que é o ar, sopra o hálito da vida. Sem Nanã, o barro, não existe o corpo para expressão da vida neste universo materializado – o planeta Terra.

Embora Olorum seja o princípio de tudo, o Sagrado Supremo, a condição monoteísta da cosmovisão negro africana e diaspórica; observamos através do mito que a condição da ancestralidade negra tem o alicerce do diverso, do múltiplo do coletivo, daqueles que se somam e se distinguem do indivíduo único, autocentrado, que pensa e age exclusivamente para si. Excluindo do ato criador qualquer narrativa de coletividade na autoria do enredo da vida.

Este exclusivismo e monoteísmo criador – o Deus criador do mundo, são os sustentáculos do sentido do Ocidente, que fica impactado e tensionado com os modos criativos, coletivos e arranjos não unos da ancestralidade da diáspora e suas territorialidades; ou seja, o axé.

Mas o que seria o axé, em brasileiro ou o asé, em iorubá? Seria apenas uma indicativa religiosa dos africanos e povos originários da diáspora?

O axé, o asé, é bilíngue. Na verdade 'multilíngue' porque é parte presente das condições de vida material e imaterial dos povos negros e afro-indígenas no Brasil e no mundo.

O axé não é religioso no sentido de doutrina. Ele é fé. Ele é filosofia. É crença. É sagrado. É a utopia que se apresenta na condição civilizatória humana. É o ideal irmanado na condição evolutiva da existência dos seres que habitam este planeta, em nome de todas as grandes guerras vencidas pela humanidade como a eterna necessidade da paz, da justiça, da liberdade e da igualdade.

Neste sentido, o conceito de ancestralidade em termos originários vem do asé. E se transforma no Brasil em axé. Ele se reverbera em todas as territorialidades afro-indígenas como fruto e protagonismos das lutas por igualdade e reconhecimento.

As lutas por igualdade e reconhecimento são pelo direito de estar e viver no mundo conforme os próprios desígnios da etnicidade destes povos.

Talvez pudéssemos traduzir asé-axé por cultura e patrimônio imaterial dos povos negro indígenas.

Mas estas expressões em termos linguísticos são aceitáveis hegemonicamente e para os povos negros e indígenas são cansativos, porque obliteram as vozes genuínas destes povos.

A ancestralidade negra indígena é o sentido do que eles próprios escreveram e escrevem com seus corpos e com sua força em seu tempo eterno seu próprio léxico. Seu próprio verbo e gramática. Sua própria linguística.

Por tal assertiva, o conceito de ancestralidade possui uma envergadura mais precisa, embora não delimitada nunca, porque representa a condição linguística mais próxima da expressão de resistência destes povos. E por isso ela não possui fronteiras, delimitação territorial precisa, porque ela trafega e se organiza na diáspora; ou seja: no movimento e no deslocamento, na eterna busca pela civilidade e desenvolvimento da vida por justiça, igualdade, direitos e liberdade.

Sob este aspecto, seu caráter é híbrido e poroso, porque se converge à realidade do contexto. Inaugura novas vozes, novos sujeitos, novas inscrições e protagonismos conforme o clima da territorialidade material e histórica que se apresente. Portanto, ela não se fixa e nem tão pouco evade simplesmente.

A ancestralidade, assim como o psiquismo humano, deixa marcas profundas na condição da vida e da existência.[8] Dos sujeitos em si, dos corpos que protagonizaram diretamente as lutas, ou nos corpos daqueles que ascenderam destes protagonistas.

Igualmente, corpos distintos daqueles que se protagonizaram nos enredos da resistência haverão de sofrer, ou dito de outro modo, haverão de receberem a graça das influências das transformações dos contextos pelos corpos negros, indígenas e diaspóricos.

Isto significa que todas as nações do mundo, independentemente de sua fenotipia, acabam por hibridar-se, mesmo sem querer, no advento de seu tempo. E este tempo eterno – como nos ensina Santos,[9] é o tempo lento. O tempo da eternidade. Como o tempo de Oxalá na qualidade de Oxalufã – o velho ancestral com seu opaxorô – como um bastão ou um cajado (símbolo também de Moisés) – no qual se apoia para andar e produzir os efeitos de

---

8 OLIVEIRA, Regina Marques de Souza. Nosso mundo adulto e suas raízes na infância: saúde mental da população negra e indígena. In: *Cenários da População negra no Brasil*: diálogos e pesquisas. Cruz das Almas, Belo Horizonte: EDUFRB, Editora Fino Traço, 2016.

9 SANTOS, Milton. *Técnica, espaço, tempo*: Globalização e meio técnico-científico informacional. São Paulo: Editora Hucitec, 1998.

sua majestosa sabedoria, tranquilidade e bondade para com todos na condução de seu reino de civilidade humana.

A ancestralidade apresenta-se em muitas estéticas da diáspora. Ela, a ancestralidade, é a origem da vida e dos modos como o ser humano se inscreve no tempo objetivo e subjetivo de sua existência, vivências que experiência no cotidiano consigo mesmo e com seus pares.

Nesta materialidade da existência humana, aspectos concretos e físicos estão presentes. A vida apenas é possível neste contexto do universo chamado planeta Terra a partir desta materialidade física. No entanto, outros componentes do espaço vivente se fazem presentes nesta materialidade. Ela é composta também pela imaterialidade, pela natureza abstrata, pelos sentidos e esferas que não são visíveis no espaço cartográfico que politicamente dividimos, mas que existem para além de fronteiras de domínios e limites físicos.

Esta imaterialidade marca o advento humano. Da força dos 'de baixo'. Esta referência da força dos de baixo que sabem fazer a força do tempo lento nos é trazida como um conceito de ancestralidade negra, indígena. Milton Santos[10] escreveu sobre este conceito.

Na leitura que fizemos de Santos[11] para a transformação da vida e do psiquismo, a ação transformadora requer o conhecimento do cotidiano. A transformação depende do conteúdo geográfico do viver a vida. Depende da compreensão da relação entre espaço e movimento. Espaço e ação social e individual. Depende da capacidade de entender o mundo para transformá-lo. Depende de entender o psiquismo e os vínculos sociais

10 *Ibidem.*

11 *Ibidem.*

e materiais que convergem para sua significação; a fim de transformar o sentimento, as dores psíquicas e as aflições emocionais. Produzir bem-estar e saúde, a partir da relação do sujeito diaspórico com a sociedade exploradora e exploratória.

Num mundo assim, diz Santos,[12] não cabe a revolta contra as coisas, mas a vontade de entendê-las para transformá-las.

Para os povos da diáspora as coisas são regidas por imperativos distantes. Eles estão longe das tomadas de decisão e dos postos do poder. Porém, contraditoriamente, seu tempo eterno – na figura ícone de Oxalá-Oxalufã – eles possuem a condição da espera. Não da espera passiva e descomprometida com o tempo. Mas a espera enquanto resistência, capaz de descobrir e compreender a lógica do funcionamento da anatomia dos objetos e de todos os componentes materiais que compõem o espaço.

Sobre o tempo: O ontem. O hoje. Sempre?

Sob esta perspectiva, o tempo é um paradoxo entre o passado, o presente e o futuro e estes não são separados. Na ancestralidade negra e indígena eles ocorrem simultaneamente na materialidade da vida e nas ações com os objetos. Do mesmo modo, psiquicamente, o passado, o presente e o futuro se entrecruzam. Formam a condição emocional e estrutura psíquica dos sujeitos. O psiquismo e estruturas emocionais são atemporais. Por tal razão, inscreve os afetos e os sentimentos. Predizendo e favorecendo saúde mental ou vulnerabilizando o corpo físico e psíquico para o adoecimento. Neste enredo sobre compreensão e entendimento do mundo, esta noção sobre ancestralidade negra afro-indígena é conceito central e importante para definir a condição de intervenção nos processos de saúde e doença para

12 *Ibidem*, p.109.

a psicologia em seus aportes clínicos e ou sociais (institucionais, interdisciplinares e interseccionais).

O tempo é a condição transformadora da existência e a vida das coisas não é dada para todo o sempre. Portanto, não há razão para um desespero definitivo, pois sempre ocorre uma ação deliberada renovadora para a construção do futuro.[13] E os povos da diáspora negra e afro-indígenas são sujeitos marcados pela ancestralidade que é o tempo presente a partir da consistência da memória e portanto, do passado. Neste ancestral, no passado, há marcas de como as ações da vida se constroem nos contextos. Mesmo distintos do hoje, o ontem indica caminhos de possibilidades do agora e para o futuro.

Nesta condição volátil e ao mesmo tempo permanente e densa – estrutural – as pessoas e protagonistas afro-indígenas são convocados historicamente a ocuparem os espaços do fazer. São diminuídos em sua competência epistemológica e são obrigados a servir ao comando tecnológico, de uma racionalidade científica que pretere sujeitos distintos da hegemonia informacional do ocidente capitalista e instrumentalizado.

Esta racionalidade tem sua própria lógica e em sua aparente lentidão alcança o caminho da ação que subverte a ordem das hegemonias velozmente construídas no eixo de uma objetividade para o excesso material e egoísmo do consumo individual exacerbado e descartado imediatamente após o seu utilitarismo fútil e desprovido de solidariedade.

A racionalidade lógica da ancestralidade negra indígena nos territórios da diáspora observa a eternidade do tempo. Se ele pode ser considerado lento em seu escopo cronológico imediato, ele é também veloz em sua estrutura de permanência. Portanto, ao contrário de ser lento, ele não se atrasa. Porque

13 *Ibidem.*

permanece marchando sem pausa para o contato íntimo com a temporalidade do espaço e da natureza.

Há o princípio da psicoesfera, que determina e impacta a tecnoesfera na ordem do movimento da cidade, da metrópole e da vida nas localidades e regionalidades. Esses princípios são opostos e complementares,[14] porém, a psicoesfera acaba por determinar a potência da tecnoesfera, delimitando o ritmo e a forma de como esta última acaba por submeter-se às novas exigências dos sujeitos híbridos.

A variedade dos sujeitos comuns obriga novas interpretações do ambiente real da metrópole. Causando choque de orientações. Neste tensionamento, novas ordens sociais, culturais, simbólicas, psíquicas e materiais se inscrevem. Gerando políticas, atos sociais, legislações e direcionamentos subjetivos que antes seriam considerados banais – naturalizados.

Este princípio ativo dos povos negros e indígenas pertencem e se inscrevem a partir da ancestralidade de sua cultura, de seu sofrimento, da experiência do passado e do presente das tragédias que afligem o seu povo. Das violências a que estão submetidos e sobretudo aos modos como são capazes, tem demonstrado tal capacidade de sobrevivência, de emergir destas catástrofes.

A isto podemos chamar de psicoesfera, na condição de produzir subjetividades e identidades pautadas na experiência viva da memória. Interpretando o passado e inscrevendo-se no presente de modo a favorecer ações que organizam criativamente o futuro a partir de uma epistemologia que se constrói não a partir de um único sujeito, mas a partir de um conjunto de ações e pensares coletivos que se somam, avolumam-se e ganham a coerência e a envergadura para transgredirem o sistema.[15]

---

14 *Ibidem*, p.85.

15 OLIVEIRA, Regina Marques de Souza. *Op. cit.*, 2016.

As revoluções quilombolas são alguns dos exemplos importantes de transgressão da ordem hegemônica da tecnoesfera obliterando a existência de sujeitos diverso.

No entanto, a tensão entre tecnoesfera e psicoesfera – a marcha eterna dos povos insubmissos, como os negros quilombolas – provoca a mudança efetiva da rotina da violência. Exigindo e instaurando novas agendas de liberdades e emancipações alterando o universo presente e futuro das pessoas.

A prevalência da força dos de "de baixo" ou "fracos" é a vitória da psicoesfera tensionando – com seus passos lentos – sobre uma natureza artificial do sistema.

A vida quer expressar-se. No entanto sua exigência é a partir da realidade que emerge. Longe das teias e redes dos espaços e da cidade tecno científica, repetitiva, empanturrada e gorda que as classes médias e ricas impõem aos pobres.

A vida quer expressar-se e para isto o tempo acaba sendo um diferencial importante para o pobre, para o "fraco", para o negro, pardo e indígena.

O tempo lento ou o tempo eterno e o descentramento do mundo, em uma coletividade dispersa – a territorialidade negra indígena da diáspora – favorece o fluxo dos sentidos, de novas interpretações de mundo e sistemas. E o lá e acolá se unem em ordens imperativas que fundam novos ethos.

Na verdade, não são novos *ethos*. São revivescências do passado atualizadas no presente e no futuro que não se cansam de inventar e reinventar oposições a esta hegemonia asfixiante e vigorosa para o enclausuramento dos corpos físicos e psíquicos da diáspora negra e indígena.

Esta é a noção ampliada de ancestralidade negra e indígena que converge para a eternidade das ações, rebeliões, cruzadas, revoluções quilombolas que assaltaram as Américas durante o período do escravismo nos séculos XVII ao XIX.

As rebeliões são efetivas em seus contextos e suas épocas – localidade e universalidades. Obviamente a cronologia das revoltas são díspares e eclodem em momentos e lugares diferenciados.

A revolta dos Quilombos dos Palmares não foi única no contexto brasileiro e das Américas. Houve muitas outras. No entanto, pouco foi considerado pela mídia, fábulas e estórias escritas pela hegemonia branca do ocidente. Mesmo assim, as revoluções continuaram a existir. Foram as responsáveis pela conquista da liberdade. E de fato, por ser conquista e revolta, a população negra foi e continua sendo martirizada. Porque a liberdade para as populações negras e indígenas possuem um peso altíssimo. Saímos do escravismo em condições piores do que quando entramos. Pois nossa origem ancestral materializada era nobre, de reinados elevados. Após o escravismo, a desterritorialização forçou a permanência dos corpos negros e indígenas em territorialidades estrangeiras. Sem acesso à terra, à riqueza, ao trabalho, à dignidade e à vida psíquica e emocional.

A tecnoesfera é o privilégio das classes hegemônicas. Mas a psicoesfera, a solidão e o martírio dos povos da diáspora – ancestralidade negra indígena – inscreve a tensão na territorialidade das cidades. Fomentando revoluções, provocando mudanças, obrigando a revisão de novas posturas e ações: políticas, enredos, relacionamentos e formas de acesso a direitos, cidadania e liberdade.[16]

A psicoesfera – esfera do simbólico e do psíquico inscrito no chão da territorialidade urbana – faz o diferencial para que os povos diaspóricos continuem a marchar em movimentos revolucionários.

No contexto da pandemia na segunda década do século XXI, o grito que percorreu as ruas das capitais do mundo foi *black lives matter!*

16 *Ibidem.*

Por que o assassinato frio e cruel tão comum nos contextos das cidades ricas e pobres do mundo ganhou as ruas em contestações inflamadas?

A prisão, a morte, o martírio e a dor, calam fundo o mundo diante das dores psíquicas que no contexto pandêmico atingiu a todos.

A identificação com o sofrimento e a barbárie atingiu a psicoesfera de todos. Negros, pardos, brancos e indígenas. Literalmente todos.

O grito e clamor negro, incessantemente expressado pela ancestralidade negra – o canto das mulheres negras nos navios que inspiraram o soul, o blues, o jazz, o samba, e todas as musicalidades negras, diaspóricas e híbridas – foi e é ouvido por uma gama extensa e intensa em todos os cantos do mundo.

Este tempo eterno – o tempo lento dos 'fracos' – ou aquilo que podemos compreender e considerar como psicoesfera, é o diferencial das vozes negras, dos sentidos psíquicos e emocionais que simbolicamente alteram valores no mundo e plantam caminhos e veredas para a transformação dos contextos.

Estes conceitos e compreensões são importantes para a ciência psicológica, pois possibilita em termos clínicos e psicossociais interpretar os sentidos dos sofrimentos humanos. Das populações negras, indígenas, mas também não negras e não brancas.

Esta diversidade étnica de sentido psicoemocional é fundamental para o pensamento psicológico. Pois favorece a construção de um modelo clínico de alteridade, de alternância e de contra hegemonia. Capaz de transgredir as imposições decorrentes da opressão e da violência intrínseca na historicidade do mundo hegemonicamente branco.

Se o poder é branco no sentido da clausura e da violência, há também um poder que é negro, é híbrido, é indígena. Que se contrapõe constantemente a esta ordem da violência.

Hoje, após as revoltas dos quilombos que eclodiram com o fim da escravização e as conquistas das leis 10.639/03, 11.645/08, o Estatuto da Igualdade Racial e as cotas para negros nas universidades públicas brasileiras pelos movimentos negros, elas representam as ações e vitórias da psicoesfera no contexto das territorialidades negras e indígenas que parecem invisibilizadas e naturalizadas como "fracas" e não existentes.

No entanto, esta ancestralidade negra indígena, marca os caminhos da diáspora no mundo. Centra-se na ordem da transformação e da mudança construindo enredos de alteridade, de lutas, de contra hegemonias capazes de romper o ciclo da barbárie e da violência sem limites.

Na perspectiva da psicologia e a análise psicossocial estas forças motrizes são revolucionárias e ocorrem no universo da psique negra. No engendramento dos sujeitos alteráveis que se distanciam das hegemonias totalitárias e totalizantes da violência.

Neste sentido, o conceito de ancestralidade é dispositivo clínico fundante para o trabalho em saúde mental com populações humanas. O laço social, o elo das gerações presentes com o passado e o entrelaçamento com o futuro – o futuro que queremos – o prognóstico e a esperança da utopia, são inscrições emocionais, são estruturas psíquicas que constituem o trabalho clínico do psicólogo, do psicoterapeuta, do psicanalista e trabalhadores da saúde e interdisciplinaridades ao campo da saúde emocional.

Esta ancestralidade é o simbolismo das ações que se fundamentam no percurso histórico. Que transcendem os sujeitos individuais. Alcançando os sujeitos coletivos para além da existência terrena destes sujeitos.

Se as revoluções alcançam os corpos dos sujeitos imediatos no contexto único da cronologia de seu tempo objetivo e materializado, o transbordamento das razões, motivos e engendramentos revolucionários – a seiva – foi longinquamente plantada e eternamente cultivada nas vozes do hibridismo da diáspora negra indígena desde o distanciamento do continente Mãe África.

Não é apenas o saudosismo de África e Ameríndia de um Brasil que se finda na disparidade material e negação da existência destes povos privilegiando um tipo exclusivo de valoração tecno científica pautada no mundo capitalista.

Para além disto, é a marcha dos corpos vivos e mortos, e dos que estão por vir, que não se cansam – não podem cansar – não desistem de persistir na ordem da vida.

Estes corpos, negros e indígenas, subvertem a ordem engendrada pelo capital, status quo, da existência material dos enredos das cidades.

Os quilombos urbanos e periféricos, de todos os contextos do mundo, estão em uma esfera de vida e pertencimento linguístico que cunha e dialoga novas práticas de vida material, emocional e simbólicas. Pautadas em novas solidariedades, novos conceitos, em comunitarismos que favorecem a dignidade e emergência da vida.

O psíquico é o alicerce desta territorialidade urbana na diversidade. Este é o sentido que compreendemos de psicoesfera na perspectiva de Milton Santos. Pois o conceito de ancestralidade liga-se ao conceito de psicoesfera na medida em que os corpos negros, indígenas e híbridos favorecem transmutações na ordem social, econômica, espiritual e psíquica dos seres humanos, favorecendo transformações da vida dos contextos locais, para os contextos globais.

No mesmo sentido que o conceito de ancestralidade negra é fundamental para as humanidades e para a psicologia e campos do conhecimento científico decorrentes, é na esfera da vida humana que as transformações irão alcançar a envergadura total da mudança, da nova perspectiva econômica, social e emocional na natureza das pessoas.

O importante a ser considerado neste contexto, é que o princípio utópico do mundo da vida não pode ser colonizado. A instrumentalização da existência – a razão instrumental – não pode ser prevalente às condições da vida humana.[17]

E o diálogo – a tensão e o conflito – são inerentes a este alicerce pautado pela ancestralidade negra africana e indígena. O diálogo, a linguística, e a linguagem são componentes emocionais e psíquicos. Portanto, fundamentais para a ciência psicológica compreender a alargar o entendimento das formas simbólicas de como as populações negras e não brancas edificam seu alicerce psíquico, afetivo. E como pode a ciência psicológica criar instrumentos e dispositivos clínicos e sociais para favorecer a abordagem psíquica diante de situações de tragédias, desastres humanos, e de extremas vulnerabilidades para todos os povos do mundo independente de sua etnicidade. O mundo se enriquece com a diversidade também em termos de construções epistemológicas e tecno científicas a partir da perspectiva diaspórica.

Compreender a ancestralidade negra indígena no contexto do Brasil e das Américas – Ameríndia – é favorecer dispositivos clínicos, epistemológicos e sociais a partir da Interseccionalidade de saberes diversos.

Sem a compreensão da noção de territorialidade negra indígena bem como do conceito de ancestralidade negra indígena, o psicólogo constitui-se unicamente como um subproduto

---

17 HABERMAS, Jurgen. *Para a Reconstrução do materialismo histórico.* São Paulo: Editora UNESP, 2014.

da hegemonia branca, capitalista. Exploratória e utilitária dos recursos da natureza do espaço para reiterar a hegemonia branca eurocêntrica e americanocêntrica dos contextos do mundo.

A geografia em sua amplitude favorece a compreensão e validação dos estudos interseccionais com a psicologia, psicologia social e psicanálise para observar a validade das ações transformadoras dos povos que resistem e enfrentam as hegemonias dos contextos.

Neste sentido, a noção de psicoesfera e tecnoesfera pela geografia de Milton Santos indicam a tensão e o conflito constante na ordem do mundo. E tal conflito emerge nas transformações dos espaços urbanos para culturas de solidariedades e comunitarismos entre os povos. Principalmente os mais pobres.

A saída para uma outra globalização não perversa seria, em nosso entender, ampliar o entendimento do mundo, a partir de perspectivas sensíveis e psicoemocionais como as que se inscrevem nos pilares da psicologia e ciências *psis.* Portanto, a ancestralidade negra indígena sendo a comunicação e dispositivo emocional intrínseco aos sujeitos da diáspora, deve ser incorporada a formação do psicólogo, como profissional da escuta do sofrimento e desenvolvimento humano. Não apenas para uma clínica específica com populações negras e indígenas, mas sobretudo para uma clínica da diversidade, da diferença, do sofrimento diante das tragédias, vulnerabilidades extremas como as que tem acometido as populações humanas por ocasiões diversas (guerras, genocídios, tragédias naturais – enchentes, inundações – grandes desastres, incêndios, a fome, a intolerância, os preconceitos, os crimes bárbaros, enfim).

A psicologia enquanto campo de formação profissional para o cuidado com o psiquismo humano tem o dever de considerar a ancestralidade negra indígena como um dispositivo importante e fundamental para o desenvolvimento de práticas *psis* mais ajustadas ao contexto da realidade brasileira e mundial.

A diáspora negra e indígena não é um privilégio do Brasil. Ao contrário, ela circula e se engendra no mundo, em todos os cantos do planeta e se inscreve de modos semelhantes nos diferentes confins do universo. No Brasil, ela é mais presente, mais densa e volumosa em termos populacionais. Justamente por isso é que se torna urgente a consideração do aparato epistemológico da psicologia para converter estes conceitos interdisciplinares com a realidade do país. Ao mesmo tempo que favoreceria as discussões e evoluções no contexto do mundo, pois é o celeiro de potencialidade para a descoberta de novas técnicas de cuidados em práticas de saúde mental capazes de elevar o nível de bem-estar e desenvolvimento de políticas de bem-estar individual, coletivo e social.

Neste sentido, a contemporaneidade neste século compreende a presença destes povos a partir de uma geografia que considere o poder que eles possuem no sentido da psicoesfera. Seja no contexto do Brasil, seja no mundo. Ao afirmarem suas identidades e pertencimentos étnicos, eles reconhecem o percurso de suas lutas. Ecoam a permanência de suas vozes pois nunca silenciaram e não silenciam diante das atrocidades inerentes à ocidentalização da cultura do mundo em termos de tentativas hegemônicas.

O que o Ocidente organiza diante do protagonismo milenar destes povos ameríndios e africanos diaspóricos são invasivas, calamitosas, bárbaras e com extrema violência. Sempre mais violência, pois é a única medida possível para barrar o dinamismo transformador destes povos. A força de sua cultura e legados. Romper com a linguagem e o diálogo é o modo perverso de reduzi-los a condição não humana.

Nos estudos sobre violência,[18] a permanência do conflito e das tensões indicam que a barbárie – a força bruta – não eclodiu. Sendo possível o diálogo, os acordos, os contratos, ou seja, a linguagem que é imperativo humano.

A violência dirigida milenarmente aos povos negros e indígenas em suas territorialidades diaspóricas, atestam a indisposição do ocidente em ser capaz de habitar o mundo conforme as prerrogativas daqueles que compõem o universo para além das características e legados hegemônicos do ocidente.

Em termos psicoemocionais e psicossociais o comportamento típico do ocidente é patológico e patologizante. Pois não admite o desenvolvimento de sua própria condição humana a partir do aprimoramento da linguagem.

Enquanto ser de linguagem, as narrativas humanas tendem a evoluir no contexto dos tempos. Aprimorando diálogos, entendimentos, a partir de interesses comuns e distintos, favorecendo o constructo de uma sociedade e civilização capaz de favorecer o bem-estar humano que implica também o bem-estar do meio social e ambiental: sociedade, pessoas e natureza (meio ambiente).

No entanto, africanos e indígenas em suas territorialidades e nas territorialidades diaspóricas são considerados selvagens. Porém a incapacidade de observar o contexto negro e indígena como não pertencente aos domínios ocidentalizados é dos povos brancos, europeus e americanos do norte. Principalmente porque estes povos têm protagonizado as guerras e barbáries extremas da humanidade contra povos negros e indígenas. Além de influenciarem comportamentos ofensivos, xenofóbicos e discriminatórios.

---

18 WIEVIORKA, Michel. *La Violence.* Paris: Hachette Litteratures, 2005.

As teorias sobre a inferioridade dos povos negros e indígenas constituíram artifícios, fábulas, que possibilitaram o favorecimento de sentidos hegemônicos de dominação dos territórios ameríndios e africanos.

Primeiramente, o que se pretendeu foi o roubo das riquezas, saques volumosos do patrimônio dos africanos nos territórios de África e posteriormente dos indígenas nas Américas.

A estória – fábula – da *Vênus Hotentote*, foi atestada pela *ciência* através do professor Georges Cuvier, grande nome científico francês na época. O escrito nos apresenta as evidências de como foi construído o edifício do racismo científico muito em voga nos séculos XVIII e XIX, que pretendeu fazer do Negro o comparativo entre o macaco e o ser humano. Este foi um dos mais indecentes preconceitos dos *'sábios'* da época que atestam cientificamente suas discriminações. Dissecaram as partes íntimas desta jovem sul africana descrita em 1817 como a representante de 'uma raça arcaica próxima dos macacos' depois de tê-la exibido como um animal de circo nos zoológicos humanos de Paris.[19]

No entanto, as mulheres negras sempre foram personagens importantes do contexto e legado da civilização africana, pois desenvolveram sociedades organizadas sobre valores universais de paz, cultura e educação. Elas sempre foram evocadas como figuras valorizadas e protagonistas sociais e políticas.

O reino de Angola foi conduzido pela rainha negra Zingha, que resistiu bravamente até os oitenta anos de idade contra as invasões portuguesas ao reino de Angola.

Os portugueses e europeus criaram fábulas – estórias - sobre as pessoas negras em África não apenas por conta das dife-

19 SERBIN, Sylvia. *Reines D'Afriques et héroines de la diáspora noire*. Paris: MeduNeter, 2018.

renças evidentes nos modos de cultura, organização social e política, bem como aparência física dos africanos. Mas tais fábulas foram criadas com a intenção de tomar posse das riquezas do continente de África.

As relações entre Europa e África antes do escravismo eram diplomáticas. Os europeus foram recebidos em territórios africanos e puderam observar os modos de vida, cultura social e economia de reinos africanos.

Em particular, o reino de Angola conduzido pela rainha Zingha era rico, de economia vigorosa, com tecnologia para o cultivo de alimentos e extração de minérios.

A capacidade de organização social do reino africano impressionou os portugueses que passaram a visitar a costa da África por várias vezes tentando observar modos de ter acesso às riquezas de Luanda, um dos territórios mais valiosos do reino de Angola.

A solução foi promover o escravismo, a partir da retirada dos corpos dos africanos por violência justificada e reiterada pela igreja católica através do Papa Nicolau V, que através de uma bula autorizou toda sorte de crimes bárbaros contra africanos e indígenas nas Américas.

No que se refere ao período anterior ao contexto brasileiro, as caravelas do almirante Diego Cao chegaram em Angola em 1484. Ao desembarcarem, os portugueses foram surpreendidos ao observar um verdadeiro eldorado de oito províncias extremamente férteis, circundadas de inúmeros cursos de água e dotadas de uma agricultura viva e autossuficiente, bem como rebanhos de bovinos e casais de reprodutores. O lugar era organizado com caminhos bem adornados com árvores frutíferas como laranjeiras, limoeiros e pés de romãs.[20]

---

20 *Ibidem.*

> O lugar oferece ao viajante o espetáculo mais brilhante e mais encantador. As vinícolas imensas, os campos que todos os anos se cobrem de uma dupla colheita, com ricas pastagens. A natureza parece ter tido o prazer de depositar ali todas as vantagens mais belas, com grande benevolência separando dos outros países. Os negros, habitantes do reino de Angola, são em geral inteligentes e capazes.[21]

E ainda:

> Os portugueses encontraram com efeito uma população tecnologicamente desenvolvida, realizando atividades diversas muito além do artesanato – tecelagem de tecidos a partir do linho, o trabalho com o marfim e peles, fabricação de utensílios de couro – a extração de minérios e o comércio transfronteiriço. Mas o que chamou sobretudo a atenção dos portugueses e europeus foram os carregamentos imensos de diamantes pelo rio Cuanza. Eles estavam tão impressionados quanto ensandecidos para obter o domínio sobre aquele lugar que reluzia uma mina de dinheiro. Sem esperar, eles decidem tomar posse oficialmente daquele lugar bendito em nome do Cristianismo a partir Santíssima Majestade o rei de Portugal, para fazer uma escala de provisões de escravos destinados a promover valorização de seus territórios no Brasil. Assim, deportando massivamente de seu lugar as populações africanas, eles teriam o campo livre para tomar posse e controle das riquezas do país. Com efeito, nesta colônia, a intensidade do saque foi tamanha que a dinâmica anterior se encontrará totalmente arruinada, impossibilitando toda ressurgência de uma economia diversificada.[22]

21 *Ibidem*, p.48.

22 *Ibidem*, p.49.

Todo o roubo e devastação das riquezas do reino de Angola foi possível por conta que em 1575 a coroa portuguesa acorda com Paulo Dias de Novais, filho caçula do explorador Bartolomeu Dias, uma carta autorizando a conquista de duzentos quilômetros da Costa Sul do território do Cuanza bem como o direito de se apropriar das terras e permitindo penetrar ao interior do território. Território este, cuja população em 1560, os havia acolhido calorosamente. Mesmo assim, tão logo se deram conta das intenções de roubo dos portugueses, os africanos de Angola organizaram-se e contra-atacaram. Os sobreviventes lutaram bravamente contra o domínio português. Principalmente sob o comando ora diplomático com acordos de guerra, ora no campo de batalha tendo à frente a rainha Zingha.[23]

Ao reconhecer a verdadeira história nos relatos do livro *Reines d'Afrique et heróines de la diáspora noire*, de Sylvia Serbin sabemos que a historiografia acadêmica e social converge para a irracionalidade da barbárie branca e europeia enquanto processo de domínio e poder material e simbólico sobre os corpos físicos e psíquicos dos sujeitos da diáspora negra e indígena.

Psicologicamente as tragédias que se sucederam ao exemplar reino de Angola bem como nos territórios ameríndios das Américas instituíram estruturas emocionais e afetivas que perpassam a psicoesfera da vida social, política e cultural das pessoas nos contextos da diáspora. Sendo a tecnoesfera fruto decorrente destes embates entre materialidade do espaço formalmente ocupado e existente no plano concreto, bem como no plano, também existente, simbólico, psíquico, afetivo.

As pessoas e suas vidas não são apenas a trajetória única de seu tempo cronológico no contexto civilizacional. Elas estão im-

---

23 *Ibidem.*

buídas de seus legados e pertenças étnicas. E recebem esta pertença de modo transgeracional, atravessando o tempo cronológico e se instalando na dimensão psíquica dos sujeitos humanos.

A bem saber que para os africanos, a vida não é apenas única e individualizada. Na civilização negra africana, a relação constante com o sagrado, a comunicação entre os vivos e os mortos, o visível e o invisível fazem parte do cotidiano de todos. A vida e o modo de viver é atemporal. E tal característica não é um problema para a cosmovisão africana. Embora os ocidentais se preocupem muitíssimo com isto, sentindo-se atônitos diante destes fatos.[24]

Esta cosmovisão civilizatória de África está presente nos modos de vida e existência do brasileiro e das Américas. A música, as canções negras em seus diferentes ritmos são plenas desta transversalidade e do atravessamento da diáspora nos oceanos comunicacionais. A linguagem e o diálogo com a vida que se opera na tradição e ancestralidade diaspórica está para além do tempo cronológico modesto e diminuto do ocidente, fixado na temporalidade extrema das ações que convergem apenas para os corpos físicos e imediatos da intenção de domínio e poder capitalista.

A linguagem de África nos territórios afro-indígenas mantém-se viva e contemporânea.

Não existe o ultrapassar da letra e da grafia africana. A oralidade é o grifo que rompe a esfera limite da cronologia do tempo imediato. A oralidade atravessa os tempos e se inscreve psiquicamente nos símbolos imateriais e materiais da diáspora compondo a maneira de ser dos sujeitos híbridos que compõem as territorialidades negras e indígenas.

---

24 HAMPÂTÉ BÂ, Amadou. *O menino fula*. São Paulo: Casa das Áfricas e Palas Athena, 2003.

Obviamente transmutações e atualizações ocorrem no diálogo – linguagem – que se estabelece dos africanos com os indígenas. No *Caboclo* encontramos um só povo. No entanto este hibridismo mantém os símbolos psíquicos de uma ancestralidade negra e indígena viva, contemporânea que marcha incessantemente para o rompimento das barreiras de opressão que insistem em demarcar de forma limítrofe o seu corpo físico e material.

O simbolismo da linguagem e seus significados em diásporas e territorialidades afro e indígenas não podem ser superados. Por que a letra – a grafia linguística – comporta signos que são presentes no passado, atualizados no presente e fundam um futuro de coerência que permite às populações negras, pardas, mestiças e híbridas a resistência perpétua e constante.

O canto, a canção negra indígena atravessa os tempos. Não se encerra e seu mantra pode ser ouvido como linguagem que se decodifica no contexto.

Portanto, rainhas como Zingha sempre existiram apesar de calculadamente não mencionadas na maioria dos livros escritos por europeus e estudiosos que reiteram a hegemonia epistemológica branca.

As canções atravessam os tempos e podem ser feitos novos arranjos para novas composições de instrumentos e orquestras. Mas elas não morrem. Se elas forem vivas e oralizadas. A partitura pode rasurar-se, perder-se, queimar-se, inexistir e ser destruída. A escrita é limitante. Ela é um recorte, uma fronteira que se encerra. Mas a canção, a música, se for oralizada, ela é eterna, ela marca o inconsciente e o psiquismo das pessoas. É através das canções que as crianças aprendem a falar e a lembrar as coisas que possuem importância para elas.

Assim a resistência dos povos da diáspora em suas territorialidades materiais e imateriais, simbólicas e psíquicas, são sempre ressurgentes. Não cansam de emergir. Porque quando submersas, consideraram o tempo da espera. O 'tempo dos fracos'. A força dos fracos é seu tempo lento, disse Santos (1998), cantando em suas palestras e escrevendo em suas falas. A revolução indígena e africana dimensiona os tempos.

Há o tempo da espera. Em que os corpos corrompidos e materializados foram ceifados de sua concretude física. E diante da tragédia existe a revolução da semente. Do grão que se consagra ao ritual da vida.

Na segunda década do século XXI, inúmeras covas foram abertas em milhões de valas comuns. Corpos jogados, enterrados sem rituais por conta da contaminação da covid 19. O que estes corpos na terra significam?

Para muitos pode ser o martírio dos povos pretos, dos territórios afroameríndios. De fato, é o martírio. Mas este fato que observamos e que inclui estatísticas de descaso com a vida humana de pretos, indígenas e pardos, é o milagre da semente.

Os corpos na Terra são sementes. E nesta segunda década do novo século, as sementes se levantam. Os corpos, que são outros. Não são mais os mesmos corpos, eles são sementes – fragmentos do corpo.

Partículas de muitas vidas – que reunidas na Terra possibilitam o desabrochar de muitos frutos: vidas negras importam! Porque após tantos anos, somente agora este canto nos chega em sua plena força?

O psiquismo e simbolismo dos significados das canções negras sempre ecoaram no mundo.

Muitos contextos se fazem surdos. Mas a voz é cheia de significados ritmos que se organizam em diferentes territorialidades do mundo. Mantendo seu hibridismo e reatualizações e novidades. Mantendo a sua ancestralidade originária capaz de alterar a linguagem do globo terrestre em todos os seus tempos.

Nesta consideração o papel das geografias do mundo é desenvolver epistemologias convergentes a estas novas linguagens pautadas na transformação dos corpos – sementes vivas – que crescem e fazem eclodir novos cantos, novas vozes: mesmas vozes de resistências persistindo na vereda e caminhos de rotas para liberdade.

Liberdade necessária não apenas para os corpos materializados e mortos dos povos negros e indígenas. Mas para todos os seres humanos que estão encerrados na diminuta condição de suas vidas, sejam eles racialmente negros ou não.

A utopia afro-indígena possibilita expandir o campo da consciência civilizatória humana. No hibridismo dos corpos, as sementes que se instalam na Terra por ocasião das epidemias, a exemplo do que vivemos neste século XXI com a covid 19, mas também a exemplo de inúmeras tragédias humanas que maltrataram e assassinaram barbaramente as populações negras e indígenas em suas territorialidades físicas e políticas, farão surgir novas perspectivas de existência para a civilização humana.

Nenhum martírio é vão. Ele será gratificado e ressarcido no devir da existência humana.

Não se trata de um ser ou uma pessoa. Mas a condição de uma gama de desenvolvimentos no conjunto civilizatório que África produz em suas condições de presença no mundo.

Em termos psíquicos é preciso anuir a existência destes enredos, a fim de possibilitar a abrangência do que vem se organizando a tanto tempo e que se presentifica nas ações e comportamentos humanos de nossa contemporaneidade.

Passado, presente e futuro emergem em um ciclo indissolúvel que se agregam e multiplicam a potencialidade da vida humana no Planeta.

Aliás o planeta é o produto desta integração do ser humano com o espaço e a natureza, com a geografia do lugar e com as territorialidades físicas, políticas, mas também componentes da psicoesfera e da tecnoesfera que dialogam novos *ethos* de vida para a humanidade em cosmovisões ricas de sentidos que se constroem a partir do enredo africano, indígena e não branco hegemonicamente.

O novo se apresenta a partir da ancestralidade, a qual não é meramente uma repetição ou reedição do passado, mas uma conjectura linguística – oralidade – que transcende o ontem para edificar o hoje e o devir dos tempos. A ancestralidade é caráter psíquico, afetivo, emocional, centrado do sujeito e para além dele, instituindo uma lógica e racionalidade afetiva para a condição humana. É sentido, é legado, é pertencimento, ao mesmo tempo que é novidade, transformação, renovação e utopia.

Para a construção epistemológica da ciência, sejam as humanas ou não, estes sentidos são basilares se quisermos atingir novas proposições para a vida dos seres humanos na geografia do planeta Terra.

As territorialidades afro-indígenas nos indicam as possibilidades de melhores acolhimentos para a vida dos que habitam o planeta.

As doenças que têm nos afetado grandemente nos modos de gerir a vida humana são fruto da inconsistência do diálogo e interlocução do ser humano com as espécies da vida do planeta.

As sementes fazem parte da vida de uma era, e elas podem desabrochar em plantas que transformarão a face do planeta. Na verdade, é o ciclo que impera em diferentes cronologias dos tempos.

O fato primordial é que a utopia eclode e caminha, sem parar, em marchas constantes que observamos mais ou menos, porém em todos os tempos.

O conceito de ancestralidade para a psicologia e as ciências humanas é central. Para a saúde mental e as práticas em saúde emocional é fundante. Pois alicerça o sujeito em si mesmo e o reposiciona no lugar de sua experiência emocional centrado no código da cultura, de sua sociedade, de sua realidade empírica e transgeracional. Liberta-o das amarras do tempo não vivido e o reposiciona para a lógica da possibilidade de um devir infinito que é a condição mínima da potencialidade humana.

Assim sendo, embora muito do que apresentamos sobre ancestralidade negra indígena esteja ainda em formação de entendimentos para os campos epistemológicos das ciências, acreditamos que o início de uma consciência cosmológica da importância de África e Ameríndia para inscrever o sujeito singular e social no advento de seu sofrimento ou desconforto emocional é fundamental para a humanidade.[25] Obviamente, em termos de práticas de cuidados em saúde e saúde mental, estarão acrescidos de fundamentais alicerces para elaborações científicas que sustentarão a igualdade dos povos no planeta.

Os exemplos da rainha negra Zingha é apenas um dos muitos acontecimentos que nos ligam ao passado e que nos interseccionam ao presente e ao devir da existência de nossos descendentes.

As vozes e cantos das mulheres negras e indígenas, suas ações, seus passos, estão presentes na cosmologia do sagrado materno africano.

Se mitologicamente Naná é a mãe de todos os seres, a partir do Jardim da Vida, na capacidade de cuidar e desenvolver o barro – corpos humanos, que de pó é feito e ao pó, segundo tradições religiosas, há de tornar; em termos étnicos e políticos, na geografia das territorialidades afro-indígenas, as rainhas negras são generais de guerra, fundando reinos e resistindo por longos anos nos propósitos de preservar e manter a vida e o desenvolvimento para muitos.

25 OLIVEIRA, Regina Marques de Souza. *Op. cit.*, 2016.

A voz da rainha negra Zingha é a mesma canção antiga de Lucy, a etíope, que originou a todos nós. Luzia, também, nas Américas, é voz que ecoa na trilha dos ameríndios e nas territorialidades da resistência.

O psiquismo humano – a saúde mental – carece de instrumentos metodológicos para propiciar a fortaleza do sujeito. Na capacidade de resistir a suas dores. Não no sentido de menosprezá-las e forçar uma violência na psique humana. Mas uma resistência revolucionária, que caminhe para a cura de suas carências, na alegria de participar da vida, a partir dos arranjos de uma contemporaneidade onde seu existir seja possível em felicidade.

Como conjugar esta linguística? Este pertencimento planetário? Esta oralidade que o inscreve como sujeito de seu tempo histórico e realidade sem abrir mão de sua singularidade única e originária?

Os caminhos de África, sua territorialidade de resistência diaspórica – sem fronteiras limites e limítrofes física e politicamente demarcadas – atestam as canções de todos os tempos.

Desde Lucy a africana da Etiópia, passando pela americana Luzia e chegando nas vozes de Zingha, Nina Simone, Mariele Franco e de tantas outras.

Por que nomes como estes acima referendam novos projetos de vida e ações em diferentes tempos históricos? Porque vozes em corpos diferenciados (negros, mulheres, indígenas, ciganos, crianças, sem teto, sem-terra e descamisados e até mesmo uma classe média pobremente endinheirada) clamam de tempos em tempos por justiça?

A ancestralidade negra africana e ameríndia, das territorialidades de resistências eclodem todos os dias: cheias de amor, também raiva, mas seu pilar é a bondade, o bem-estar da vida, a luta pela igualdade na diferença que é a utopia da liberdade.[26]

Liberdade para os povos todos, não apenas para a diáspora negra. Pois que territorialidades afro-indígenas não são mais apenas o continente africano ou as Américas politicamente cartografadas.

A cartografia da diáspora é resistência, e sendo resistência ela não se limita a fronteiras e frontes. Ela transcende a borda do mapa e se inscreve nos confins do tempo e do espaço físico geográfico. As cartografias são paisagens, psicoesferas e tecnoesferas.

Ela transcende a utopia da condição humana por excelência da existência.

Como nos disse também a voz e a música – a canção de todos os tempos – em Tony Morrison: nossa música não nos pertence mais, ela pertence a toda humanidade. Cabe agora recuperar a palavra.[27]

Sim, a palavra é a ancestralidade. Não é o dito, nem tampouco o não dito. É a emissão da linguagem que inclui diferentes formas de grafos e signos. África fala. Resiste, em notas de blues, samba, rap e saudades, mas em arranjos e partituras inscritas na psique da letra da vida dos seres viventes no presente que receberam legados do passado como devir do futuro.

---

26 OLIVEIRA, Regina Marques de Souza. *Op. cit.*, 2016; OLIVEIRA, Reinaldo José de. *Territorialidade Negra e segregação racial na cidade de São Paulo – a luta por cidadania no século XX*. São Paulo: Editora Alameda, 2019.

27 CERQUEIRA, Hildebrando de Almeida – Conferência de Abertura do Colloque Internatinale Identité et Subjectivité: regardes transnationaux sur la jeunesse, Cité Internationale de Paris – CIUP – Maison du Brésil, 2007.

As escrituras de África e Américas se grifam na oralidade dos tempos eternos – tempos lentos, tempos certos, tempos que eclodem sempre. E enriquecem o pensamento mundial. Tal pensamento nos insta evitar o fechamento identitário e a ilusão da permanência, nos sussurrando ao pé do ouvido que é preciso investir e interagir com o devir, com a troca e com a reciprocidade. Também nos agrega na aceitação de nosso hibridismo capaz de cultivar a reflexão sobre nossa realidade e circunstâncias.[28]

Sabemos que não existe uma civilização pura, somos todos híbridos. A civilização não é derivada de um hibridismo. Ela é a originariamente híbrida.

Por isso África e Américas, pretos e indígenas, representam a diversidade da existência do processo civilizatório humano. Híbrido e sempre renovando-se no cantar das canções dos tempos, resistindo e buscando produzir uma totalidade para o desenvolvimento de uma inteligência – lógica – civilizatória.

As territorialidades afro-indígenas operam a síntese do que somos, do que desejamos ser, da felicidade que queremos aportar como sujeitos, como cidadãos, mas como indivíduos únicos e ao mesmo tempo pertencentes a uma sociedade e civilização.[29] Portanto, neste princípio, o conceito de ancestralidade negra indígena interessa grandemente para a psicologia, a psicanálise, para as ciências da saúde e saúde mental que buscam, pela tecnociência, o bem-estar emocional e a integração fisio-psíquica. Os grandes males deste século (a angústia depressiva, o pânico, as fobias, os medos, o suicídio, a automutilação, os vícios e o isolamento virtual e os males físicos como o câncer e as doenças

28 SARR, Felwine. Afrotopia. Paris: Editions Philippe Rey, 2016.

29 OLIVEIRA, Regina Marques de Souza, *op. cit.*, 2016; OLIVEIRA, Reinaldo José de, *op. cit.*, 2019.

psicossomáticas), poderão favorecer-se em termos de cuidados e práticas de saúde a partir dos legados da ancestralidade africana e indígena conforme deslindamos por ensaio neste texto.

Os limites deste ensaio são visíveis no que concerne a abordagem intrínseca das possibilidades e potencialidade de pensar o conceito de ancestralidade negra indígena nas práticas e cuidados em saúde. Neste aspecto isto nos levaria a considerar a importância das folhas, das rezas, benzimentos, receitas de misturas e compostos negro indígenas bem como práticas curativas que podem embasar, como embasam, a vida de populações quilombolas e comunidades indígenas. O cuidado e saber das parteiras negras nos quilombos, nos territórios ribeirinhos, nas aldeias dos povos das florestas são diferenças importantes para a ciência psicológica, humanas e da saúde.

No entanto, não foi este eixo que optamos por discernir. Partimos da lógica das realidades geográficas, transfronteiriças que resistem para além das objetividades mesmas dos fazeres do cotidiano das populações afroameríndias. E neste sentido, expandir o conceito de ancestralidade para focalizá-lo de modo híbrido e reflexivo na historiografia do contexto das vozes de resistência no constructo da civilização humana foi o caminho desejado.

De modo indireto, preferimos discorrer sobre o processo psíquico das pessoas impactando os contextos. Isto implica compreender suas realidades, nos obrigando a observar os aspectos inerentes a condição desta contemporaneidade híbrida e densa de corpos negros, pardos, mestiços e não brancos, a fim de favorecer a riqueza da necessária diversidade humana.

Finalmente, as reflexões sobre África implicam observar e entender o caminho da diáspora e considerar não apenas esta trilha existente, mas também o que nos tornamos nas diferentes territorialidades afro-indígenas. Para além disso, compreender e buscar o que desejamos ser, por nós mesmos e para o mundo. Estas constituem as interrogações primordiais que são objeto do esforço de nossas reflexões. O encontro de uma presença fraterna no mundo, a partir de um diálogo verdadeiro que nega uma única voz.[30] Ao contrário, é a emissão de um aporte de interlocução renovada, audível e verdadeiramente inteligível enquanto patrimônio, edifício civilizatório de África e Ameríndia para o mundo.

Considerações Finais

Sabemos que a voz da rainha Zingha na liderança de seu reino, resistindo até os seus 80 anos de idade o domínio pleno nos roubos e saques que Portugal premeditadamente com suas esquadras assaltaram as oito principais províncias riquíssimas do reino de Angola, foi audível para tantas mulheres negras de diferentes maneiras.

Sabemos que a voz da pianista norte americana Nina Simone gritou em notas firmes *Stand up be counted with all the rest, for everybody knows about Mississippi Goddam (...) All wants is equality for my sister, my brother, my people and me* (Levante-se e conte exatamente tudo, para todo mundo saber sobre o ocorrido na igreja de Mississippi...Tudo o que eu quero é a igualdade para minhas irmãs, meus irmãos, meu povo e para mim), para o mundo, com grande força e coragem o assassinato por atentado a bomba das quatro meninas negras – Addie, Cybthia, Carole e Denise – clamando por sensibilidade e justiça ao mundo.

Sabemos que Marielle Franco foi brutalmente assassinada no Rio de Janeiro não antes de clamar por direito, igualdade e cidadania para mulheres pretas, trans, lésbicas e toda sorte de gente pertencente às territorialidades negras, afro periféricas.

---

30 SAAR. *Op. cit.*, 2016.

Hoje sua voz é símbolo das marchas por igualdade e mudanças no contexto globalizado do mundo.

Sabemos também que as vozes de Agatha, João Pedro, Miguel, João Alberto e muitos, muitos outros (crianças, adolescentes, jovens e adultos negros), seguem anunciadas através do clamor do *Black Lives Matter* durante a segunda década do século XXI durante a pandemia da covid 19.

Todos estes cantos e vozes, do século XV ao XXI são canções da ancestralidade negra. Elas se atualizam no tempo e não cansam de se expressar e trazer o ar fresco para a necessidade de um novo e outro projeto civilizatório.

Nas territorialidades afro-indígenas, a resistência encaminha-se eterna. Não há desânimo ou esmorecimento.

Corpos e vidas são ceifados. A morte é semente depositada na terra. O choro é alento – é canto e música de Chiquinha Gonzaga, filha de mulher preta. A vida segue. Mulheres cantam, dão à luz a muitos filhos. Voz de Cirlene: *Quando eu nasci minha mãe me deu a luz. Eu sei disso: se ela me deu a luz eu estou aqui para brilhar!" (Mulher parda, 30 anos, auxiliar de serviços. Dizeres de Dona Cirlene durante homenagem recebida no II Congresso Internacional do NEPPINS/UFRB/CCS).*

A utopia permanece porque o paradigma de África e dos povos indígenas das florestas do mundo, são a linguagem do desenvolvimento da civilização humana. Os diálogos – canções – não cessam de cantar as poesias sobre o valor da vida, da liberdade e da igualdade. A ancestralidade negra é o paradigma simbólico desta resistência não violenta. A tensão e o conflito é sempre diálogo, é sempre presença que oblitera a violência.

A ancestralidade negra indígena resiste à violência muda – barbárie trágica que acompanha os corpos sementes das crianças negras, indígenas e periféricas (quilombolas, ribeirinhas, sem-terra, sem teto, favelados etc.) que nos ataca constantemente, seja na usurpação dos portugueses ao reino de Angola, seja na queda de Miguel do nono andar no edifício nobre em Pernambuco.

A utopia grita ao mutismo irônico dos fatos: o roubo explícito da vida e do trabalho de nossos corpos. Ao mutismo responde as sonoras e alegres canções, músicas. Nossos corpos mortos são sementes. A Terra é fértil. Brotamos e nos ressignificamos sempre. O tempo é eterno, e nossa cronologia atemporal não nos atrapalha. Nos ensina e nós aprendemos, com o desejo utópico de ensinar- transmitir. Mesmo permeados pela sentença dos desejos de nos exterminar, nós resistimos. Como corpos mortos plantados no deserto, a seiva vinga!

A partir da ancestralidade negra e ameríndia em territorialidades próximas e distantes, a sanidade da vida – processo civilizatório e psíquico – há de brotar. Haverá o tempo, eterno tempo, de vingar pois: "A presença africana no mundo trará como efeito o desenvolvimento da densidade e maturidade da consciência humana, o objetivo mais digno que lhe pode ser atribuído".[31]

Novas canções em tempos de esperanças eternas: - brilha o Sol e o arco íris na chuva. Há um pote de ouro no final do arco-íris.

Nanã é a mãe ancestral, a que empresta a Luz e o brilho. Seria ela o Planeta? Enquanto Omolu é o fundo da Terra, a morte, Oxumarê é a serpente. Ele liga o Ayê ao Orum: o céu e a terra. Que territorialidade é esta? O psíquico é também territorialidade materializada nos corpos que marcham e que por vezes desfalecem.

No entanto, a morte é apenas um caminho. Um dos muitos e vários dos inusitados destinos da diáspora utopia que canta

31 *Ibidem*, p.150.

e marcha, não se cansa, sobre o mundo: território de resistências, por ascendência.

Mesmo na chuva, em tempestade, o sol brilha...

Passagens...amanhã será de novo, um dia!

Novo? Sim...Se encontrando novamente com os tempos... velhos tempos

Na canção eterna.

Referências bibliográficas

HABERMAS, Jurgen. *Para a Reconstrução do materialismo histórico.* São Paulo: Editora UNESP, 2014.

HAMPÂTÉ BÂ, Amadou. *O menino fula.* São Paulo: Casa das Áfricas e Palas Athena, 2003.

CERQUEIRA, Hildebrando de Almeida – *Conferência de Abertura do Colloque Internatinale Identité et Subjectivité: regardes transnationaux sur la jeunesse*, Cité Internationale de Paris – CIUP – Maison du Brésil, 2007.

NINA, Simone. *Música Mississipi Goddam.* https://www.youtube.com/watch?v=LJ25-U3jNWM. Acesso em 22/01/2021.

OLIVEIRA, Regina Marques de Souza. Nosso mundo adulto e suas raízes na infância: saúde mental da população negra e indígena. In: *Cenários da População negra no Brasil – diálogos e pesquisas.* Cruz das Almas, Belo Horizonte, EDUFRB, Editora Fino Traço, 2016.

______, Frantz Fanon, psicologia e psicanálise: epistemologias da violência. *Revista da ABPN*, v. 10, n. 24, nov. 2017- fev.2018, p.40-66.

OLIVEIRA, Reinaldo José de. *Territorialidade Negra e segregação racial na cidade de São Paulo – a luta por cidadania no século XX.* São Paulo: Editora Alameda, 2019.

PRANDI, Reginaldo. *Os príncipes do destino – história da mitologia afro-brasileira.* São Paulo: Cosacy Naif, 2001.

SANTOS, Milton. *Técnica, espaço, tempo – Globalização e meio técnico-científico informacional.* São Paulo: Editora Hucitec, 1998.

SARR, Felwine. *Afrotopia.* Paris: Editions Philippe Rey, 2016.

SERBIN, Sylvia. *Reines D'Afriques et héroines de la diáspora noire.* Paris: MeduNeter, 2018.

WIEVIORKA, Michel. *La violence.* Paris: Hachette Litteratures, 2005.

CAPÍTULO 2
Projeto modernizador de construção da nação e o reconhecimento dos direitos culturais e territoriais pelo Estado brasileiro[1]

Eliane Cantarino O'Dwyer

O objetivo deste texto é fazer uma reflexão sobre o Estado e suas margens, a partir dos processos de construção moderna do Brasil como Estado-Nação, isto é, os processos do chamado *nation building*, nos quais "empreendimentos capitalistas e estados-nação modernizantes são os dois mais importantes poderes que organizam o espaço hoje".[2] O projeto de construção do Estado-Nação brasileiro é modernizador e "não se refere apenas a governantes que tentam implementá-lo, mas também aqueles que lutam contra ele"[3] em espaços políticos legais estabelecidos. Este é o caso dos grupos étnicos auto identificados como remanescentes de quilombos, que reivindicam o reconhecimento de direitos territoriais ao Estado Brasileiro e dos seus modos de

---

1 Este trabalho é uma atualização revista e ampliada de um artigo que foi publicado em francês, na revista *Les Carnets du Lahic,* v. 11, p. 58-76. 2015.

2 ASAD, Talal. *Genealogies of Religion*: Discipline and reasons of power in Christianity and Islam. Baltmore: The Johns Hopkins University Press. 1993, p.8.

3 *Ibidem.*

fazer, criar e viver, como um dos grupos formadores da sociedade nacional. As manifestações culturais afro-brasileiras, antes invisibilizadas social e culturalmente por formas tutelares de dominação do Estado e do exercício do poder fundiário, segundo novo preceito constitucional,[4] são declaradas como parte do patrimônio nacional. Assim, o poder hegemônico não elimina ambiguidades, nem homogeneíza, mas diferencia e classifica práticas, definindo junto com o projeto modernizador certas formas de "fazer história", principalmente, após a Constituinte de 1988, que, segundo juristas, institui uma nova ordem jurídica diversa das anteriores, e com ela inaugura-se um novo Estado no Brasil.

Os direitos culturais protegidos pelo Estado brasileiro, no caso dos "indígenas" e "afro-brasileiros", e de outros "grupos" com a "valorização da diversidade étnica e regional",[5] têm sido interpretados em conexão com os direitos sobre as terras indígenas e o reconhecimento da propriedade das terras ocupadas pelos "remanescentes de quilombos". Esse termo, instituído pela Constituição de 1988, vem sendo utilizado pelos grupos para designar um legado, uma herança cultural e material que lhes confere uma referência presencial no sentimento de ser e pertencer a um lugar e a um grupo específico. Assim, o termo quilombo, ainda que tenha um conteúdo histórico, vem sendo "ressemantizado" para designar a situação presente dos segmentos negros em diferentes regiões e contextos do Brasil. O texto constitucional não evoca apenas uma "identidade histórica" que pode ser assumida e acionada na forma da lei. É preciso, sobretudo, que esses sujeitos históricos presumíveis existam no

4 Artigos 215 e 216 da Constituição Federal de 1988.

5 Artigos 215 e 216 da Constituição Federal.

presente e tenham como condição básica o fato de ocupar uma terra que, por direito, deverá ser em seu nome titulada.[6] Assim, qualquer invocação ao passado deve corresponder a uma forma atual de existência, que pode realizar-se a partir de outros sistemas de relações que marcam seu lugar num universo social determinado. Tal aspecto presencial, focalizado pela legislação, tem levado antropólogos a seguir um princípio básico: o de "fazer o reconhecimento teórico e encontrar o lugar conceitual do passado no presente".[7] Assim, a ideia de remanescência, como sobra, resto, segundo o termo usado no texto constitucional, deve ser resituada pelo fato do pressuposto legal estar referido a um conjunto possível de indivíduos ou atores sociais organizados em conformidade com sua situação atual, o que permite conceituá-los, sob uma perspectiva antropológica mais recente, como grupos étnicos, que existem ou persistem ao longo da história como um "tipo organizacional" segundo processos de exclusão e inclusão que permitem definir os limites entre os considerados de dentro e de fora.[8] No caso dos "remanescentes de quilombos", o reconhecimento dos direitos territoriais se dá por meio do Artigo 68 do Ato das Disposições Constitucionais Transitórias,[9] que disciplinam "situações concretas", consideradas "análogas", porém "distintas", como no caso das terras indígenas, as quais passam a fazer parte integrante da Constituição.

---

6 Como reza o artigo 68º do ADCT.

7 SAHLINS, Marshall. *Ilhas de História*. Rio de Janeiro: Jorge Zahar Editor, 1990, p.19.

8 BARTH, F. Grupos étnicos e suas fronteiras. In: LASK, T. (Org.) *O guru, o iniciador e outras variações antropológicas*. Rio de Janeiro: Contra Capa, 2000. p. 167-186, p.31.

9 ADCT.

Assim, a noção de terras tradicionalmente ocupadas pelos índios como sendo as necessárias à sua reprodução física e cultural, segundo seus usos, costumes e tradições, tem sido utilizada igualmente no reconhecimento de direitos constitucionais de ocupação territorial dos "remanescentes de quilombos" e outros grupos caracterizados pela legislação infraconstitucional como "povos" e "comunidades tradicionais".[10] Segundo este decreto, constituem território tradicional "os espaços necessários a reprodução cultural, social e econômica dos povos e comunidades tradicionais, sejam eles utilizados de forma permanente ou temporária, observado, no que diz respeito aos povos indígenas e quilombolas, respectivamente, o que dispõem os arts. 231 da Constituição e 68 do Ato das Disposições Constitucionais Transitórias e demais regulamentações". Além disso, a Política Nacional de Desenvolvimento Sustentável dos Povos e Comunidades Tradicionais – PNPCT, criada pelo referido decreto, em seu artigo 3°, inciso XV, institui "o reconhecimento, a valorização e o respeito à diversidade socioambiental e cultural dos povos e comunidades tradicionais, levando-se em conta, dentre outros aspectos, os recortes etnia, raça, gênero, idade, religiosidade, ancestralidade, orientação sexual e atividades laborais, entre outros, bem como a relação desses em cada comunidade ou povo, de modo a não desrespeitar, subsumir ou negligenciar as diferenças dos mesmos grupos, comunidades ou povos ou, ainda, instaurar ou reforçar qualquer relação de desigualdade". Esta política a ser implementada, entre outros instrumentos pela Comissão Nacional de Desenvolvimento Sustentável dos Povos e Comunidades Tradicionais, encontra-se em fase muito inicial de aplicabilidade.

10 Decreto 6040 de 2007.

Sobre o reconhecimento de bens imateriais, não implica em ações como as de tombamento, realizadas pelo IPHAN, mesmo que outras formas de preservação – como o Registro e o Inventário – a cargo desta instituição venham a ser utilizadas no contexto do reconhecimento de direitos territoriais em complementaridade à política de preservação do patrimônio cultural brasileiro. As possíveis ações de tombamento pelo IPHAN dos territórios de ocupação tradicional foram questionadas pelos representantes das comunidades de quilombos, desde o início do processo de regulamentação do artigo 68 do ADCT, nos anos de 1990 até o Decreto 4887 de 2003, pois o tombamento, que tem por objetivo preservar bens de valor histórico, cultural, arquitetônico, ambiental e também de valor afetivo para a população, impedindo a destruição e/ou descaracterização de tais bens, "significa que o bem se encontra sob proteção legal, com a inscrição no Livro do Tombo e a comunicação formal do tombamento aos proprietários". Diversamente da noção de tombamento, o texto constitucional reza que "aos remanescentes das comunidades dos quilombos que estejam ocupando suas terras é reconhecida a propriedade definitiva, devendo o Estado emitir-lhes os títulos respectivos",[11] sendo que as terras tradicionalmente ocupadas compreendem os espaços de reprodução física, social e cultural dos grupos étnicos "portadores de referência à identidade, à ação e à memória",[12] que constituem bens de natureza material e imaterial do patrimônio cultural brasileiro.

Neste contexto de reconhecimento de direitos culturais e territoriais pela nova Carta Constitucional, as pesquisas etnográficas têm produzido formas de conhecimento que, ao privi-

11 Artigo 68 do ADCT da CF/1988.

12 Artigo 216.

legiarem a experiência, possibilitam introduzir-se em domínios do social que não são de fácil acesso seguindo outros protocolos de enquete. Assim, o trabalho de campo etnográfico "oferece uma perspectiva única do tipo de práticas que parecem desfazer o Estado em suas margens territoriais e conceituais"[13] e, podemos ainda acrescentar, legais.

Etnografia dos processos sociais e políticos

Sobre a questão de onde estão as margens do Estado, pode-se recorrer a exemplos etnográficos, no contexto brasileiro, que ajudem a delinear o espaço social e político de reconhecimento e exercício legítimo do poder.

No caso do parecer antropológico realizado em 1989 e publicado praticamente uma década depois sob o título "Seringueiros da Amazônia: dramas sociais e o olhar antropológico",[14] fora solicitado a partir de denúncias sobre violação das liberdades pessoais e formas de constrangimento ilegal perpetrado contra populações seringueiras no Estado do Acre. De fato, tratava-se de problemas sociais postos ao antropólogo e não de questões levantadas através da construção de um objeto de pesquisa, em um contexto de conflito e intensa mobilização dos seringueiros, após o assassinato de seu líder Chico Mendes, em Xapuri, no dia 22 de dezembro de 1988. Ele organizava as ações de "empates", as quais consistiam na mobilização de seringueiros contra invasores madeireiros, que produziam desmatamento nas suas

---

13 DAS, Veena e POOLE, Deborah. El Estado e sus márgenes. Etnografías Comparadas. In: *Cuadernos de Antropología Social*, nº 27. Julio, UBA, Buenos Aires, Argentina. 2008. p. 19-52, p.20.

14 O'DWYER, Eliane Cantarino. *Seringueiros da Amazônia*: dramas sociais e o olhar antropológico. 1ª ed. Niterói: EDUFF, 1998.

áreas de exploração extrativista realizada com mão de obra familiar de forma congênere com seus vizinhos. Esse trágico assassinato repercutiu nacional e internacionalmente, colocando diante do Estado-Nação e de organismos internacionais a luta dos seringueiros pela preservação da floresta e a reprodução sustentável dos ecossistemas amazônicos. Problemas publicamente reconhecidos se transformaram assim em uma questão de Estado, o que provavelmente exigiu um tratamento supostamente garantido pela investigação científica.

Deste modo, se o parecer antropológico sobre formas de trabalho escravo nos seringais do alto rio Juruá não constituía uma pesquisa orientada pelas exigências do campo acadêmico, por outro lado, podia ser situado dentro das ações coordenadas no âmbito da Associação Brasileira de Antropologia, que envolviam a colaboração no reconhecimento dos direitos de grupos étnicos e sociais entre antropólogos e a Procuradoria Geral da República – que tem por objetivo constitucional a defesa dos direitos sociais e individuais indisponíveis, isto é, os direitos dos quais a pessoa não pode abrir mão, como o direito à vida, à liberdade e à saúde – sobretudo a 6ª Câmara de Coordenação e Revisão do Ministério Público Federal nos temas relativos aos povos indígenas e outras minorias étnicas. Dentre as quais os quilombolas e as comunidades extrativistas, que têm em comum um modo de vida tradicional distinto, na garantia da pluralidade do Estado brasileiro na perspectiva étnica e cultural, tal como constitucionalmente determinada no reconhecimento dos direitos de grupos étnicos e sociais.[15]

15 Os laudos antropológicos, considerados formas de intervenção fora da esfera acadêmica, tem assumido uma importância cada vez maior na prática profissional da disciplina no Brasil. Dian-

Ao discutir as denúncias encaminhadas ao Ministério Público Federal (MPF), do ponto de vista das populações seringueiras, foi possível introduzir a problemática sociológica sobre "quem acusa quem", como um modo de investigar os tipos de relações sociais em que ocorrem e relacionar casos e incidentes, procurando esclarecer as conexões entre eles.[16] O levantamento antropológico das bacias dos rios Tejo e Breu, tributários do conjunto hidrográfico do Alto Juruá (Figura 1), incluindo a parte mais à montante do rio em direção às cabeceiras, tinha como objetivo o reconhecimento *in loco* das relações sociais e do sistema de dominação caracterizado como forma de trabalho escravo prevalente nos seringais.

---

te da mobilização crescente da sociedade civil e da formação de movimentos representativos dos direitos dos povos indígenas, dos "remanescentes de quilombos" e de outros grupos sociais, a demanda por especialista em antropologia tem emergido em instituições definidas como de defesa dos direitos dos cidadãos e das minorias, como o Ministério Público Federal e órgãos da Administração encarregados da política do Estado na identificação e gestão de populações reconhecidas pelos direitos constitucionais. Há um pressuposto comum, neste caso, sobre o papel do antropólogo e da antropologia compreendida enquanto disciplina que estuda coletividades humanas em sua especificidade cultural, formas de organização social e tradições cosmológicas.

16 GLUCKMAN, Max. O material etnográfico na antropologia social inglesa. In: GUIMARÃES, Alba Zaluar (Org.). *Desvendando máscaras sociais*. Rio de Janeiro: Francisco Alves Editora, 1975, p. 63-76, p.71.

Figura 1- Região do Alto Juruá no estado do Acre. Comunidades quilombolas do rio Erepecuru, em Oriximiná, e do Rio Ituqui, em Santarém (Estado do Pará)

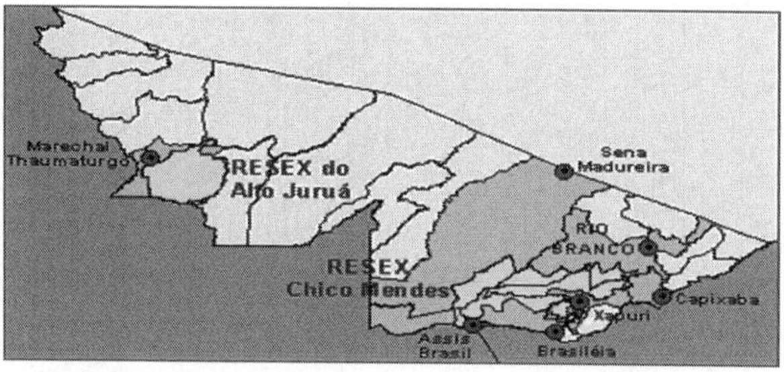

Fonte: http://www.ibama.gov.br/resex/ajurua/visite.htm

O antropólogo, neste caso, tem que mobilizar a metodologia de pesquisa produzida pela prática do seu saber para responder às questões levantadas através de denúncias chegadas ao conhecimento do MPF sobre violações das liberdades pessoais e formas de constrangimento ilegal perpetrado contra as populações seringueiras daquelas áreas.

Quando o antropólogo atua como inquisidor às avessas, à procura das informações disponíveis, dos testemunhos e depoimentos coletivos, a prática de pesquisa antropológica oferece caminhos – pelos jogos de transformar, através da experiência de campo, o exótico em familiar, permitindo a construção de fatos que, muitas vezes, são desconhecidos dos próprios contemporâneos. O antropólogo funciona, nesse caso, como observador direto e, até certo ponto, participante, ao intermediar uma ação pública, que se pretende nessas circunstâncias, sem intermediários. Já o MPF, atua como representante da sociedade, encarregando-se de proceder a um inquérito, com a possível abertura de um processo judicial.

Busca-se mediante trabalho etnográfico o testemunho dos que viveram pelo lado das vítimas as situações denunciadas. O poder que por acaso se faça exercer em excesso sobre grupos sociais, colocando-se fora das fronteiras do Direito, é chamado a dar explicações dos seus atos diante do aparato legal. Isso é feito, frisamos, a partir da valorização dos testemunhos de uma memória coletiva por uma categoria de personagens sociais que, a despeito de serem considerados despossuídos do prestígio do poder e do saber socialmente valorizados, passam a enunciar a verdade da perspectiva em que a vivenciam.

Até a criação da primeira reserva extrativista do Brasil em 1989, no Alto Juruá, Acre, na região Norte do Brasil, as populações seringueiras encontravam-se marginalizadas das estruturas políticas e legais do domínio estatal. Tais populações submetidas a formas de imobilização da mão-de-obra, caracterizadas como trabalho escravo, ficavam "às margens da história" como dizia Euclides da Cunha (1966) para se referir ao tipo de poder encarnado na figura do patrão seringalista local, existindo fora da lei, em grave transgressão ao código penal brasileiro.

Pesquisadores e etnógrafos, durante os trabalhos de campo, descrevem práticas que podem ser consideradas extrajudiciais, representadas como permanecendo "por fora" ou com anterioridade ao próprio Estado (DAS e POOLE, 2008). Inclusive em condições de pesquisa na qual participam como peritos, como no caso de ação civil pública impetrada pelo Ministério Público Federal, a partir de denúncias sobre violação de liberdades pessoais e formas de constrangimento ilegal, perpetrados contra populações seringueiras do estado do Acre. A criação da primeira reserva extrativista do Brasil – do Alto Juruá, Acre – resultante desta ação civil pública, teve, como um dos seus efeitos, converter espaços periféricos de práticas extralegais anteriormente existentes no exercício de formas específicas de poder jurídico e condição cidadã.

Ainda para responder à questão *onde estão as margens do Estado*, outra situação social pode ser apresentada sobre as chamadas "comunidades ribeirinhas" (Figura 2) que ocupam as margens dos rios e lagos da região do Baixo Amazonas,[17] que

17 O região do Baixo Amazonas - PA abrange uma área de 317.273,50 Km^2 e é composto por 12 municípios: Alenquer, Almeirim, Belterra, Curuá, Faro, Juruti, Monte Alegre, Óbidos, Oriximiná, Prainha, Santarém e Terra Santa. Em seis desses municípios, Alenquer. Monte Alegre. Óbidos, Oriximiná, Prainha e Santarém, realizei trabalho de campo etnográfico, nos anos 2002 – 2003, como coordenadora no estudo da área que compreende os municípios citados no âmbito do projeto Diversidade Socioambiental nas Várzeas dos Rios Amazonas e Solimões: perspectivas para o desenvolvimento da sustentabilidade. Esse estudo visava conhecer a diversidade socioambiental da várzea, suas problemáticas regionais e os impactos positivos e negativos sobre a população e os recursos. Tal conhecimento, fundamentado na perspectiva das populações locais e na problemática socioambiental da várzea, consistiu em um subsídio para o Projeto Manejo dos Recursos Naturais da Várzea – ProVárzea, visando formular políticas públicas que atendam às necessidades das populações locais, promovam a equidade social e apoiem a conservação e uso sustentável da várzea. O ProVárzea foi desenvolvido pelo governo brasileiro com recursos do Banco Mundial e PPG7 - Programa Piloto para a Proteção das Florestas Tropicais do Brasil, que "é uma iniciativa do governo e da sociedade brasileira, em parceria com a comunidade internacional, que tem como finalidade o desenvolvimento de estratégias inovadoras para a proteção e o uso sustentável da Floresta Amazônica e da Mata Atlântica, associadas a melhorias na qualidade de vida das populações locais. O Programa é financiado por doações dos países integrantes do ex-Grupo dos Sete, da União Européia e dos Países Baixos, complementadas com contrapartida crescente do governo brasileiro, dos governos estaduais e de organizações da sociedade civil". http://www.mma.gov.br/port/sca/ppg7/capa/

compreende municípios das microrregiões de Óbidos e Santarém, no estado do Pará, e vivem dos recursos ambientais renováveis desse complexo flúvio-lacustre.

Figura 2 - Pescadores na várzea

Fonte: Fotografia de Elisa Cotta de Araújo

A identificação de problemas, como a diminuição de pescado pela intensificação das atividades de captura, a partir de 1970, e os conflitos pela apropriação de recursos naturais renováveis da várzea do Amazonas, mais especificamente, em Santarém (PA), levaram à utilização de instrumentos de intervenção do Poder Público como os Acordos de Pesca, os Termos de Ajustes de Conduta e à titulação das áreas de várzeas pela concessão do direito real de uso. Essas formas de controle do espaço se utilizam igualmente do inquérito como forma de produção de um saber com participação de ONGs e pesquisadores em universidades, para o desenvolvimento de projetos visando a realização do censo da população e o diagnóstico socioambiental da várzea. O objetivo do Estado no financiamento e apoio a esses projetos e ações é reunir e manter atualizado um *corpus* de informações a respeito dessas regiões de várzea do Amazonas, sendo o trabalho de informação relacionado com a gestão do território pelo então IBAMA e outros órgãos de governo, inclusive, com a intervenção do Ministério Público Federal. Os relatórios sobre esse tipo de trabalho de informação vêm orientando a intervenção e gestão governamental sobre o território de várzea do Baixo Amazonas. Assim, o conhecimento do território tornou-se inseparável do exercício de controle e gestão do Estado.

No que se refere aos efeitos possíveis do uso desses instrumentos de acordo e gestão do território, pode-se considerar que a pretensão do Estado, ao impor uma regulação ao conjunto dos atores sociais, é criar uma uniformização jurídica que regule os conflitos pela apropriação dos recursos naturais renováveis, de modo que tal regulação se estabeleça como base de novas relações sociais. Este projeto de uniformização e equalização do espaço, ao pressupor uma convergência de interesses entre as partes em jogo e a possibilidade de uma negociação coletiva, pode levar ao congelamento de um estado das relações de força a nível local, que tem se caracterizado atualmente pela vulnerabilidade na reprodução sustentável das condições de uso e manejo dos recursos ambientais renováveis.

Deve-se ressaltar "o fraco conceito de negociação",[18] como no caso da possibilidade de acordo entre interesses conflitantes que opõem o campesinato ribeirinho a outros agentes econômicos no uso das terras e dos mananciais aquáticos na várzea do Baixo Amazonas, Pará. "Negociação sugere certo grau de conflitos de interesses dentro de um quadro de compreensão compartilhada",[19] o que nos parece faltar entre empreendimentos capitalistas e os modos de vida, organização social e práticas culturais distin-

18 BARTH. *Op. cit.*, p. 180.

19 *Ibidem.*

tas que caracterizam as chamadas populações tradicionais.

A essas formas de regulação que supostamente constituem o Estado-Nação moderno, as populações ribeirinhas do Ituqui, em Santarém (estado do Pará), a partir de suas associações comunitárias, têm reivindicado o reconhecimento territorial como "remanescentes de quilombo".[20] Eles se autodefinem como descendentes de Maria Valentina, contemporânea da chegada dos Confederados do sul escravista, depois da Guerra Civil Americana.

O Território do Aiaiá e a Fazenda Taperinha

No município de Santarém, no Pará, uma das principais propriedades escravistas era o engenho Taperinha, pertencente a um português com a insígnia de Barão de Santarém, ao qual se associou o norte-americano Rhome, radicado naquela região, juntamente com outros que por ali imigraram, a partir de 1867, logo após o término da guerra civil nos EUA, em 1865.

Uma das evidências etnográficas desta relação escravocrata inscrita no espaço territorial são os *cavados*, que compreendem escavações realizadas manualmente pelos escravos. Elas ainda hoje permitem os fluxos de água entre o rio Ituqui e o paraná do Maicá, possibilitando o transporte de barcos e de mercadorias na região. Os cavados, simbólica e significativamente condensam o "sacrifício" do trabalho ancestral e demarcam a relação desses grupos com o território. A produção dessa paisagem incorporada às relações sociais, desde o tempo da escravidão, é designada como território do Aiaiá. Segundo os moradores, um desses cavados é atualmente denominado "cavado do Darlan" – nome de um fazendeiro que se apresenta

---

20 Artigo 68, ADCT, CF/1988.

como descendente dos antigos Confederados em Santarém. Tal "cavado" encontra-se localizado na margem direita do rio Ituqui em área de várzea, citada pelas fontes como "acessória" à fazenda Taperinha (Figura 3) ainda no tempo da escravidão. Assim, o "cavado" pode ser considerado uma evidência do processo de ocupação que compõe a memória social das formas de relações estabelecidas.

Figura 3 - Fazenda Taperinha

Fonte: https://santarem.pa.gov.br/

No século XIX a fazenda Taperinha foi palco de intensas atividades ligadas tanto à exploração dos recursos da várzea e terra firme, quanto às pesquisas científicas. Por sua vez, este período foi registrado por visitantes, comumente chamados de naturalistas, e no caso da região em estudo, os registros são profundamente marcados por algumas personalidades, dentre os mais importantes temos Charles F. Hartt, Joseph B. Steere e João Barbosa Rodrigues. Constam dos relatos que esses pesquisadores foram acolhidos pela família americana Rhome, sendo que em Taperinha e arredores foram coletados diversos espécimes de fauna e flora que se tornaram holótipos em diversas coleções brasileiras e estrangeiras. Nos artigos e relatos dessa época, a fazenda Taperinha é descrita como um local próspero, onde era cultivado tabaco e cana-de-açúcar, além de praticada a colheita do cacau. Seus moradores eram os integrantes da família de Romulus Rhome (dono do engenho), seus escravos e os índios.[21]

Nessa região do Aiaiá, assim denominada tanto por moradores ribeirinhos quanto por fazendeiros de Santarém, as comunidades remanescentes de quilombo que formam o Território Quilombola Maria Valentina diferenciam-se e invocam seus direitos constitucionais, usando como critério prevalente de pertencimento, a descendência presumida dos membros do grupo com uma ancestral comum chamada Maria Valentina Ramos, que vivia nas imediações da Fazenda Taperinha. Segundo conta Tia Gó (88 anos), neta da Maria Valentina, que nos recebeu em 2010, na sua casa localizada nas margens do rio Ituqui, e disse para os pesquisadores –"sou quilombola", complementando que sua avó era uma velha brava, capaz de enfrentar inclusive os homens. Na casa dela, onde foi criada, havia muita plantação, variedade de frutas e ao fundo do terreno ficava o gado. Este e outros relatos corroboram que a memória social se refere à Maria Valentina como uma escrava liberta pela sua resistência e valentia.

No contexto do trabalho de campo, nas reuniões de apresentação da equipe de antropólogos, como no caso das comunidades de São Raimundo, São José e Nova Vista, que formam o Território da Valentina, os membros das comunidades presentes se disseram receosos de que, devido ao processo de miscigenação racial entre eles, os pesquisadores colocassem em questão o uso de termos como quilombo e a autodefinição de quilombola, frequentemente relacionados às pessoas de origem escrava negra.

21 PAPAVERO, N. e W. OVERAL (org.). *Taperinha*. Ed. Museu Paraense Emílio Goeldi, 2011.

Contudo, nesse campo de aplicação dos direitos constitucionais, os pesquisadores reunidos na Associação Brasileira de Antropologia têm questionado a utilização de formas de identificação e classificação estranhas aos próprios atores sociais, baseadas em critérios "historiográficos", "arqueológicos", "raciais" e/ou "culturais", em busca do "sentido" considerado "correto", "válido" e "verdadeiro", ao insistir na compreensão dos novos significados que o uso de termos, como "remanescentes de quilombos", adquire nas ações sociais orientadas pela existência do dispositivo constitucional.[22]

Deste modo, a existência legal de um grupo depende das ações e dos significados que são produzidos no campo de reconhecimento dos direitos diferenciados de cidadania, os quais só podem ser interpretados "quando se encontram situados em uma organização social e em uma práxis de comunicação".[23] Ao orientar suas ações e produzir significados nestes contextos, indivíduos e grupos são movidos por visões de mundo, representações e relações sociais que configuram e filtram suas experiências.

Na perspectiva antropológica, a raça existe como uma "construção cultural" e as "noções nativas de raça são (consideradas) cruciais para compreensão da etnicidade [...]", e podem ser importantes na extensão que informam as ações das pessoas.[24] A etnicidade, como sentimento e condição de pertencer

22 O'DWYER, Eliane Cantarino. *O Papel Social do Antropólogo:* aplicação do fazer antropológico e do conhecimento disciplinar nos debates públicos do Brasil contemporâneo. Rio de Janeiro: E-papers, 2010.

23 BARTH, op.cit.,2000, p. 180

24 ERIKSEN, Thomas Hylland. *Ethnicity and nacionalism.* London: Pluto Press, 1993, p.141.

a um grupo étnico, pode assim assumir muitas formas, e ideologias étnicas tendem a acentuar descendência comum entre seus membros. Este é o caso das comunidades de quilombos que formam o Território Maria Valentina.

Durante o trabalho etnográfico realizado em 2010,[25] ouvimos, através da memória social – cuja importância é fundamental na pesquisa antropológica, pois "poder compartilhar do passado do outro é poder participar da sua vida presente",[26] relatos

---

25 A pesquisa etnográfica foi realizada no âmbito do Projeto Identificação e Delimitação de Territórios Quilombolas no Oeste do Pará da Universidade Federal Fluminense, sob minha coordenação, com dotação da Fundação FORD. O objetivo do referido projeto era elaborar sete relatórios antropológicos de caracterização histórica, econômica, ambiental e sociocultural das áreas auto identificadas como de quilombo. Os estudos antropológicos foram realizados nos seguintes territórios de comunidades quilombolas indicados pelo INCRA SANTARÉM/PA: Murumurutuba, Murumuru, Tiningu, Arapemã Residentes do Maicá (Pérola-do-Maicá) e no Território Maria Valentina formado pelas comunidades de Nova Vista, São Raimundo, São José do Ituqui, todas localizadas em Santarém, no oeste do estado brasileiro do Pará. Os relatórios antropológicos constituem a fase inicial do processo administrativo para "identificação, reconhecimento, delimitação, demarcação, desintrusão, titulação e registro das terras ocupadas pelos remanescentes de comunidades dos quilombos", conforme Instrução Normativa n° 57 do Instituto Nacional de Colonização e Reforma Agrária - INCRA, na qual se faz uso de vários fundamentos legais, entre os quais destacamos os artigos 215 e 216 da Constituição Federal, no capítulo III, seção II, Da Cultura; os Decretos n° 4.887 (20/11/2003) e n° 6.040, (07/02/2007); assim como a Convenção 169 da Organização Internacional do Trabalho - OIT.

26 FABIAN, Johannes. Memórias da memória: uma história antropológica. In: REIS, Daniel Aarão *et al* (Orgs.). *Tradições e Modernidades*. Rio de Janeiro: FGV, 2010, p. 13-28, p.19.

nos quais a origem comum dos membros das comunidades da região do Ituqui, autoidentificados como descendentes de Maria Valentina, fundamentava pelo parentesco mais do que pelo fenótipo, caracterizado pela cor da pele, à reivindicação de um território coletivo.

De acordo com os relatos, Maria Valentina manteve relação com muitos homens e com eles teve diversos filhos, inclusive em termos de cor, sendo esse fato acionado constantemente na construção da origem comum e do pertencimento étnico. Mas a relativa diversidade "étnica" (leia-se fenotípica) do contexto em questão foi também relacionada a fatos históricos ocorridos na região, principalmente, o movimento da cabanagem,[27] nos anos trinta do século XIX.

A grande diversificação encontrada entre os integrantes do movimento, denominados cabanos, envolvia indivíduos consi-

27 A Cabanagem ocorreu na província do Pará, de 1835 a 1840. Seu nome deriva das cabanas construídas às margens dos rios, onde vivia a maior parte da população. Embora por causas diferentes, os cabanos (índios e mestiços, na maioria) e os integrantes da elite local (comerciantes e fazendeiros) se uniram contra o governo regencial nesta revolta. O objetivo principal era a conquista da independência da província do Grão-Pará. Os cabanos pretendiam obter melhores condições de vida, já os fazendeiros e comerciantes, que lideraram a revolta, pretendiam obter maior participação nas decisões administrativas e políticas da província. A Cabanagem gerou uma sangrenta guerra entre os cabanos e as tropas do governo central. Os cabanos inclusive ocuparam a cidade de Belém (capital da província) e o governo central brasileiro usou toda a força; após cinco anos de sangrentos combates, em 1840, o governo regencial conseguiu reprimir a revolta. Fonte: http://www.historiadigital.org/historia-do-brasil/brasil-imperio/periodo-regencial/4-revoltas-do-periodo-regencial-brasileiro/; http://www.suapesquisa.com/historiadobrasil/cabanagem.htm

derados 'brancos' – de origem europeia, 'negros', de origem africana, trazidos como escravos, indígenas, e outros considerados mestiços, 'caboclos' (mestiços de branco com índio), 'cafuzos' (mestiços de índios e negros), 'mulatos' (mestiços de branco com negros). Assim, a discussão sobre a construção da identidade quilombola na situação de trabalho de campo é compreendida e referenciada a esta origem histórica das comunidades e à descendência comum de Maria Valentina, uma mulher considerada 'valente' e 'braba' como os insurgentes cabanos.

Essa teoria nativa da miscigenação pode dialogar com o pensamento social brasileiro, como no livro *O Negro no Pará sob o regime de escravidão,* de Vicente Salles (1971), segundo o qual a miscigenação se processou intensamente na Amazônia e na capitania[28] do Pará, onde a massa da população escrava não mais será exclusivamente negra em meados do século XIX, com exceção dos africanos natos, apresentando o 'crioulo', termo utilizado no Brasil para se referir a qualquer pessoa negra, múltiplas combinações étnicas. Os mestiços que formavam a chamada "população de cor" também eram escravos, conforme anúncio publicado na imprensa da capitania do Pará sobre a fuga de um "mulato atapuiado", isto é, com características fenotípicas também indígenas.

As políticas da metrópole portuguesa forçaram os casamentos interétnicos e o caldeamento intenso foi também o resultado da política migratória do século XIX, que 'forçou' a colonização de americanos em Santarém e de italianos em Óbidos e Santarém.[29]

---

28 As capitanias eram divisões administrativas dos antigos territórios ultramarinos dos Impérios Espanhol e português.

29 SALLES. *Op. cit.*, p. 83.

A mestiçagem não significou a eliminação do preconceito, que foi considerado uma das causas "que colocou a massa 'cabocla' em pé de guerra durante a cabanagem contra os reinóis,[30] assim chamados os naturais do reino português, designação esta que se estende também aos não especificamente portugueses, "que se identificaram através de interesses econômicos e posições sociais comuns".[31] Alguns autores chegaram a identificar a "cabanagem como uma espécie de luta racial" contra o preconceito.[32]

De acordo com Vicente Salles, na cabanagem "o negro que até então fugia para os mocambos [refúgio geralmente no mato de escravos fugidos] distantes, aderiu em massa ao movimento, pretendendo alcançar a liberdade".[33] Mas, esta não lhe foi concedida e após a cabanagem os mocambos se multiplicaram em quase toda a Amazônia.

O preconceito era expresso em leis, regulamentos e portarias, como a de 112/1870, que dava amparo ao ensino profissional aos órfãos desvalidos e às pessoas menos favorecidas, mas fazia restrições aos escravos.[34] E ainda no Código de Posturas Municipais de 29/11/1848, assinado pelo presidente da província Jerônimo Francisco Coelho: "Art. 33. Toda pessoa que se intitular pajé [indivíduo que faz rituais de cura e prognóstico de acontecimentos pela interseção de poderes sobrenaturais], ou que a pretexto de tirar feitiço, se introduzir em qualquer casa ou receber na sua alguém para simular cura por meios supersticiosos e bebidas desconhecidas, ou para fazer adivinhações e outros

30 *Ibidem*, p.38.

31 *Ibidem*.

32 *Ibidem*.

33 *Ibidem*, p.212.

34 *Ibidem*, p. 140-141.

embustes incorrerá na multa, assim como o dono da casa, de 20 mil réis, ou 8 dias de prisão em qualquer dos casos".[35] Os acoutadores de escravos eram invariavelmente outros pretos, como testemunham anúncios de jornais de 1850.[36] Sobre as *partidas* de escravos fugidos, aparecem nos Relatórios dos Presidentes de Província, como uma ameaça à evasão da escravatura. Assim, em 1860, "no termo de Santarém, no rio Urucurituba, na noite de 18 de maio foi assaltada a casa de D. Maria Margarida Pereira por escravos do mocambo do Trombetas, que conseguiram levar consigo alguns escravos daquela senhora; mas não lograram o seu intento, porque foram acossados por um filho da senhora que os dispersou, prendendo um dos agressores, o qual fez revelações relativas aos quilombos que ali existem".[37]

Nos estudos de etnogênese, os antropólogos têm mostrado os modos pelos quais narrativas históricas são usadas como instrumentos na criação contemporânea de identidades políticas.[38] Segundo relatos coligidos em trabalho de campo, Maria Valentina chegou a ser escrava na infância e o levantamento genealógico indica seu nascimento entre os anos de 1860-1865, sendo ela contemporânea da chegada dos Confederados depois da guerra civil americana em Santarém.

De acordo com o livro, *O Sul mais distante,* de Gerald Horne (2010), sobre os Confederados no Brasil, em 1867, dois anos depois do término da Guerra Civil americana, deu no *New York Times* que vários fazendeiros sulistas se mudaram

35 *Ibidem*, p. 151.

36 *Ibidem*, p. 215.

37 *Relatórios dos Presidentes da Província do Estado do Pará*, relativo ao ano de 1858 - Biblioteca Nacional do Rio de Janeiro, Referência: PR-SPR 112 (3), Volume 1855-1862.

38 ERIKSEN. *Op. cit.*, p. 72.

para o Brasil e aí se estabeleceram. A persistência da escravidão africana na América Latina, principalmente, no Brasil, mesmo depois de extinta na América do Norte, continuou a oferecer uma base para os Descendentes dos Confederados do sul escravista e seus aliados.

Em 1885, três anos antes da Abolição da Escravatura em 1888, o cônsul dos EUA no Pará tinha notado a desilusão dos seus antigos compatriotas com a miscigenação no Brasil. O projeto dos Confederados no Brasil foi considerado uma desgraça, devido, justamente, às relações inter-raciais prevalentes no trópico. Assim, muitos Confederados americanos defensores da ideologia da segregação voltaram a viver nos EUA.[39]

Hoje, os autodenominados quilombolas em Santarém, afrodescendentes que se dizem miscigenados, lutam pela autonomia e sustentabilidade camponesa em contraposição ao fazendeiro descendente dos confederados que eram escravocratas na região do Baixo Amazonas (Figura 4).

Figura 4 - Pescador na várzea

Fonte: Fotografia de Elisa Cotta de Araújo

39 *Ibidem.*

Os que se autoidentificam como descendentes de Maria Valentina atualmente constroem o projeto político de titulação coletiva dos territórios que ocupam como meio de luta pela autonomia dos modos de fazer, criar e viver, contra outros modelos de organização do espaço e exercício do poder.

Novas identidades étnicas na relação com o território

"Nation Building"? Estamos ainda nas fronteiras nacionais da antropologia, mas nessa mudança na escala de análise podemos considerar as comunidades étnicas no nível local enquanto "comunidades imaginadas" tal como Benedict Anderson (2008) propõe para definição de nação (ANDERSON, 2008).

Sobre a formação, consciente ou não, dessas identidades coletivas na atualidade, como a de remanescentes de quilombo ou quilombolas que reivindicam a titulação coletiva de suas terras, podemos dizer, segundo Eriksen (2001, p. 50), "que nada surge do nada". Por isso, de nada adianta situar essas identidades políticas em um constructo universalista, pois elas mudam historicamente e variam geograficamente; nem tão pouco adianta situá-las na soberania do Estado pela imposição de categorias étnicas, mas sim na vida social onde indivíduos e grupos atribuem significado ao mundo (*ibidem*, p. 66).

Por fim, voltemos à questão: onde estão as margens do Estado? Até aqui temos definido as margens como periferias ou territórios nos quais o Estado ainda deve penetrar. No entanto, atualmente, o Estado tem sido tanto experimentado quanto desfeito na ilegibilidade de suas próprias práticas administrativas. Como no caso da condução dos processos de regularização de territórios quilombolas pelo INCRA, ao qual compete, segundo o Decreto 4887 de 2003, a identificação, reconhecimento, delimitação, demarcação e titulação das terras ocupadas pelos remanescentes das comunidades dos quilombos. No contexto atual, o governo em nome de interesses do Estado vem levantando uma série de impedimentos para a publicação dos Relatórios Técnicos de Identificação e Delimitação – RTIDs[40] e os servidores com habilitação em antropologia têm sido "orientados" para não apresentarem "áreas que deem problema" para o governo. Contrariando a própria Instrução Normativa do INCRA, a diretoria de ordenamento fundiário passou a solicitar o envio de fichas com informações sobre os grupos e seus territórios e a publicação dos RTIDs está condicionada à aprovação dessa ficha pelo gabinete do presidente do INCRA. Segundo o depoimento pessoal de um servidor analista em antropologia do INCRA: "Não sabemos quais critérios serão usados para a aprovação das fichas, não sabemos nem se tais fichas estão de fato sendo apreciadas. O que é público é que esse procedimento não encontra amparo legal e tem sido usado como justificava para a total paralisação das publicações".

Em nota, os servidores do INCRA denunciam que: "Novas rotinas administrativas, excepcionais, extra norma e que acabam por protelar a efetivação da política pública e da concretização do direito desses grupos ao seu território (...) só vem intensificar os conflitos fundiários e a violência no campo".[41]

40 Está previsto no artigo 9° da Instrução Normativa Nº. 57 de 2009 do INCRA, a realização de estudos técnicos e científicos, inclusive relatórios antropológicos, consistindo na caracterização espacial, econômica, ambiental e sociocultural da terra ocupada pela comunidade, mediante Relatório Técnico de Identificação e Delimitação - RTID, com elaboração a cargo da Superintendência Regional do INCRA, que o remeterá, após concluído, ao Comitê de Decisão Regional, para decisão e encaminhamentos subsequentes.

41 http://reporterbrasil.org.br/documentos/incra.pdf. (14 ago. 2013).

Assim, contrariando a Instrução Normativa, que prescreve normas de ação para ordenação dos serviços quilombolas, a diretoria de ordenamento fundiário do INCRA tem solicitado o envio de "fichas", que se sobrepõem ao relatório antropológico e à proposta de delimitação do território, definida pela própria comunidade, segundo seus modos de fazer, criar e viver.

Em novo mapa elaborado pelos servidores do INCRA nas superintendências regionais, como parte da "ficha", a questão da área ocupada pela comunidade tem sido restringida às partes agricultáveis e de moradia sem considerar outros modos de apropriação e de uso comum do espaço territorial mediante atividades de caça, pesca e outras formas de extrativismo.

O INCRA, assim, dá uma resposta positiva e atende à questão capitaneada pelo Grupo de Segurança Institucional da Presidência da República ao se manifestar sobre os estudos técnicos e antropológicos apresentados pelo INCRA, quanto à necessidade de definição do alcance constitucional da expressão "estejam ocupando suas terras".

Nesta perspectiva, a preocupação demonstrada com a definição da "área efetivamente ocupada" está relacionada à possibilidade de agravamento de questões agrária e à repercussão que possa ter no processo de definição das áreas indígenas e das pretensões de outros grupos, desde populações tradicionais até trabalhadores rurais sem terra.

O pressuposto, nesse caso, é de que em condições similares as pessoas sempre agirão de forma bastante parecidas, movidas pelos mesmos desejos de poder e ganho, as mesmas esperanças de obtê-los. Enfim, a cultura não importa, nem tem interesse, quando comparada a uma natureza humana subjacente, à qual costumes e leis não podem resistir, em função do inato autointeresse dos seres humanos.

O recurso à natureza humana deprecia a construção cultural de formas de vida humana. Ao contrário, Sahlins (2006), em sua análise da guerra do Peloponeso em comparação com a guerra da Polinésia, ocorrida no século XIX, entre os reinos Bau e Rewa, nas ilhas Fiji, demonstra que os interesses em jogo dependiam de seus esquemas culturais, seus valores, resultando que aquilo que eles valoravam, suas motivações e ações derivavam da ordem cultural e não da ordem natural.

Mudar o foco de uma natureza humana genérica na forma do auto interesse racional, como propõe Sahlins, e colocar a cultura, as práticas culturais no centro do debate sobre o território, pode ser uma forma de evitar um fim trágico ao se imaginar que a variedade etnográfica não existe ou decretar, simplesmente, que ela venha a desaparecer, com a definição externa e não de dentro, do que são "terras efetivamente ocupadas".

Isso fica na contramão do pleno exercício dos direitos culturais, como preconizam os artigos 215 e 216 da Constituição Federal, segundo os quais as chamadas "necessidades territoriais" compreendem os espaços necessários à preservação e reprodução de práticas culturais, modos de vida e territorialidades específicas.

Quando a burocracia tem que eleger, sua escolha é por definição completamente livre e, por conseguinte, incerta, de tal modo que "a suspeita e a dúvida sobre a isenção do Estado passam a ocupar um espaço entre a lei e sua aplicação" (ASAD, 2008, p. 59).

Na ilegibilidade de suas próprias práticas administrativas, as margens do Estado deixam de ser espaços periféricos e reconfiguram novas práticas de governança como forma de controle sobre populações. Na incerteza de formas legais (Instrução Normativa e/ou preenchimento de "fichas"), a autoridade da lei busca certeza impondo-se desde fora.

O projeto modernizador do Estado Nação no Brasil, mediante a construção de barragens – como Belo Monte,[42] no estado do Pará, e Tijuco Alto, no Vale da Ribeira, em São Paulo, que atinge comunidades remanescentes de quilombos, assim como empreendimentos minerários no Alto Trombetas, em sobreposição aos territórios secularmente ocupados pelos quilombolas do município de Oriximiná, PA - têm produzido impactos socioambientais que afetam grupos e populações em suas formas de viver.

Segundo Asad (1993, p. 10), o sofrimento infringido ao outro tem sido considerado condenável quando gratuito, mas justificável quanto está relacionado a um objetivo – desenvolvimentista neste caso - que se crê fonte de salvação da economia, da política e do Estado Nação.

Podemos perguntar agora, seguindo as reflexões de Talal Asad (2008) e Veena Das (2008), em diálogo com nossas experiências etnográficas, será que as margens começam a impregnar o Estado de Direito? E, neste contexto, quais são as novas (im)possibilidades que se abrem na reconfiguração do próprio Estado brasileiro?

Os argumentos até aqui desenvolvidos pretendem contribuir para o desafio do presente, como proposto por Talal Asad (2008), de que não só é possível, mas necessário para o antropólogo atuar como tradutor e crítico ao mesmo tempo.

---

42 A Usina Hidrelétrica de Belo Monte, que está sendo construída no Rio Xingu inundará uma área de mais de 100 km de rio, onde estão localizadas duas comunidades indígenas e várias ribeirinhas. A usina ainda vai alcançar parte da cidade de Altamira, sobretudo, os bairros mais pobres. Com isso, pelo menos 20 mil pessoas deverão ser deslocadas, número que pode aumentar ao passar dos anos.

Mas a diversidade dessas identidades situacionalmente definidas, como populações seringueiras extrativistas, ribeirinhos, remanescentes de quilombo, e suas diferentes tradições de conhecimento não são produzidas e não se movem unicamente nos parâmetros delineados pelo Estado Nação. Assim, "a trajetória de uma tradição de conhecimento será em grande medida endogenamente determinada. Isto implica [...] que podemos demonstrar como pensamentos já estabelecidos, representações e relações sociais em larga extensão configuram e filtram nossas experiências humanas de mundo e também geram diversas visões de mundo culturalmente" (BARTH, 2000, p. 1).

Profetismos e práticas de cura

Este é o caso das comunidades negras rurais "remanescentes de quilombo" dos rios Trombetas e Erepecuru, em Oriximiná, PA. Tais comunidades diferenciam-se e invocam seus direitos constitucionais pela procedência comum, o uso da terra, dos recursos ambientais e a ancianidade da ocupação de um território de uso comum. Também o domínio que exercem sobre o território é simbolizado através dos relatos sobre os dois mais famosos e reconhecidos curadores, ou "sacacas",[43] conforme o termo que usam, ambos do rio Erepecuru: o primeiro de nome Balduíno, viveu até os anos setenta, e o segundo, Chico Melo, que o sucedeu nesses últimos vinte anos, também já é falecido.

Balduíno é citado por seus feitos notáveis, relatos de cura, de possessão e previsões desconcertantes sobre o futuro, como o surgimento de uma grande cidade iluminada dentro da floresta,

43 Segundo Eduardo Galvão (1955), os sacacas são os pajés mais poderosos que têm a capacidade de viajar no fundo dos rios e se vestem de uma "casca" de pele de cobra grande.

que é hoje Porto Trombetas, cidade industrial construída pela Mineração Rio do Norte – MRN.[44] Tinha também o dom da onipresença, sendo visto por eles e até pelas suas crianças, nos locais mais distantes, dentro das matas, no fundo dos rios, sentado em cima de uma sucurijú (cobra grande), como se fora um trono, onde passava dias sem aparecer na superfície. Dizem que ele se apresentava na Serrinha – comunidade onde vivia, situada no início do curso do Erepecuru – e no Lago do Encantado – localizado atrás da comunidade do Jauari, quilômetros acima – ao mesmo tempo.

Os sacacas aprenderam a curar com a natureza, as ervas, que conheciam, durante dias e dias que passavam, como que desorientados, embrenhados na floresta, e nas viagens ao fundo dos rios. Chico Melo contou à sua mulher que foi levado ao fundo do rio, para conhecer um hospital onde os peixes o ensinaram a prescrever remédios, sem ajuda dos doutores brancos da cidade. Dizia para a mulher: "Maria, o outro mundo é muito bonito. Só que a gente não pode ficar lá, só se criar guelra" - e assim consideram que aprendeu remédios para lepra, para o câncer e uma série de enfermidades. Era famoso também por descobrir o paradeiro das pessoas e agir para que mudassem seus destinos e voltassem para o convívio das famílias.

Desse modo, este "imbricado complexo de terras e direitos" (REVEL, 1989, p. 103) é simbolicamente construído como um território unificado sob o controle de uma população, através dos curadores ou "sacacas". Pode-se dizer, que esse tipo de conhecimento deles do território, dos seus bens e seres naturais, atribuídos pelos membros dos grupos "remanescentes

---

44 A MRN é considerada a maior produtora de bauxita do Brasil. Atua no oeste do Pará, em Porto Trombetas.

de quilombo", assim como os grandes deslocamentos espaciais dos "sacacas" (Balduíno era visto crivando os pés nas águas do rio na velocidade atual das chamadas lanchas a motor) e sua prática itinerante, permite ao mesmo tempo a produção de um único território pertencente às comunidades remanescentes de quilombos dos rios Trombetas e Erepecuru-Cuminá, e da legitimidade do domínio que sobre eles reivindicam, e de fato, exercem. As referências relativas a um tempo histórico e mítico da fuga para os quilombos faz de imponentes paredões altos e talhados a pique na beira do rio Erepecuru, no caso do Barracão de Pedra (Figura 5), onde dançaram e comemoraram a Abolição da Escravatura, em 1888, um monumento do passado, marco memorial inscrito no espaço, que os define como "comunidades territoriais fortemente enraizadas (*ibidem*, p. 165).

Figura 5 - Barracão de Pedra no rio Erepecuru, PA

Fonte: Fotografia de Eliane Cantarino O'Dwyer

Deste modo, a crença nativa em mundos paralelos habitados por seres sobrenaturais e o domínio desse espaço adquirido pelos sacacas, inclusive, no aprendizado sobre o uso dos recursos naturais e das potências que lhes ultrapassam em suas práticas terapêuticas, permite a construção do território que ocupam como uma totalidade simbólica, que define as fronteiras do grupo. Tais potências sobrenaturais podem ainda se manifestar indiretamente e de diversas maneiras no cotidiano do grupo, causando infortúnio e doenças. Devem por isso ser domesticadas e esconjuradas pelas rezas e poderes divinatórios e de cura que se manifestam em alguns dentre eles.

O poder de *pajulia*, como disseram durante o trabalho de campo, em 2007, é considerado uma tradição de família, de modo que os *curadores* nunca lhes faltaram. *Isso é muito sério*, advertiram à antropóloga, ao mencionarem a existência dessas práticas de natureza xamanística.

Assim, os profetismos e práticas de cura dos *sacacas* dos rios Trombetas e Erepecuru e sua farmacopeia nativa foram reconhecidos como "conhecimento tradicional associado" pelo Conselho de Gestão do Patrimônio Genético – CGEN do Ministério do Meio Ambiente – MMA e tratados como fonte de inspiração ao projeto de bioprospecção e desenvolvimento tecnológico do conhecimento tradicional Isso torna os membros destas comunidades remanescentes de quilombo como depositários locais desse saber tradicional, ao permitir que os conhecimentos terapêuticos deles próprios e de seus antepassados possam ser utilizados pelos demais brasileiros, mediante conversão de medicamentos tradicionais em remédios industrialmente desenvolvidos. No entanto, tal colaboração entre estudiosos de farmacologia e populações tradicionais remanescentes de quilombos que utilizam plantas medicinais na Amazônia brasileira, mediante práticas de cura, não deve ser compreendida como uma equivalência entre saberes, nem uma oposição entre especificidades culturais irredutíveis.

"A produção de medicamentos de tipo moderno a partir de plantas" (AMSELLE, 2001, p. 136) nativas, nas quais os sacacas e curadores são considerados especialistas, tem sido avaliada pela direção da Associação dos Remanescentes de Quilombos de Oriximiná - ARQMO e pelos membros das comunidades que entrevistamos, como uma possível "fonte de renda (prospectiva) apreciável" (*idem*) para eles próprios e suas próximas gerações, e assim representa uma luta dessas populações não apenas por ganhos materiais, mas também pela cidadania, traduzida como busca de respeitabilidade a si mesmo, aos seus valores e formas de ver e viver no mundo.

Referências bibliográficas

AMSELLE, Jean-Loup. *Branchements: Anthropologie de l'universalité des cultures.* Paris: Flammarion, 2001.

ANDERSON, B. *Comunidades imaginadas - reflexões sobre a origem e a difusão do nacionalismo.* São Paulo: Companhia das Letras. 2008.

ASAD, Talal. El concepto de la traducción em la antropología social británica. In: CLIFFORD J. y MARCUS G. E. *Retóricas de la Antropología.* Ediciones Júcar, Madrid: 1991. p. 205-235.

______. Dónde están los márgenes del estado? In: *Cuadernos de Antropología Social.* n° 27. Julio, UBA, Buenos Aires, Argentina. 2008, p.53-62.

______. *Genealogies of Religion: Discipline and reasons of power in Christianity and Islam. Baltmore*: The Johns Hopkins University Press. 1993.

BARTH, Fredrik. Grupos Étnicos e suas fronteiras. In: LASK, T. (Org.) *O guru, o iniciador e outras variações antropológicas.* Rio de Janeiro: Contra Capa, 2000, p. 22-66.

______. An Anthropology of Knowledge. In: *Current Anthropology* Vol. 43, Number I, February 2002. p.1-18

BRASIL. Constituição (1988). *Constituição da República Federativa do Brasil, 1988*. Brasília: Senado Federal, 1988. Disponível em: <www.planalto.gov.br/ccivil_03/constituicao.htm#adct>. Acesso em: 25 ago. 2013.

______. Ministério da Justiça. Portaria n. 373, de 27 de julho de 1992. *Diário Oficial da República Federativa do Brasil*, Poder executivo, Brasília, DF, 29 jul. 1992. Seção 1. Disponível em: <http://www.in.gov.br/visualiza/index.jsp?data=29/07/1992&jornal=1&pagina=4&totalArquivos=96>. Acesso em: 26 ago. 2013.

______. Decreto n. 6.040, de 07 de fevereiro de 2007. Institui a *Política Nacional de Desenvolvimento Sustentável dos Povos e Comunidades Tradicionais*. Brasília, DF, 08 fev. 2007.

CUNHA, Euclides da. À Margem da História. In: *Obras Completas*. Editora Cia Aguilar, 1966, p. 221-384.

DAS, Veena e POOLE, Deborah. El Estado e sus márgenes. Etnografías Comparadas. In: *Cuadernos de Antropología Social*. n° 27. Julio, UBA, Buenos Aires, Argentina, 2008, p. 19-52.

ERIKSEN, Thomas Hylland. *Ethnicity and nacionalism*. London: Pluto Press, 1993.

______. Ethnic identity, national identity and intergroup conflict: the meaning of personal experiences. In: RD Ashmore, L. Jussim, & D. Wilder (Eds.). *Rutgers series on self and social identity*. Oxford: Oxford University Press, 2001,

FABIAN, Johannes. Memórias da memória: uma história antropológica. In: REIS, Daniel Aarão *et al* (Orgs.). *Tradições e Modernidades*. Rio de Janeiro: FGV, 2010, p. 13-28.

GALVÃO, Eduardo. *Santos e visagens: um estudo da vida religiosa de Itá, Amazonas*. Companhia. Editôra Nacional, 1955.

GLUCKMAN, Max. O material etnográfico na antropologia social inglesa. In: GUIMARÃES, Alba Zaluar (Org.). *Desvendando máscaras sociais*. Rio de Janeiro, Francisco Alves Editora, 1975, p. 63-76.

HORNE, Gerald. *O sul mais distante. Os Estados Unidos, o Brasil e o tráfico de escravos africanos*, São Paulo: Companhia das Letras, 2010.

O'DWYER, Eliane Cantarino. *Seringueiros da Amazônia: Dramas Sociais e o Olhar Antropológico*. 1. ed. Niterói: EDUFF, 1998, 231p.

______. A construção da várzea como problema social na região do baixo amazonas". In: LIMA, "Deborah (Org.). *Diversidade Socioambiental nas várzeas dos rios Amazonas e Solimões*. Manaus: ProVárzea/IBAMA. 2005, p. 207-264.

______. "A produção do território na várzea do Baixo Amazonas". In: Sauer, Sérgio e Almeida, Wellington. (Org.). Terras e territórios na Amazônia: demandas, desafios e perspectivas. Brasília: ed. EDUNB, 2011.

PAPAVERO, Nelson; OVERAL, William Leslie (org.). *Taperinha*. Ed. Museu Paraense Emílio Goeldi, 2011.

REVEL, Jacques. *A Invenção da Sociedade*. Lisboa: Difusão Editorial Ltda, 1989

SAHLINS, Marshall. *Ilhas de História*. Rio de Janeiro: Jorge Zahar Editor, 1990.

______. *História e cultura*: apologias a Tucídides. Rio de Janeiro: Jorge Zahar. 2006.

SALLES, Vicente. *O negro no Pará sob o regime de escravidão*. FGV/UFPA. Rio de Janeiro: 1971.

CAPÍTULO 3
Reconhecimento e modelos políticos: análise sobre as propostas de Taylor e Honneth

Patrícia Hetti

Introdução

Este trabalho pretende analisar os fundamentos filosóficos nas teorias do reconhecimento apresentadas tanto por Charles Taylor no texto *A Política do Reconhecimento*, quanto por Axel Honneth em sua obra *Luta pelo Reconhecimento: gramática moral dos conflitos sociais.* Tais bases filosóficas, na elaboração do conceito de reconhecimento, acarretam perspectivas políticas diversas, dessa maneira o texto apresentará as obras e autores citados para, em seguida, verificar as implicações dos diferentes conceitos de reconhecimento nas discussões referentes aos direitos dos indivíduos e dos grupos sociais. Em um primeiro momento, consideraremos Taylor, que discute como o modelo de sociedade democrática liberal, pautada nos direitos consagrados como universais (direito à vida, à liberdade de expressão, à liberdade, à prática de religião etc.), pode ser capaz de respeitar a diversidade. Em segundo lugar, verificaremos Honneth, que, alicerçado no jovem Hegel, defende a ideia do reconhecimento como elemento de subjetivação. Para Honneth, a luta desencadeada pela negação de reconhecimento é a força moral que impulsiona a comunidade social, sendo o conflito o objeto central no processo de interação social. Para finalizar, serão consideradas as propostas intimamente relacionadas com as linhas políticas defendidas pelos autores em questão.

Reconhecimento em Charles Taylor

Na procura sobre o que é o ser humano, deve-se delinear alguns elementos da nossa condição existencial, como, por exemplo, o que poderia definir o que é o ser humano vivendo e interagindo na coletividade. Atualmente, para definir o ser humano utiliza-se e discute-se muito o conceito de identidade. A identidade nos forneceria uma possibilidade de sentido na caracterização do ser humano. A identidade é, segundo Taylor,[1] "definida pelos compromissos e identificações que proporcionam a estrutura ou o horizonte em cujo âmbito posso tentar determinar caso a caso o que é bom, ou valioso, ou o que se deveria fazer ou aquilo que endosso ou a que me oponho."

A acepção de identidade não se esgota nessa frase, pois a discussão é ampla e não é o foco deste trabalho, mas devemos salientar que temos um dado importante que se refere a este conceito. Definir identidade é ligá-la a uma espécie de espaço moral, que está vinculada a um contexto, mas que, no entanto, não se limita ao espaço e tempo vividos e que, portanto, pode-se extrapolá-los.

A identidade é formada por múltiplas facetas e complexidades. A identidade não pode ser caracterizada como essencialista, mas multiplamente construída ao longo dos discursos, práticas ou posições e nem pode ser tratada como uma unidade imutável. Mesmo apresentando este modelo, Taylor afirma em *As fontes do Self* que há uma orientação principal que tende a

1 TAYLOR, C. *As fontes do self: a construção da identidade moderna*. Trad. Adail Ubirajara Sobral, Dinah de Abreu Azevedo. São Paulo: Edições Loyola, 2013, p. 44.

nos definir melhor e que nos permite compreender a nossa condição como agente humano, proporcionando um horizonte e um sentido para nós.

A importância desta discussão pode ser dimensionada quando nos deparamos com a falta de uma direção, não proporcionando uma inserção em um espaço moral. Ter uma orientação para cumpri-la ou não poderia ser uma condição comparável com a impossibilidade de encontrar um caminho? Parece-nos que não, pois é básico um espaço de indagações para qualquer ser humano e a condição de uma crise de identidade surge como a possibilidade de redefinir o espaço de "distinções qualitativas no âmbito do qual vivemos e escolhemos".[2]

A partir deste ponto, Taylor, em sua obra, estuda o mundo moral que fundamenta as orientações dos modernos. Seu estudo percorre, em primeiro lugar, as fontes morais entre os pré-modernos para, posteriormente, caracterizar a modernidade e examinar as suas próprias fontes morais.

Na cultura da modernidade destaca-se uma orientação à noção de justiça que teria como princípio a ideia de que todos os seres humanos devem ser tratados com igual respeito, sem distinção de raça, classe, sexo, cultura e religião. Desta maneira, Taylor liga esta identidade moderna com a necessidade moderna de reconhecimento.

A identidade, a necessidade de saber quem somos e como podemos nos definir fundamentalmente como ser humano moderno, está moldada pelo reconhecimento.

> A tese é de que nossa identidade é moldada em parte pelo reconhecimento ou por sua ausência, frequentemente pelo reconhecimento errôneo por parte dos ou-

---

2 *Ibidem*, p. 47.

> tros, de modo que uma pessoa ou um grupo de pessoas pode sofrer reais danos, uma real distorção, se as pessoas ou sociedades ao redor deles lhe devolverem um quadro de si mesmo redutor, desmerecedor ou desprezível. O não-reconhecimento ou o reconhecimento errôneo podem causar danos, podem ser uma forma de opressão, aprisionando alguém numa modalidade de ser falsa, distorcida e redutora.[3]

A negação do reconhecimento afeta os indivíduos em sua constituição, formando uma marca que pode paralisar o ser, até estabelecendo um ódio por si mesmo. Segundo Taylor,[4] o reconhecimento não é uma cortesia, é uma necessidade humana vital.

O discurso do reconhecimento e da identidade e a relação entre ambos nos parece familiar e estes conceitos tornam-se marcas da modernidade passando a compor um sentido para nós.

Entretanto, ambos os conceitos não eram desconhecidos na pré-modernidade, assim devemos perceber a mudança na concepção de reconhecimento e identidade, pois os novos sentidos adquiridos estão vinculados a uma mudança na sociedade hierárquica marcada pelo declínio do modelo cuja hierarquia entre os seus membros teria como base a honra.

A ética da honra pode ser compreendida como aquela baseada em uma vida vinculada ao modo de viver público, como, por exemplo, a vida do guerreiro e do cidadão-soldado dedicando-se à arte da paz e do bem-estar econômico do grupo, pronto para arriscar a vida em nome da glória.[5] Na sociedade antiga, especificamente no modelo coletivo grego, havia o sentido so-

---

3 *Ibidem*, p. 241.

4 *Idem*, *Argumentos filosóficos*, 2000.

5 *Idem*, *As fontes do self: a construção da identidade moderna*, p. 36.

cial no modelo de moralidade, "nesse aspecto, a virtude expressa a qualidade ou a excelência de algo ou de alguém como, por exemplo, a capacidade de liderar pessoas".[6]

A mudança de valores ou a constituição de um novo bem já se manifestava na antiguidade e verificamos uma nova disposição apontada na concepção apresentada por Platão,[7] pois sua obra exibia um sentido ético, social e vinculado ao saber. Segundo Taylor, a filosofia de Platão concebe um *self* cuja razão deve predominar sobre o desejo e, além disso, há uma constituição do *self*, tanto na antiguidade quanto no decorrer da história, cujo predomínio da razão e o controle das paixões proporcionam a ideia do agir corretamente.

A ideia de ação racional vai mudando e, mesmo que a busca da honra ainda permeie a mentalidade e a moralidade atuais ou que a racionalidade seja o fundamento do agir bem, temos que pensar em termos da nova expressão que conduz os seres humanos ao respeito da integralidade do ser, incluindo o respeito à liberdade de expressão e de constituição de seus modelos e planos de vida.

Se até então examinávamos a moral como aquela que abrange nossas obrigações com as outras pessoas, hoje devemos atentar para questões referentes ao modelo ou tipo de vida que vou levar

---

6 PAVIANI, J. Notas sobre o conceito de virtude em Platão. *Veritas – Revista de Filosofia da PUCRS*. v. 57, n. 3. Porto Alegre, set./dez. 2012, p. 86-98, p. 92.

7 A discussão sobre o conceito de virtude e de bem em Platão é muito complexa e demanda uma análise que percorra os diálogos platônicos. Devemos atentar que o filósofo não sistematiza um conceito de virtude, assim vamos tentar abarcar o conceito do ponto de vista mais abrangente não apresentando todas as discussões que o conceito em Platão suscita.

para ter uma vida plena. Ao tentarmos compreender o mundo moral moderno, verificaremos o nosso sentido de respeito pelos outros e nossa obrigação perante eles, nossos modos de compreender o que seria uma vida plena e a noção de dignidade, sendo que a concepção de dignidade – ser digno de respeito pela nossa atitude – traz uma perspectiva igualitária, pois agora todos são cidadãos e todos a merecem.

Em contraposição à ética da guerra e da honra, a modernidade apresenta uma rearticulação entre a dignidade, o respeito aos outros e o modelo de vida plena, enfatizando as interrogações sobre o sentido da vida, ou modelo de vida. Para tornar clara a diferença entre a sociedade da honra e a moderna, podemos citar o exemplo dado por Taylor. Todas as pessoas, em qualquer tempo, poderiam ou podem se perguntar sobre o sentido da vida. Um membro da sociedade guerreira questionaria se seu comportamento nas guerras está à altura de sua fama ou de sua posição, enquanto uma pessoa religiosa interrogaria se sua piedade atenderia a Deus. Em ambos os casos, não há a problematização do sentido da vida, assim a configuração define as exigências as quais as pessoas medem seu valor. Na modernidade, a configuração se problematizou e o sentido da vida pode existir ou não, ou, até as pessoas podem ficar divagando sobre qual seria o seu sentido.

Podemos depreender que a relação entre a dignidade, o respeito aos outros e o modelo de vida plena suscita, principalmente, no final do século XVIII, uma nova compreensão da identidade individual, vinculada à fidelidade a mim mesmo e ao meu modelo de ser. Taylor, a partir dos estudos realizados por Lionel Trelling, concebe esse novo formato do *self* como autenticidade.

A noção de autenticidade marca uma ideia moderna do ser constituída a partir da interioridade. Existiria um "dentro" de nós e um "fora" de nós. Há potencialidades interiores, pensamentos interiores e somos seres com um interior enorme a ser descoberto e explorado. Há, portanto, um dentro e fora na ideia do *self*, que é historicamente datada pertencente a um tempo e espaço.

> Existe uma percepção de "dentro" que designa pensamentos, desejos e intenção que guardamos para nós mesmos, em contraposição ao que expressamos pela fala ou pela ação. Quando me abstenho de dizer o que penso de você, o pensamento continua interior, mas quando o deixo escapar, passa para o domínio público. Essa distinção parece ser um tema comum a muitas culturas diferentes, tema que leva a uma ideia mais rica do que "interior" e "exterior", que expressa em cada caso a visão moral/espiritual específica da civilização.[8]

Taylor aponta que o pensamento filosófico nos forneceria importante pista da mentalidade de uma época, mais do que o reflexo do pensamento de um tempo e espaço, ou de um detonador de concepções novas, a filosofia sistematizaria tornando claras as variantes do pensamento de um contexto. Assim, Taylor afirma que Santo Agostinho nos apresentaria indícios da mudança do princípio que conduziria o ser humano para o interior.

> A princípio, a ideia de que a fonte está dentro de nós pode não excluir nossa relação com Deus ou com as Ideias: ela pode ser considerada nossa maneira própria de nos relacionar com eles. Em certo sentido, pode ela ser vista como simples continuação e intensificação do desenvolvimento inaugurado por Santo Agostinho, para quem a estrada que leva a Deus passa por nossa autoconsciência. As primeiras variantes dessa nova concepção eram teístas, ou ao menos panteístas.[9]

---

8 TAYLOR. *Op. cit.*, 2013, p.152.

9 *Ibidem*, p. 389.

Dando continuidade a esta linha de pensamento, Taylor assevera que Rousseau foi o mais importante pensador que ofereceu esta mudança para a interioridade. Em seu romance *La Nouvelle Héloise* há:

> [...] evocação de sentimentos fortes e nobres: amor, benevolência, devoção à virtude. O quadro dominante que emerge é que somos enobrecidos de alguma forma pelo sentimento forte, verdadeiro, incorruptível, como Julie e St.-Preux o são por seu amor, que eles mantiveram puro ao sacrificar sua satisfação imediata pelas exigências ao dever.[10]

Há certo heroísmo nos personagens que renunciam ao amor, mas que não procuram o sublime ou o notável dentro da concepção arcaica de herói, pois não há a procura pela imortalidade. Exibem algo que pode ser particular ao momento histórico: a virtude pretendida é a nobreza e pureza de sentimento, sendo as sensações de renúncia e do sofrimento consideradas elevadas.

Essa moral do sentimento apresenta dois aspectos: o primeiro destaca o sofrimento e desembocando num culto à melancolia; o segundo aspecto vincula-se à busca da pureza que dirige os homens à importância da natureza.

A concepção do retorno à natureza e da virtude da existência não corrompida pela civilização foi processada por intermédio de vários fatores – as ideias de Rousseau poderiam ser um dos elementos – e nos conduziria a uma relação entre homem e natureza diferenciada das vivenciadas ao longo da história. Agora podemos analisar que a natureza é definida pela reação que desperta em nós, pelos efeitos dos fenômenos sobre nós.

---

10 *Ibidem*, p. 381.

> A natureza que pode nos mover e despertar nossos sentimentos não está mais ligada a nós por uma ideia de razão substantiva. Não é mais vista como a ordem que define a nossa racionalidade. Somos definidos, ao contrário, pelos propósitos e capacidades que descobrimos dentro de nós mesmo. O que a natureza pode fazer por nós é despertá-los: pode despertar-nos para um sentimento contrário ao controle regulamentador excessivo de uma razão analítica, desprendida e estabelecedora de ordem, agora compreendida como uma capacidade subjetiva procedimental.[11]

Agora, o ideal moral atribui importância ao meu contato com a vida interior e chegou até nós com o princípio de que tornar-se fiel a mim é algo que posso realizar, dessa maneira, o modo de ser não é definido simplesmente e tão somente em termos sociais, mas é gerado interiormente.

Podemos afirmar que nos tornamos agentes humanos e plenos de capacidades para compreendermos a nós mesmos, definindo, assim, a nossa identidade. Não podemos esquecer o caráter dialógico na construção da identidade, na nossa construção própria a partir da relação com o outro, pois nos explicamos por meio da linguagem, nos definimos mediante a aquisição contínua das linguagens. Segundo Taylor,[12] a descoberta da identidade não acontece no isolamento, mas no processo de negociação, "mediante as relações dialógicas com os outros". A relação entre identidade e reconhecimento está dada.

Anterior ao período moderno, o reconhecimento estava vinculado ao papel social, ou seja, a uma identidade socialmente derivada, a identidade estava baseada em categorias sociais que

---

11 *Ibidem*, p. 389.

12 *Idem*. *Op. cit.*,2000, p. 248.

todos tinham por certas, desta maneira há um modelo *a priori* de reconhecimento. Na modernidade, no modelo da identidade interiormente derivada, há uma necessidade suscitada no ser humano obter seu reconhecimento por meio de intercâmbios, portanto, o que surge de novo não é a necessidade de reconhecimento, mas que na tentativa do reconhecimento há o malogro.

Taylor aponta que o reconhecimento, com o princípio de igualdade, tornou-se apropriado à sociedade democrática, portanto moldando a esfera pública, cuja ideia de reconhecimento igual apresenta um papel importante. Há um segundo aspecto do reconhecimento que pertence à esfera íntima, pois não ser reconhecido pode implicar danos àqueles a quem é negado, assim temos que "a compreensão da identidade e do *self* ocorre num contínuo diálogo e luta com outros significativos".[13] O que estes dois níveis do reconhecimento provocam na sociedade atual é um conflito entre uma política que busca a igualdade universal e noção de identidade que origina a política da diferença.

Taylor procura examinar o surgimento destes dois tipos de políticas emergentes nas sociedades ocidentais e afirma que a política da igual dignidade apresenta duas maneiras, que são por ele associadas ao pensamento de Rousseau e Kant.

Rousseau, como já foi apontando anteriormente, pode ser considerado um dos originadores do discurso do reconhecimento, na medida em que reflete acerca do valor do respeito igual e, com efeito, lhe oferece "o caráter de fator indispensável à liberdade".[14]

Para Taylor, Rousseau opõe duas condições do ser humano; por um lado, o estado de igualdade na liberdade e, por outro,

13 *Ibidem*, p. 250.

14 *Ibidem*, p. 255.

a qualidade de dependência do ser no modelo político pautado na hierarquia. A dependência expõe o anseio pela estima do outro, assim Rousseau atesta a ligação entre hierarquia e dependência e confere à estima, neste contexto, uma característica que a vincula com um bem posicional na sociedade. Há um paradoxo na condição corrompida da civilização, na medida em que os seres humanos são desiguais em termos de poder e são iguais na dependência em relação ao outro.

A partir da análise histórica, verifica-se que na sociedade da honra parece importar bastante o reconhecimento público, portanto podemos inferir que a dependência na sociedade democrática seria desnecessária ou que os seres já não precisariam da estima do outro. Não obstante, o pressuposto, não expresso nas obras de Rousseau, permitiu a Taylor afirmar que nas sociedades republicanas ideais "uma reciprocidade perfeitamente equilibrada retira de nossa dependência da opinião o que nela há de negativo, tornando-se compatível com a liberdade".[15] A reciprocidade, ao lado do propósito comum, torna possível seguir a opinião coletiva e não me desvincular de mim mesmo. Para Taylor,[16] "cuidar da estima nesse contexto é compatível com a liberdade e com a unidade social, dado que se trata de uma sociedade em que todos os virtuosos terão a mesma estima pelas mesmas razões". Esta ideia de estima, que não se separa de uma sociedade republicana ideal, aponta para um novo discurso distinto do discurso da honra e da sociedade desigual. Assim, Taylor refere-se a Rousseau:

> Pelo contrário, em seu tratado do modelo republicano, a preocupação com a estima é central. O que há de errado

15 *Ibidem*, p. 257.

16 *Ibidem*.

> com o orgulho e a honra é a busca de preferência e, portanto, da divisão e, portanto, a perda da voz da natureza. Em consequência, vêm a corrupção, o esquecimento dos limites e a efeminação. O remédio é, não rejeitando a importância da estima, entrar em um sistema bem distinto, caracterizado pela igualdade, pela reciprocidade e pela unidade de propósitos. Essa unidade torna possível a igualdade da estima, mas o fato de esta última ser em princípio igual nesse sistema é essencial para a própria unidade de propósitos. Sob a égide da vontade geral, todos os cidadãos virtuosos devem ser igualmente honrados. Nasce a era da dignidade.[17]

Taylor concluiu que Rousseau, ao assegurar a estima na sociedade igualitária, exclui radicalmente a possibilidade da diferença e da diferenciação de papéis, na medida em que os seres nessa sociedade devem apresentar um propósito comum. Afirma, ainda, que há três elementos inseparáveis na filosofia de Rousseau: a liberdade, ausência de papéis diferenciados e um propósito com objetivo e meta dotados de firme coesão entre os seres. Taylor assevera categoricamente que é uma fórmula de tirania homogeneizante iniciada pelos jacobinos e estendida aos regimes totalitários. Mesmo nos modelos cuja ideia de propósito igualitária fora retirada, a liberdade igual e a não diferenciação têm sido modelos que permanecem.

Taylor propõe dar continuidade à discussão analisando que, ao prosseguirmos no formato rousseauniano, consequentemente, teríamos uma política de dignidade igual a todo o cidadão conduzindo a uma igualdade homogeneizante. Taylor acredita que seria possível outra visão de direitos iguais, incluindo o reconhecimento de identidades distintas. Neste modelo

17 *Ibidem*, p. 258.

de sociedade, com fortes metas coletivas, respeitando direitos consagrados como universais (direito à vida, à liberdade de expressão, à liberdade, à prática de religião etc.), dever-se-ia ser capaz de respeitar a diversidade.

Taylor configura em seu texto *A política do Reconhecimento* duas visões da sociedade liberal, uma forma política de respeito igual que é inóspita à diferença, dado que insiste na aplicação uniforme das regras sem que haja exceções, e outra forma política com um objetivo coletivo que solicita certa variação nos tipos de lei aplicáveis para contextos distintos.

Para Taylor, nas sociedades multiculturais, o modelo rígido do liberalismo torna-se cada vez mais inviável, desta maneira, em consequência desta posição, aceita que a política do respeito igual, ao menos na variante mais tolerante, não pode ser acusada de homogeneizar a diferença. Para aprofundar a discussão sobre o liberalismo na sociedade atual essencialmente multicultural, Taylor retoma o debate sobre o reconhecimento, enfatizando a característica do conceito, não apenas como sendo a ideia de sobrevivência de uma cultura ou a permissão de que determinadas culturas tenham espaços para se defenderem, mas que, destaca: todos devem reconhecer o igual valor de diferentes culturas.

Podemos conferir que Taylor[18] apresenta que na sociedade a meta sobrevivência é uma meta coletiva, que quase inevitavelmente pede alguma variação nos tipos de lei que julgamos permissíveis de um contexto cultural para o outro, como mostra com clareza o caso de Quebec,[19] assim há no liberalismo formas

18 *Ibidem*, p. 265.

19 Taylor utiliza o exemplo de Quebéc, pois há a sobrevivência e o florescimento da cultura francesa em Quebec que são um bem. Mas como podemos analisar o liberalismo neste caso? Segundo

que pedem de fato a defesa invariante de certos direitos. Podemos verificar, segundo o autor, que:

> [...] indiscutivelmente, cada vez mais sociedades se mostram hoje multiculturais, no sentido de incluir mais de uma comunidade cultural que deseja sobreviver. A rigidez do liberalismo procedimental pode tornar-se rapidamente impraticável no mundo de amanhã. Por conseguinte, a política do respeito igual, ao menos nessa variante mais tolerante, pode ser liberta da acusação de homogeneizar a diferença.[20]

Mas, temos que ressaltar que há uma grande acusação feita às políticas de inclusão das diferenças, principalmente por parte de liberais mais cegos às diferenças. Segundo esta concepção, o liberalismo "pode oferecer um terreno neutro em que pessoas de todas as culturas podem encontrar-se e coexistir",[21] Mas sabemos que esta ideia está equivocada, pois o modelo liberal "[...] não é um terreno de possível encontro para todas as culturas; ele

---

Taylor (2000, p. 264 -266), poder-se-ia alegar que se pode afinal identificar uma meta como a sobrevivência de um grupo, no caso dos que se identificam com a cultura francesa, numa sociedade liberal. Não basta assegurar uma política que assegure o uso da língua, mas que de fato garanta a cultura como um recurso coletivo para uma comunidade de pessoas no futuro. "Desta maneira, as pessoas de Quebec, bem como aqueles que atribuem importância similar a esse tipo de meta coletiva, tendem a optar por um modelo de sociedade liberal sobremodo diferente" (Taylor, 2000, p. 264). Para o autor, uma sociedade pode ser organizada em torno de uma definição da vida virtuosa sem que isso seja visto como depreciação daqueles que não partilham pessoalmente dessa definição.

20 *Ibidem*, p. 265.

21 *Ibidem*.

é a expressão política de uma gama de culturas, sendo sobremodo incompatível com outras gamas".[22]

A saída de Taylor é adotar como modelo a ideia de fusão de horizontes de Gadamer. Aprendemos a nos movimentar, Taylor explica, baseados nas visões, olhares, gestos e linguagem do que está próximo de nós, mas podemos valorar, não somente a partir da nossa cultura, mas junto à outra cultura desconhecida.

> A fusão de horizontes opera por meio do desenvolvimento de novos vocabulários de comparação voltados para articular esses novos contrastes. Assim, se e quando terminarmos por encontrar apoio substantivo para a nossa suposição inicial, isso depende de uma avaliação do valor que possivelmente não teríamos condição de fazer no começo. Chegamos ao juízo em parte por meio da transformação de nossos padrões.[23]

Se temos como pressuposto que a cultura ou as culturas têm igual valor, assim como as pessoas devem ter iguais direitos civis e de voto, seja qual for a sua raça ou cultura, deve-se analisar que estes pressupostos decorrem da ideia de dignidade igual. Neste caso, surge uma combinação realizada com certa dificuldade, pois a dignidade igual se opõe ao modelo da diferença, conclui-se a extensão da dignidade igual com a lógica da diferença, mesmo que esta extensão seja difícil.

Taylor continua a defender e garantir a ideia de que somos formados pelo reconhecimento, um liberalismo das culturas, mas:

> [...] reconhecimento do igual valor não era o que estava em jogo – ao menos no sentido forte – em minha discus-

22 *Ibidem*, p. 266.

23 *Ibidem*, p. 269.

> são anterior. Ali, a questão era se se reconhece como meta legítima a sobrevivência cultural, se se podem permitir fins coletivos como considerações legítimas na revisão judicial ou para outros propósitos da macropolítica social. A exigência era ali a de que deixássemos as culturas se defenderem, dentro de limites razoáveis. Mas a exigência adicional que examinamos aqui é que todos reconheçamos o igual valor de diferentes culturas; que não apenas as deixemos sobreviver, mas reconheçamos seu valor.[24]

O autor, que acredita na possibilidade da política que aceite a diferença no modelo liberal, defende que seria uma suprema arrogância descartar a priori as possibilidades que outras culturas nos oferecem, além de ser, no mínimo absurdo, não ter alguma admiração ou respeito por outras culturas. Afirma que: "Contudo, o que o pressuposto requer não são juízos peremptórios e inautênticos de igual valor, mas a propensão a ser receptivo ao estudo cultural comparativo do tipo que tem de deslocar nossos horizontes nas fusões resultantes".[25]

Reconhecimento em Honneth

Para Honneth, a filosofia social moderna define que a vida social está na luta pela autoconservação, sendo que esta ideia está marcada nos escritos políticos modernos de autores que defendem tal concepção. Em linhas gerais, afirma-se que indivíduos se contrapõem o tempo todo, mesmo nas coletividades políticas, desta maneira surge a necessidade do contrato social. Esta nova percepção da vida social só poderia ser adotada após a perda de convicção das ideias centrais da antiguidade clássica que perdura-

24 *Ibidem*, p. 268.

25 *Ibidem*, p. 268.

ram até a Idade Média. O homem, desde Aristóteles até o direito natural cristão, foi concebido como o ser capaz de estabelecer comunidades e dependente de uma comunidade política para realizar a natureza interna. Dentro deste ponto de vista, a doutrina política colocou a tarefa de determinar teoricamente a ordem ética do comportamento virtuoso, no interior da qual a formação do indivíduo podia tomar o curso, assim a ciência política tem sido uma doutrina da vida boa e justa, ao mesmo tempo em que o estudo das instituições e das leis adequadas.

Durante a modernidade, há uma mudança no caminho teórico, pois da doutrina política clássica passa-se à filosofia social moderna, tendo como autores significativos Maquiavel e Hobbes.

Maquiavel desliga-se de todas as premissas antropológicas da tradição filosófica ao introduzir o conceito de homem como ser egocêntrico. O fundamento da ontologia social apresenta a suposição de um estado permanente de concorrência hostil entre os homens que se defrontam com uma atitude de desconfiança e receio. Para Maquiavel, o ponto de referência supremo de todos os seus estudos históricos é sempre a questão de saber de que maneira o conflito ininterrupto entre os homens pode ser habilmente influenciado em favor dos detentores do poder; em seus escritos, manifesta-se a convicção filosófica de que o campo da ação social consiste em uma luta permanente dos sujeitos pela conservação de sua identidade física.

Hobbes investiga as "leis da vida civil", a fim de dar a toda vida política futura uma base teórica. Para Hobbes, a essência humana destaca-se pela capacidade de empenhar-se com providência para o seu bem-estar futuro. Esse comportamento se exacerba no momento em que o ser humano se depara com o próximo, sendo que neste momento nasce a suspeita e configura-se uma forma de intensificação preventiva do poder; uma vez que nos dois sujeitos mantêm-se prospectivamente seu potencial de poder a fim de evitar também no futuro o ataque possível do outro. Hobbes realiza seu empreendimento: a caracterização do estado de natureza. O estado de natureza não expõe uma situação social do começo da humanidade, mas um estado geral teórico/ mítico, para, posteriormente, justificar o contrato social que conduziria uma autoconservação individual.

Assim, tanto Maquiavel como Hobbes verificam a finalidade da *práxis* política como sendo o mecanismo de impedimento do conflito iminente. Hegel volta-se em sua obra de filosofia política contra essa tendência crítica. Para Honneth, Hegel, em seu ensaio sobre o "Direito Natural", esboça o primeiro caminho de uma solução para as tarefas teóricas referentes às ciências filosóficas da sociedade.

Segundo a análise de Honneth, Hegel considera que há uma manutenção do erro no direito natural, tanto na maneira empírica quanto na maneira formal de tratar o "ser do singular" como primeiro e supremo. Para o autor, Hegel denomina empíricos todos os enfoques do direito natural que partem de definições fictícias ou antropológicas da natureza humana para projetar, com base nelas, uma organização racional do convívio social. Em teorias deste tipo os modos de comportamento admitidos como naturais são atos separados de indivíduos isolados, aos quais acrescem depois, como que do exterior, as formas de constituição de comunidade. A maneira formal parte de um conceito transcendental de razão prática; em tais teorias representadas por Kant e Fichte, assim:

> [...] ações éticas só podem ser pensadas na qualidade de resultado de operações racionais, purificadas de todas as inclinações e necessidades empíricas da natureza humana; aqui a natureza do homem é representada como uma

> coleção de disposições egocêntricas ou, como diz Hegel, "aéticas", que o sujeito primeiro tem de reprimir em si antes de poder tomar atitudes éticas, isto é, atitudes que fomentam a comunidade.[26]

A crítica pauta-se em dois enfoques: na ideia de um isolamento dos sujeitos como uma base natural ou a um atomismo dos sujeitos. Estes homens segregados seriam a base para a formação da comunidade de homens pensada sob o modelo de "muitos associados", isto é, uma concatenação de sujeitos individuais isolados, mas não segundo o modelo de uma unidade ética de todos.

Honneth acredita que, para Hegel, o que importa em sua filosofia política é desenvolver uma possibilidade de totalidade ética. Nos ensaios sobre o direito natural, em toda a parte que fala em termos normativos da totalidade ética de uma sociedade, Hegel tem em vista as relações nas antigas *póleis*. Admira o fato de os indivíduos poderem reconhecer nos costumes praticados em público uma expressão intersubjetiva de sua respectiva particularidade. Desta forma, acredita que, a partir da *pólis*, encontraria os traços gerais de uma coletividade ideal, uma representação aproximada do conceito de totalidade ética, ou seja, uma sociedade cuja vida pública teria de ser considerada como o resultado da possibilidade da realização da liberdade de todos os indivíduos em particular. Hegel vê nos costumes o *médium* social no qual deve se efetuar a integração da liberdade geral e individual e, de acordo com Honneth, Hegel dá um passo além de Platão e Aristóteles, pois:

---

26 HONNETH A. *A luta pelo reconhecimento*: a gramática moral dos conflitos sociais. São Paulo: Ed. 34, 2003, p.41.

> [...] ao incluir na organização institucional da eticidade absoluta uma esfera que ele define provisoriamente aqui como um "sistema de propriedade e direito"; a isso está a pretensão de mostrar que as atividades mediadas pelo mercado e os interesses dos indivíduos particulares – o que em seu todo será sintetizado mais tarde sob o título de sociedade civil burguesa"; seriam uma zona realmente negativa, mas ainda assim constitutiva do todo ético; à inflexão realista que desse modo Hegel procura dar a seu ideal de sociedade corresponde no texto o fato de, divergindo da teoria política antiga, o estamento dos não livres ser introduzido primeiramente como uma camada de cidadãos que produzem e trocam mercadorias.[27]

Hegel, em um primeiro momento, procura desvendar, filosoficamente, como se formaria e organizaria a sociedade pautada na coesão ética e no reconhecimento solidário da liberdade individual de todos os cidadãos. Procura dar um novo fundamento à filosofia da sociedade e desenvolve que toda a teoria filosófica parte dos vínculos éticos, em cujo quadro os sujeitos se movem juntos desde o princípio, negando, portanto, as categorias atomísticas para o entendimento do vínculo social entre os sujeitos e guiando-se pela ideia aristotélica, segundo a qual, na natureza do homem já estão inscritos substratos das relações de comunidade que na *pólis* alcançam um desdobramento completo.

Partindo da ideia de organização social como uma relação de totalidade ética, Hegel avança em sua filosofia da sociedade quando explica a superação da eticidade natural. Para Hegel, há o pressuposto da existência de obrigações intersubjetivas na qualidade de uma condição quase natural de todo o processo de socialização humana, assim não explica a gênese dos meca-

27 *Ibidem*, p. 41-42.

nismos de formação da comunidade em geral, mas sim a transformação e a ampliação das formas primevas de comunidade social em relações mais abrangentes de interação social. Além desta tese, define que há um processo teleológico, sendo que a substância inicial se transforma pouco a pouco de maneira conflituosa, assim acentua o caráter negativo da transformação. Hegel pressupõe o vir a ser da eticidade, ou seja, um processo de superação do subjetivo e do negativo.

> Hegel tenta conceber a via pela qual "a natureza ética alcança seu verdadeiro direito como um processo de negações a se repetirem, mediante as quais as relações éticas da sociedade devem ser sucessivamente liberadas das unilaterizações e particularizações ainda existentes: eis a existência da diferença, como ele diz, que permite à eticidade passar de seu estágio natural primeiro e que, em uma série de reintegrações de um equilíbrio destruído, a levará, finalmente, a uma unidade do universal e do particular.[28]

No entanto, o modelo como a forma social deve possuir para realizar a repetição das negações e o modo dos potenciais da eticidade humana que não sofreram prolongamentos. Para resolver tais problemas, Hegel recorre ao modelo de reconhecimento de Fichte e, segundo Honneth, Hegel projetará o processo intersubjetivo do reconhecimento mútuo para dentro das formas comunicativas de vida.

> Doravante as relações éticas de uma sociedade representam para ele (Hegel) as formas de uma intersubjetividade prática na qual o vínculo complementário e, com isso, a co-

28 *Ibidem*, p. 44.

> munidade necessária dos sujeitos contrapondo-se entre si são assegurados por um movimento de reconhecimento.[29]

Além desta primeira formulação da relação de reconhecimento recíproco, Hegel avança em relação a Fichte na medida em que os sujeitos na relação ética saberão mais sobre si mesmo, sobre a sua identidade particular, pois no momento que se sabe ser reconhecido, o sujeito se conhecerá com suas partes próprias e, ao mesmo tempo, estará em contraposição em relação ao outro. Há etapas de reconciliação e conflito, uma substituindo a outra. Para Honneth, Hegel carrega o modelo de Aristóteles de vida ética com um potencial moral, mas neste caso a partir de uma espécie de relação entre os homens e, além disso, o pensamento filosófico político desloca-se do conceito teleológico de natureza para o conceito social constituída por uma tensão interna.

O percurso por meio da reinterpretação de Maquiavel e Hobbes permite a Hegel chegar a uma ideia de "unidade como possibilidade de uma primeira determinação do potencial interno da eticidade humana, a oportunidade de concretizar ao mesmo tempo o curso negativo de seu desenvolvimento".[30] Hegel, a partir desta revisão, propõe um conceito de luta social que contém, para além das tensões morais, o "*médium* social através do qual elas são decididas de maneira conflituosa".[31]

Em *Sistema da Eticidade,* expõe a associação pessoal a partir de formas elementares de reconhecimento inter-humano, assim esta seria a relação primeira que, após a violação sob a forma de lutas, chegaria a um estado de integração social, concebido

---

29 *Ibidem*, p. 46.

30 *Ibidem*, p.47.

31 *Ibidem*, p. 47.

como uma relação de pura eticidade. Hegel delineia as primeiras relações sociais como um afastamento das inclinações naturais, nesse processo efetivado em fases, no primeiro momento de reconhecimento, os sujeitos se reconhecem reciprocamente como amantes e seres carentes, de dependência relativa à dedicação e aos bens necessários à vida para, em seguida, ocorrer o trabalho de "formação da negatividade interna" e de independência do indivíduo, sendo que a família é um elemento importante no trabalho de educação para tal fim. O segundo momento concerne ao sujeito nas relações de troca entre proprietários, reguladas por contrato. A partir desta ocasião, os sujeitos se reconhecem como portadores de pretensões legítimas à posse, constituindo-se como proprietários e possuidores de direitos formais. Sob o modelo de um título jurídico, o que encontra reconhecimento no indivíduo é a liberdade negativamente determinada, ou seja, "o oposto de si mesmo em relação a uma determinação do ser".[32]

O vínculo particular traçado na relação emotiva com a família vai sendo superado e, agora, "o progresso na universalização é pago primeiramente com o esvaziamento e formalização daquilo que se encontrava confirmação intersubjetiva no sujeito singular".[33] Mesmo neste processo, o indivíduo na sociedade não é ainda a totalidade construída na diferença.

No jovem Hegel, as duas formas de reconhecimento com lutas distintas não serão empregadas para explicar a passagem entre as diferentes etapas até o momento do reconhecimento. Neste momento, o que interessa a Hegel é da implicação da luta e da sua forma interna nas perturbações no convívio social. As duas maneiras de atos de perturbação que procura analisar

32 Hegel *apud* HONNETH. *Op. cit.*, p.50.

33 HONNETH. *Op. cit.*, p.50.

referem-se, em primeiro lugar, às formas elementares de desrespeito ou atos de destruição ou aniquilação, na ausência de uma sociedade de liberdade jurídica; em segundo lugar, às formas de crime, definido como forma de um exercício negativo da liberdade abstrata, na etapa da eticidade precedente e com sujeitos nas relações jurídicas de reconhecimento.

Honneth, concentrando as formulações sobre o crime apresentadas por Hegel em escritos diversos, conclui que a origem do crime, na concepção hegeliana, relaciona-se ao fato de um reconhecimento incompleto, ou formas imperfeitas de reconhecimento. O crime é dado nas relações negativas apontadas por Hegel, por exemplo, no caso de um roubo, o sujeito fere a já constituída forma de reconhecimento, nas condições de relações jurídicas. Nesta ação há a violação do direito, mas também a presença do conflito que teve origem no ato do crime. No nível da eticidade natural, no ato do roubo, por exemplo, o sujeito tem retirado o seu direito à propriedade, mas concomitantemente é atingido como pessoa e terá que garantir sua defesa de seus direitos, sozinho. Neste caso, o sujeito deve agir ativamente contra o seu agressor, portanto a repercussão do crime desencadeia séries de atos de luta: origina-se uma luta de pessoa contra pessoa. O resultado está estruturalmente pré-decidido, pois somente uma das partes luta por se sentir ameaçada em sua personalidade, pela integralidade de sua pessoa e o criminoso luta pela imposição do seu direito particular. "Daí só o primeiro, o sujeito agredido, poder nas lutas ter prevalência, porque ele faz da lesão pessoal a causa da sua personalidade inteira, conclui Hegel, sem mais".[34]

Outra negação, a luta por honra, torna-se a continuidade do conflito social, iniciado com o roubo e terminando com a sujeição do criminoso. Nesse caso, acontece na luta o propósito

34 *Ibidem*, p. 54.

comum das partes envolvidas: um engajamento pela totalidade de sua integralidade. Os sujeitos perseguem a reparação da honra e procuram convencer seu oponente de que sua personalidade é digna de reconhecimento. Hegel demonstra que os oponentes podem demonstrar que sua pessoa é digna quando colocam sua vida em jogo. De forma vaga, segundo Honneth, Hegel faz com que o conflito resultante da ofensa desencadeia a luta de vida ou morte, pois, desde o início, está além da esfera jurídica reclamável, porque o todo da pessoa está em jogo.

Os diversos conflitos em conjunto compõem a preparação da passagem da eticidade natural para a eticidade absoluta, pois há um discernimento em construção necessário para esta, ou seja, por intermédio dos atos de exteriorização da liberdade negativa, não somente há o processo de destruição das estruturas de reconhecimento, mas, ao mesmo tempo, há a criação de um reconhecimento ético para uma sociedade de cidadãos livres.

Hegel apresenta as ações intersubjetivas como dimensões evolutivas, pois, na medida em que cada desafio a que são impelidos pelos variados crimes, os sujeitos ampliam sua capacidade de conhecer sua identidade e ao mesmo tempo são levados por essa autonomia a conhecer nos sujeitos o saber sobre a sua dependência. As dimensões pensadas juntas como uma unidade destacam-se, portanto, sob um aspecto de formação em que Hegel pensa a passagem da eticidade natural para a absoluta. A eticidade natural é destruída pelos conflitos sociais, a partir deste momento o sujeito pode reconhecer-se como dependente de outro e individuada. Hegel afirma que "[...] como fundamento intersubjetivo de uma coletividade futura uma relação específica entre os sujeitos, para a qual se encontra aqui a categoria de "intuição recíproca": o indivíduo se intui em cada um como a si mesmo".[35] Conclui-se que

35 *Ibidem*, p. 58.

somente na destruição das formas de reconhecimento toma-se consciência das relações intersubjetivas, fundamentais para a comunidade ética.

Honneth interpreta que parte do *Sistema de eticidade* nos deixa sem resposta, mas tenta, apesar das obscuridades, expor o que compreende como sugestões suscitadas no texto de Hegel. Acredita em uma diferenciação nas formas de reconhecimento: reconhecimento da família, do direito e do Estado.

> É verdade que a argumentação sugere em muitas passagens uma diferenciação entre três formas de reconhecimento, distintas entre si no que concerne ao "como" e também ao "o que" da confirmação prática: na relação afetiva no reconhecimento da família, o indivíduo humano é reconhecido como ser carente concreto, na relação cognitivo-formal de reconhecimento como ser carente concreto, como pessoa de direito abstrata, e finalmente, na relação de reconhecimento do Estado, esclarecido no plano emotivo, como universal concreto, isto é, como sujeito socializado em unicidade.[36]

Há aspectos apontados no texto de Hegel que não permitem uma análise mais clara sobre o aspecto dos modos de reconhecimento e sobre o crime na história da eticidade, pois Hegel não elucida os diversos crimes em seu todo, impossibilitando, assim, que tal categoria seja utilizada na posição essencial nos conflitos sociais.

Desse modo, *Sistema da eticidade* ainda não poderia assumir um aspecto central em uma filosofia social de Hegel. No entanto, quando Hegel assinala a passagem de orientação aristotélica para assumir a perspectiva de uma teoria filosófica da consciência, o

---

36 *Ibidem*, p. 60.

modelo conceitual de luta por reconhecimento ganhará uma versão distinta. Hegel construiu a eticidade baseado em uma "filosofia como uma referência central ontológica a uma ordem natural",[37] decorre daí que as relações éticas foram tomadas como gradações de uma natureza subjacente. Nos textos posteriores, apresenta a limitação do conceito de natureza – não mais utiliza a natureza como um todo – e a utilização das categorias de "espírito" e "consciência" que envolverão as formas de caracterizar "de maneira exata o princípio estrutural que delimita o mundo da vida social do homem perante a realidade natural."[38] Nesse modelo da filosofia da consciência, a comunidade política não se efetivará a partir do conflito de estruturas elementares de uma eticidade natural e originária, mas será compreendida pela formação do espírito.

> No novo contexto, o termo reconhecimento refere aquele passo cognitivo que uma consciência já constituída "idealmente" em totalidade efetua no momento em que ele " se reconhece como a si mesma em uma outra totalidade, em uma outra consciência, e há de ocorrer um conflito ou uma luta nesta experiência do reconhecer-se-no-outro, porque só através da violação recíprocas de suas pretensões subjetivas os indivíduos podem adquirir um saber sobre se o outro também reconhece neles como uma totalidade: "Mas eu não posso saber ser minha totalidade, como de uma consciência singular em outra consciência, será essa totalidade sendo-para-si, se ela é reconhecida, respeitada, senão pela manifestação do agir do outro contra a minha totalidade, e ao mesmo tempo o outro tem de manifestar-se a mim como uma totalidade, tanto quanto eu a ele.[39]

37 *Ibidem*, p. 61.

38 *Ibidem*, p. 62.

39 *Ibidem*, p. 63.

Honneth assinala que o início do conflito foi transferido para o interior do espírito do ser humano, sendo que a função social do processo de formação ética continua a ser a formação de uma consciência universal. Podemos verificar que a luta por reconhecimento é concebida como um processo social conduzindo a uma comunitarização, ou seja, ocorre um descentramento em relação ao indivíduo. No entanto, torna-se necessário realizar a diferenciação entre o conceito de reconhecimento ao longo da obra de Hegel. No *Sistema de Eticidade,* demonstra as mudanças que acontecem nas relações humanas interativas, quando os indivíduos se diferenciam para ter como consequência a ideia de sujeitos individuados. A luta pelo reconhecimento desencadearia o processo de emancipação dos sujeitos individuais e a comunitarização, resultando no desenvolvimento de um sentimento racional nos seres para suas comunidades intersubjetivas e pretensões subjetivas.

Mas, quando Hegel substitui o quadro conceitual aristotélico pela teoria da consciência, adota uma análise que começa com a confrontação teórica e prática do indivíduo com o entorno. O processo de formação intelectual faz surgir no indivíduo a consciência da totalidade, para depois chegar à universalização ou descentramento da perspectiva do eu, a qual vai de par com a luta pelo reconhecimento. Assim, procede, da confrontação entre o indivíduo e o entorno, um desenvolvimento da reflexão do espírito.

O teórico de Frankfurt – Axel Honneth - ressalta o abandono dos fundamentos aristotélicos nos escritos de Jena, dessa maneira Hegel não poderá pensar em uma intersubjetividade prévia ou em um modelo de individualização a partir do desligamento do sujeito, por intermédio do conflito, das relações comunicativas existentes. Nas obras posteriores, Hegel adquire um modelo de análise da formação do indivíduo para a sociedade e mesmo a luta do reconhecimento adquire uma "posição forte, sistemática, como jamais terá novamente em sua obra posterior de filosofia política."[40] Segundo o Honneth, a integridade do ser humano deve-se, de maneira subterrânea, a padrões de assentimento ou reconhecimento. Dessa maneira, aquele que na relação intersubjetiva tem a recusa do reconhecimento apresenta uma autodescrição permeada de ofensa e rebaixamento, bem como uma compreensão positiva de si ferida. Baseado em Mead, a autoimagem normativa de cada ser humano depende de um resseguro constante do outro, dessa maneira, a ofensa e o desrespeito tornam-se capazes de desmoronar a identidade da pessoa inteira. O desrespeito e a ofensa podem ter graus diversos de profundidade na lesão psíquica de cada sujeito.

As formas de desrespeito estão sistematizadas da mesma maneira como foi estabelecida, em sua obra, em sua análise sobre as formas de reconhecimento. Assim, as formas de reconhecimento estão nas relações primárias, como amor e amizade, estabelecendo uma autorrelação prática de autoconfiança. A segunda forma seria o reconhecimento nas relações jurídicas, o que garantiria o autorrespeito. A terceira forma seria o reconhecimento da comunidade de valores, o que implicaria na autoestima.

Para o autor, as consequências individuais das experiências de desrespeito podem ser descritas com metáforas que remetem a estados de abatimento do corpo humano. A experiência de tortura e violação pode ser caracterizada por morte psíquica. A escravidão como elaboração coletiva de privação de direitos e de exclusão social pode ser qualificada de morte social. O desrespeito na degradação cultural de uma forma de vida está relacionado com a categoria de vexação.

---

40 *Ibidem*, p. 67.

Com a experiência do rebaixamento e da humilhação, os seres humanos são ameaçados em sua identidade da mesma maneira que o são em sua vida física com sofrimento de doenças. Esta situação é comparada à enfermidade física que nos estimula a nomear também para o sofrimento do desrespeito social, devemos estar atentos para a camada de sintomas que de certa maneira atinge o sujeito atingido; aos indícios corporais correspondem aqui, é o que se podem supor as reações emocionais negativas que se expressam nos sentimentos de vergonha social. Por outro lado, porém, a comparação empregada dá a possibilidade de extrair acerca do que contribui, por assim dizer, para a saúde psíquica, para a integridade dos seres humanos: à evitação de doenças corresponderia, como foi visto, a garantia social de relações de reconhecimento capazes de proteger os sujeitos do sofrimento de desrespeito de maneira mais ampla.

O que interessa ao autor é a primeira questão: no plano psíquico, as reações negativas que acompanham a experiência de desrespeito podem representar de maneira exata a base motivacional afetiva no qual está ancorada a luta pelo reconhecimento.

Como um sujeito pode entrar na luta ou num conflito prático, faltava em Hegel ou em Mead, segundo Honneth, o elo psíquico que conduz do sofrimento à situação ativa, informando cognitivamente a pessoa atingida acerca da sua situação social, defende-se a tese de que esta função pode ser cumprida por reações emocionais negativas. Vergonha, ira, vexação ou desprezo, delas se compõem os sintomas psíquicos com base nas quais um sujeito é capaz de reconhecer que o reconhecimento social lhe é denegado de modo injustificado. A razão disso pode ser vista, por sua vez, na dependência constitutiva do ser humano em relação à experiência do reconhecimento: para chegar a uma autorrelação bem-sucedida, ele depende do reconhecimento intersubjetivo de suas capacidades e suas realizações; se tal forma de assentimento social não ocorrer em alguma etapa de seu desenvolvimento, abre-se uma lacuna psíquica, na qual entram as reações psíquicas negativas. Daí a experiência de desrespeito estar acompanhada de sentimentos afetivos que podem revelar ao indivíduo que determinadas formas de reconhecimento lhe são denegadas.

Nas reações emocionais de vergonha, a experiência de desrespeito pode tornar-se um impulso motivacional de uma luta por reconhecimento. Pois a tensão afetiva em que o sofrimento de humilhações força o indivíduo a entrar só pode ser dissolvida por ele na medida em que reencontra a possibilidade de ação ativa.

A práxis reaberta deve ser capaz de assumir a forma de uma resistência política, mas para tanto é necessário que isso seja o resultado das possibilidades do discernimento moral que de maneira inquebrantável estão embutidos naqueles sentimentos negativos na qualidade de conteúdos cognitivos.

Podemos ter de que toda a injustiça infligida ao sujeito se lhe revele em termos cognitivos e se torne motivo de resistência política.

Somente quando o meio de articulação de um movimento social está disponível é que a experiência do desrespeito pode tornar-se forte motivação para a resistência. Somente uma análise que procura explicitar as lutas sociais a partir da dinâmica das experiências morais instrui acerca da lógica que segue alguns movimentos coletivos.

Considerações Finais

A atitude de um pensamento que apresente um olhar crítico sobre o seu objeto, a realização do diagnóstico da sociedade para concretização de projeto emancipatório prático são algumas das características entre os pensadores da teoria crítica.

Presente em Honneth, o espírito da primeira geração de pensadores prolonga-se com revisões sobre aspectos da própria teoria crítica, elemento que não contradiz os princípios do Instituto de Pesquisa Social.

Honneth, como um teórico da terceira geração do Instituto, aponta o *déficit* sociológico da teoria crítica, analisando que os pensadores das gerações anteriores apresentavam uma sociedade dual sem nenhum instrumento para mediá-los, com estruturas econômicas determinantes no processo de socialização do indivíduo. Honneth, inclusive, formula considerações críticas a Habermas, que apresentou a necessidade de rever os temas da primeira geração, apresentar um diagnóstico do mundo redemocratizado após a Segunda Guerra Mundial, rever as categorias formuladas em outro contexto do capitalismo, possibilitando um novo quadro de debates.

Honneth, portanto, partirá do conflito social, que, para ele, teria seu peso diminuído na teoria crítica. Os conflitos sociais podem remontar à infração das regras implícitas de reconhecimento, assim, Honneth, analisa o nexo entre o desrespeito moral e a luta social. Enfatiza que a luta só pode ser caracterizada por social na medida em que seus objetivos se deixam caracterizar para além dos interesses de um indivíduo. Assim, a luta social é um processo que acontece na prática e no qual experiências individuais de desrespeito são interpretadas como experiências cruciais típicas de um grupo inteiro, tornando-se motivadores da ação, na exigência coletiva por relações ampliadas de reconhecimento.

Honneth enfatiza que a luta social se forma no quadro de uma experiência moral que procede da frustação de expectativas de reconhecimento. Há uma semântica coletiva que permite interpretar a experiência individual como coletiva, que o desapontamento individual afeta a muitos sujeitos. Segundo o autor, preenchem a condição dessa semântica as ideias (ideias ou ideais) morais capazes de enriquecer normativamente nossas representações da comunidade social. Além da perspectiva de relações ampliadas de reconhecimento, há uma perspectiva de esclarecer as causas sociais responsáveis pelo sentimento individual de lesão. Assim, temos também uma motivação para a luta: de fazer com que os indivíduos sejam arrancados da situação paralisante de rebaixamento e sejam colocados em uma auto relação positiva.

Ao contrário de Honneth, Taylor pensa na teoria do reconhecimento de maneira diferente e que deve ter uma ação não de emancipação, mas de correção no modelo político. No caso de Taylor, o reconhecimento não seria uma luta, mas um princípio que proporcionaria uma correção no modelo liberal conservador.

Taylor analisa dois modelos de liberalismo, um liberalismo que toma como princípio o direito a liberdades subjetivas ideais como incompatível ao de direito das identidades coletivas, assim deve-se prevalecer a conservação de direitos universais e o reconhecimento ofereceria uma ameaça a este modelo de liberalismo. Por outro lado, apresenta um liberalismo, que aceitaria os direitos subjetivos em compatibilidade com os universais, desde que os primeiros não afetassem o segundo, assim o reconhecimento agiria como um elemento que aperfeiçoaria o liberalismo que corrigiria o modelo liberal conservador.

Para Habermas, Taylor apresenta uma teoria do direito equivocada, pois deveria entender uma teoria do direito sob um outro aspecto. Segundo Habermas:

> Para isso não é preciso um modelo oposto que corrija o viés individualista do sistema de direitos sob outros

> pontos de vista normativos, é preciso que ocorra a realização coerente deste viés. E sem os movimentos sociais e sem lutas políticas, vale dizer, tal realização teria poucas chances de acontecer. [41]

O desenvolvimento do direito nas sociedades ocidentais segue um modelo, segundo Habermas,[42] "que se pode descrever como o de uma dialética entre as igualdades jurídicas e factuais." A liberdade de ação, originada pelas lutas e conquistas de competências jurídicas iguais, não fomenta a igualdade factual ou uma posição de poder. No entanto, a equiparação de poder ou de situações de vida não pode resultar em intervenções padronizadas, na medida em que os beneficiários teriam a liberdade e a autonomia tolhidas. Assim, Habermas chama atenção de uma visão limitada do direito que oscila entre o liberalismo lockiano ou o liberalismo socio estatal.

O paradigma do direito deve ser modificado e no lugar da disputa entre os dois modelos liberais: um que assegura a liberdade subjetiva em detrimento da liberdade coletiva e outro defensor da liberdade universal que não distingue as diferenças; deve-se ter um direito que assegure o processo democrático que garanta a autonomia privada e pública ao mesmo tempo. O sistema de direitos efetivado por via democrática considera, com grande sensibilidade, o contexto. A universalização dos direitos é "o motor de uma diferenciação progressiva do sistema de direitos, sistema que logra manter segura a integridade dos sujeitos jurídicos, mas não sem um tratamento rigidamente igualitário

41 HABERMAS, J. A luta por reconhecimento no Estado democrático de direito. In: HABERMAS, J. *A inclusão do outro*. Estudos de teoria política. São Paulo: Loyola, 2002., p. 235.

42 *Ibidem*, p. 235.

(e monitorado pelos próprios cidadãos) do contexto da vida de cada um, os quais origina sua própria identidade individual".[43]

Assim, cabe enfatizar que podemos ter modelos de entendimento do reconhecimento que desencadeiam em propostas políticas diferenciadas. Ao analisar Honneth, verificamos um modelo político mais radical, com a presença e com a defesa dos movimentos sociais, mostrando que o conflito proporciona a transformação do Estado e do direito. Honneth avança ao realizar a revisão dos autores da teoria crítica a partir de Hegel e desencadeia uma discussão avançada sobre o reconhecimento.

As discussões teóricas aqui expostas tiveram como propósito refletir sobre dois importantes paradigmas para a compreensão das lutas travadas no âmbito de um processo em que o Estado liberal tem abarcado as lutas empreendidas pelos movimentos sociais contemporâneos. Tal perspectiva compreende o mundo em sua processualidade histórica, considerando a sociedade, tanto em suas contradições estruturais, quanto a emergência de novos sujeitos que reivindicam a reparação de dívidas históricas. Nesse sentido, as demandas por "reconhecimento da diferença" têm projetado lutas de grupos mobilizados sob as bandeiras da nacionalidade, etnicidade, "raça", gênero e sexualidade, provocando as formas tradicionais de engajamento, principalmente, as que partem da centralidade da luta de classes.

Não pretendemos ampliar esse debate neste momento, o que estenderia este texto e os propósitos aos quais foram definidos para a sua abrangência. Apenas gostaríamos de destacar a importância da perspectiva de ampliação do debate à luz de outras reflexões que apontam dilemas sobre as lutas pelo reco-

43 *Ibidem*, p. 237-238.

nhecimento, como Fraser[44] propõe: "Significa também teorizar a respeito dos meios pelos quais a privação econômica e o desrespeito cultural se entrelaçam e se sustentam simultaneamente". Entendemos, também, que os dilemas políticos que surgem num momento em que a força do capital avança em todas as esferas da vida, sob a égide do neoliberalismo, mostrando-se, no contexto da globalização dos mercados e da financeirização da vida, que não há limites para a produção da abstração, da carência e da escassez. Daí a interrogação de Fraser sobre como tentarmos combater as duas injustiças ao mesmo tempo. O objetivo aqui dessas considerações finais seria, na verdade, iluminar o terreno de extrema adversidade da atualidade e propor a continuidade das reflexões sobre essas problemáticas políticas, atualmente dissociadas, tendo como contribuição de outros pensamentos críticos, dos quais Fraser é um dos exemplos, que trazem aportes necessários às demandas de nossa era.

Referências Bibliográficas

BRESSIANI, Nathalie. Luta por Reconhecimento e diagnóstico das patologias sociais: Dois Momentos da Teoria Crítica de Axel Honneth. MELO, R. (org). *A teoria crítica de Axel Honneth: Reconhecimento, liberdade e Justiça.* São Paulo: Saraiva, 2013.

FRASER, Nancy. Da redistribuição ao reconhecimento? Dilemas da justiça numa "era pós socialista". *Cadernos de campo*, São Paulo, n. 14/15, p. 1-382, 2006. Disponível em: < file:///C:/Users/lfati/Downloads/50109-Texto%20do%20artigo-61939-1-10-20130118.pdf>. Acesso em: 05 maio 2020.

44 FRASER, N. Da redistribuição ao reconhecimento? Dilemas da justiça numa "era pós socialista". *Cadernos de campo*, São Paulo, n. 14/15, p. 1-382, 2006, p. 231.

GIROUX, Henry. A. *Atos Impuros: a prática política dos estudos culturais*. Trad. Ronaldo Cataldo Costa. Porto Alegre: Artmed, 2003.

HABERMAS, Juegen. A luta por reconhecimento no Estado democrático de direito. In: HABERMAS, Juegen. *A inclusão do outro. Estudos de teoria política*. São Paulo: Loyola, 2002.

HONNETH, Axel. *A Luta pelo Reconhecimento: A gramática moral dos conflitos sociais*. São Paulo: Ed. 34, 2003.

______. *Crítica Del Poder:Fases em la Reflexión de uma Teoría Crítica de La Sociedad.* Trad. German Cano, Madrid:Machado Libros, 2009.

MCLAREN, Peter. *Multiculturalismo crítico.* trad. Bebel Orofino Schaefer. São Paulo: Cortez, 1997.

MELO, Rúrion. (org.). *A Teoria Crítica e Axel Honneth: reconhecimento, liberdade e justiça. São Paulo*: Ática, 2013.

______. *Marx e Habermas: teoria crítica e os sentidos da emancipação.* São Paulo: Editora Saraiva, 2013.

______. Reificação e Reconhecimento: um estudo a partir da teoria crítica da sociedade de Axel Honneth. Florianópolis, *Ethica, Revista Internacional de Filosofia da Mora*l. v. 9, n.2 p.231-245, dez 2010. Disponível em: <https://periodicos.ufsc.br/index.php/ethic/article/view/16772954.2010v9n2p231pdf.>. Acesso em: 27 fev. 2017.

PAVIANI, Jayme. Notas sobre o conceito de virtude em Platão. *Veritas – Revista de Filosofia da PUCRS*. v. 57, n. 3. Porto Alegre, set./dez. 2012, p. 86-98. Disponível em: <https://revistaseletronicas.pucrs.br/ojs/index.php/veritas/article/view/11135/8781>. Acesso em: 27 fev. 2017.

SILVA, Tomaz Tadeu da. S (org.). *Identidade e Diferença: A perspectiva dos Estudos Culturais*. Petrópolis: Rio de Janeiro: Vozes, 2012.

TAYLOR, Charles. *As fontes do self: a construção da identidade moderna*. Trad. Adail Ubirajara Sobral, Dinah de Abreu Azevedo. São Paulo: Edições Loyola, 2013.

______. A política do reconhecimento. TAYLOR, C. *Argumentos filosóficos*. Trad. Adail Ubirajara Sobral Loyola: São Paulo, 2000. p. 241-275.

VOIROL, Olivier. Filosofia Social e Pesquisa Social: O problema hegeliano de Max Horkheimer a Axel Honneth. MELO, Rúrion (org). *A teoria Crítica de Axel Honneth: Reconhecimento, liberdade e Justiça*. São Paulo: Saraiva, 2013.

Parte 3
Territorialidades afro-brasileiras e indígenas

CAPÍTULO 4
Territorialidades afro-indígenas e Políticas de Reconhecimento

Aderval Costa Filho

O presente trabalho apresenta algumas considerações sobre o tema "Territorialidades afro-indígenas e Políticas de Reconhecimento", colocando em perspectiva não apenas os povos indígenas e as comunidades dos quilombos, mas também os "povos e comunidades tradicionais". Tais categorias serão aqui tratadas a partir de suas características recorrentes: dimensão territorial, processos de territorialização envolvidos, campesinidade, saberes tradicionais associados, modo familiar de organizar e dispor da produção, formas de sociabilidade e institucionalidade próprias, sobredeterminantes étnicos e mobilização continuada, visando reprodução econômica, social e política.

Costa Filho,[1] ao abordar a criação da Comissão Nacional de Desenvolvimento Sustentável das Comunidades Tradicionais,[2] afirma que:

---

1 COSTA FILHO, A. Quilombos e povos tradicionais. Gesta/UFMG, 2011.

2 Conf. Decreto n° 10.408 de 27 de dezembro de 2004. O Decreto de 13 de julho de 2006 altera a denominação, competência e composição da Comissão Nacional de Desenvolvimento Susten-

> Uma vez reconhecida ou criada pelo poder público uma categoria de diferenciação para abarcar identidades coletivas tradicionais, não somente os grupos sociais relacionados passaram a ser gradativamente incluídos social e politicamente, como também vem sendo estabelecido um pacto entre o poder público e esses grupos, que inclui expectativas e obrigações vis a vis, estimulando a interlocução entre sociedade civil e governo, bem como o protagonismo social.[3]

Sabemos que boa parte dessas comunidades se encontra ainda na invisibilidade, silenciada por pressões econômicas, fundiárias, processos discriminatórios e de exclusão social. Sabemos também que boa parte dos conflitos no Brasil resulta da invasão de seus territórios e comprometimento dos recursos ambientais de que se utilizam tradicionalmente, com impactos diretos ou indiretos sobre esses povos e seus modos de vida.

Boa parte dos conflitos decorre, sobretudo, de interesses desenvolvimentistas (monoculturas, agronegócio, mineração, grandes obras e empreendimentos), bem como de interesses pre-

---

tável das Comunidades Tradicionais para Comissão Nacional de Desenvolvimento Sustentável dos Povos e Comunidades Tradicionais, passando a ser paritária, integrando 15 representações da sociedade civil organizada, em sua maioria, redes sociais, e quinze representações governamentais. Pelo Decreto nº. 8.750, de 9 de maio de 2016, foi instituído o Conselho Nacional dos Povos e Comunidades Tradicionais – CNPCT, órgão colegiado de caráter consultivo, composto por representações governamentais e 28 representações da sociedade civil, atualmente integrante da estrutura básica do Ministério da Mulher, da Família e dos Direitos Humanos, no âmbito da Secretaria Nacional de Políticas da Promoção da Igualdade Racial – SNPIR.

3 COSTA FILHO. *Op. cit.*, 2011, p. 3.

servacionistas (no caso de unidades de conservação de proteção integral sobrepostas a territórios tradicionalmente ocupados). Paradoxalmente, tais grupos que, na sua grande maioria, têm contribuído para a conservação da biodiversidade, passaram a ser alvo de retaliações por parte do Estado e a ser criminalizados pelos órgãos gestores de políticas ambientais pelo simples fato de perpetuarem seus modos tradicionais de vida, produção e manejo de recursos.

Também têm sido constantes as ameaças e riscos de vida de lideranças de povos e comunidades tradicionais, cuja militância e testemunho têm afrontado poderes estabelecidos e grupos hegemônicos, sobretudo, quando em situação de conflito aberto.

Do ponto de vista conceitual, já estamos familiarizados com o conceito operacional que consta no Decreto 6.040, de 7 de fevereiro de 2007, onde "povos e comunidades tradicionais" podem ser entendidos como:

> [...] grupos culturalmente diferenciados e que se reconhecem como tais, que possuem formas próprias de organização social, que ocupam e usam territórios e recursos naturais como condição para sua reprodução cultural, social, religiosa, ancestral e econômica, utilizando conhecimentos, inovações e práticas gerados e transmitidos pela tradição.[4]

Little[5] ressalta fatores como "a existência de regimes de propriedade comum, o sentido de pertencimento a um lugar,

4 Decreto 6040, de 7 de fevereiro de 2007, art. 3º, Inciso I.

5 LITTLE, Territórios sociais e povos tradicionais no Brasil: por uma antropologia da territorialidade. *Série Antropologia*. nº 322. Brasília: DAN/UnB, 2002.

a procura de autonomia cultural e práticas adaptativas sustentáveis que os variados grupos sociais analisados mostram na atualidade".[6] Quanto à etnogênese do conceito de povos tradicionais e seus subsequentes usos políticos e sociais, o referido autor afirma que o conceito surge para englobar grupos sociais distintos que defendem seus territórios frente à usurpação de antagonistas, outros grupos sociais ou mesmo do Estado-nação.

Almeida[7] menciona a incorporação das expressões "populações tradicionais", "comunidades tradicionais" na legislação competente e sua adoção pelo governo na definição dos seus aparatos burocrático-administrativos. Para o referido autor, nesses processos de autoafirmação identitária, "o critério político-organizativo se sobressai, combinado com uma 'política de identidades', da qual lançam mão os agentes sociais objetivados em movimento, para fazer frente aos seus antagonistas e aos aparatos de Estado".[8]

Segundo Eliane Cantarino O'Dwyer,

> A expressão povos tradicionais designa uma diversidade de situações sociais que têm como denominador comum, condições de existência consideradas contrastivas à "modernidade", situadas à margem das representações de "desenvolvimento" e "progresso" dos poderes econômicos e políticos hegemônicos. Assim, ela é utilizada, de modo prevalente, no contexto dos processos de construção de Estados-Nações "modernizantes", e engloba

---

6 *Ibidem*, p. 23.

7 ALMEIDA, Terras de Quilombos, Terras Indígenas, "Babaçuais Livres", "Castanhais do Povo", Faxinais e Fundos de Pasto: Terras tradicionalmente ocupadas. Manaus: PPGSCA-UFAM,2006, p. 22-23.

8 *Ibidem*, p. 25-26.

> identidades sociais e políticas construídas em relação ao arcabouço constitucional e jurídico atual, tanto em ordenamentos nacionais quanto internacionais, como garantia de reconhecimento e reprodução dos seus modos de fazer, criar e viver.[9]

A autora enfatiza o caráter inclusivo da categoria "povos tradicionais", compreendendo grupos "que assumem significados descritivos e analíticos, mas também como diacríticos usados pelos atores sociais em contextos de interação, para assinalar formas de pertencimento mediante a construção de fronteiras étnicas, sociais e espaciais, bem como na relação com o Estado".[10]

A expressão aqui se refere a modos de apropriação, organização e uso do espaço que produzem territórios de ocupação tradicional, em contraposição a concepções de terra como mercadoria, elemento natural à disposição da exploração econômica, e do território como constituído pelo exercício do controle político institucional e do poder.

É muito frequente associarmos a existência destes povos e comunidades aos conflitos socioambientais que enfrentam. Mas devemos atentar para o fato de que esses conflitos são contingenciais e não estruturais, que tais grupos existiam muito antes da chegada em seus territórios da hidrelétrica, da monocultura do eucalipto, da mineradora, do porto, dentre outros invasores. Muitas dessas identidades coletivas estavam relativamente

9 O'DWYER, Desenvolvimento e Povos Tradicionais. IVO, A. B. L. (Coord.). *Dicionário temático desenvolvimento e questão social*: 81 problemáticas contemporâneas. Coleção Trabalho e Contemporaneidade. São Paulo: Annablume; Brasília: CNPq; Salvador: FAPESB, 2013, p. 123.

10 *Ibidem*, p. 123.

objetivadas quando da chegada desses antagonistas, sobretudo, porque a autoafirmação étnica se dá sempre em contextos de interação, e é comum haver conflitos de interesses nesses contextos. Mas, seguramente, identidades coletivas têm se evidenciado mais ou ainda se objetivado em movimentos sociais em situações de conflitos.

Em termos exploratórios, afirmamos anteriormente que os povos e comunidades tradicionais no Brasil têm se autoatribuído identidades praticamente a partir dos seguintes critérios:

> a) Etnicorracial, como os povos indígenas, as comunidades quilombolas ou "remanescentes de quilombos", os povos ciganos, os povos de terreiro, dentre outros;
>
> b) A partir da ligação com algum bioma ou ecossistema específico, como os geraizeiros ou povos do cerrado, os caatingueiros ou povos da caatinga, os pantaneiros (povos do pantanal dos estados do Mato Grosso e do Mato Grosso do Sul);
>
> c) Por uma atividade laboral predominante que figura como marca identitária, como os seringueiros, os castanheiros, os açaizeiros, os pescadores artesanais, as quebradeiras de coco babaçu, as catadoras de mangaba, os apanhadores de flores sempre vivas, os marisqueiros, dentre outras;
>
> d) Pelo tipo de ocupação e uso do território, em decorrência de circunstâncias histórico-conjunturais, como os retireiros do Araguaia (criadores de gado na solta, em retiros), os faxinalenses (moradores de faixas de terra no Paraná que cultivam a erva-mate, extraem o pinhão e criam suínos na solta), as comunidades de fundos de pastos na Bahia (que vivem do extrativismo de frutos da caatinga, da criação de caprinos e ovinos na solta, praticando o uso comum do território), os ilhéus (moradores

> de ilhas litorâneas que consorciam a pesca com o cultivo e o extrativismo);
>
> e) Por motivos culturais, como os congadeiros, os maracatus, dentre outros.[11]

Como demonstrado, tais identidades abarcam um leque considerável de povos e comunidades. 28 categorias identitárias ou representações de povos e comunidades tradicionais são reconhecidas pelo Estado brasileiro e têm assento no Conselho Nacional de Povos e Comunidades Tradicionais:[12] os povos indígenas, as comunidades quilombolas, povos e comunidades de terreiro, povos ciganos, pescadores artesanais, extrativistas, extrativistas costeiros e marinhos, caiçaras, faxinalenses, benzedeiros, ilhéus, raizeiros, geraizeiros, catingueiros, vazanteiros, veredeiros, apanhadores de flores sempre vivas, pantaneiros, morroquianos, povo pomerano, catadores de mangaba, quebradeiras de coco babaçu, retireiros do Araguaia, comunidades de fundos e fechos de pasto, ribeirinhos, cipozeiros, andirobeiros,

---

11 COSTA FILHO, "Os Povos e Comunidades Tradicionais no Brasil" In: CERQUEIRA, Edmilton et. al. (Orgs.). *Os povos e comunidades tradicionais e o Ano Internacional da Agricultura Familiar*. 1ª ed. Brasília-DF: Ministério do Desenvolvimento Agrário, 2015, p. 77-98, p. 82-83.

12 O Conselho Nacional dos Povos e Comunidades Tradicionais – CNPCT, foi criado pelo Decreto Nº 8.750, de 9 de maio de 2016, ligado ao Ministério do Desenvolvimento Social e Combate à fome, em decorrência do Decreto Presidencial 6.040/2007, que instituiu a Política Nacional de Desenvolvimento Sustentável dos Povos e Comunidades Tradicionais. A partir de 2018, o Decreto Nº 9.465, de 9 de agosto de 2018, transferiu o Conselho para o Ministério dos Direitos Humanos / Secretaria Nacional de Políticas de Promoção da Igualdade Racial - SNPIR.

caboclos e juventude de povos e comunidades tradicionais.

Em termos de reprodução social, há de se considerar também que os grupos sociais se constroem em interação uns com os outros. Nesse sentido, há elementos que os unificam e outros que os diferenciam, ressaltando características contrastivas, sendo que a persistência dos limites entre os grupos não seria colocada em termos dos conteúdos culturais que encerram e definem suas diferenças, mas a partir dos processos de inclusão ou exclusão que possibilitam definir os limites entre os considerados "de dentro" e os "de fora".[13]

Para Barth,[14] os critérios e sinais de identificação implicam na persistência dos "grupos étnicos" e, também, numa "estrutura de interação" que permite reproduzir as diferenças culturais ao "isolar" certos segmentos da cultura de possíveis confrontações e, ao mesmo tempo, manter a sua interação com outros setores. Os grupos étnicos aqui são vistos como "forma de organização social", quando os atores, tendo como finalidade a interação, usam identidades étnicas para categorizar os outros, passando a constituir "grupos étnicos".

Necessário também considerar que muitas comunidades e povos tradicionais portam identidades múltiplas, como, por exemplo, algumas comunidades de "quebradeiras de coco babaçu", que são também "comunidades quilombolas", ou ainda se autoafirmam como povo de terreiro. Nesse caso, todas as identidades estão respaldadas pela ancestralidade de lugar e de sangue,

13 BARTH, *O guru, o iniciador e outras variações antropológicas*. Rio de Janeiro: Contra Capa, 2000, p. 31.

14 BARTH, Introduction. In: Barth, Fredrik (Ed.). *Ethnic groups and boundaries*: the social organization of culture difference. Bergen / London: Universitets Forlaget / George Allen & Unwin, 1969; Barth. *Op. cit.*, 2000.

por cosmologias, memória social, práticas e saberes tradicionais associados ao seu modo de vida, havendo sempre uma identidade preponderante, e sempre podendo ser acionada, individual ou coletivamente, a identidade mais oportuna, considerando-se circunstâncias histórico-conjunturais, interesses e interlocutores.

Isso leva a considerar que no trato da etnicidade deve-se levar em conta tanto a formação social, quanto a interação, inclusas as dimensões interculturais, intraculturais, interpessoais e intrapessoais. Como diria Ericksen, devemos considerar que: "[...] etnicidade é uma propriedade de uma formação social e um aspecto de interação; ambos os níveis sistêmicos podem ser simultaneamente compreendidos. Secundariamente, diferenças étnicas envolvem diferenças culturais que possuem impacto comparativamente [cross-culturally] variável [...] sobre a natureza das relações sociais".[15]

Interessante constatar que tais povos e comunidades tradicionais afirmam sua identidade, como "tipos organizacionais", como proposto por Barth,[16] mas elas podem se conformar no campo constituindo não somente comunidades, mas também ou, eventualmente, coletivos.

Nesse sentido, "Comunidades tradicionais" são conformações que remontam a décadas e, alguns casos, séculos de história social comum, ancoradas em territorialidades próprias, circunscritas e atualizadas na memória dos grupos, situadas em lastros de tradição familiar e em relações de reciprocidade, marcadas por certa continuidade, afirmando a identidade grupal.

E "Coletivos tradicionais" podem ser entendidos como

15 ERICKSEN, "The cultural contexts of ethnic differences". *Man.* v. 26, n° 01, 1991, p. 131.

16 BARTH. *Op. cit.*, 2000.

constituídos por famílias que guardam relações menos calcadas na consanguinidade e espaços territoriais coletivamente circunscritos, embora carreguem modos de vida próprios, histórias relativamente comuns de relacionamento com o ambiente, que informam práticas e moralidades próprias, a partir das quais se auto identificam como "pertencentes".

Com suporte às formas de organização coletiva, Max Weber apresenta a noção de "comunidade moral",[17] estabelecendo a distinção entre a "comunhão étnica" e a "comunhão de clã": a "comunhão étnica" distingue-se da "comunhão de clã" pelo fato daquela ser apenas produto de um "sentimento de comunidade". Nesse sentido, a comunhão étnica é elemento que facilita relações comunitárias, fomenta relações comunitárias de natureza as mais diversas, mas sobretudo, as relações políticas. Segundo Weber:

> Chamaremos grupos 'étnicos' aqueles grupos humanos que, em virtude de semelhanças no habitus externo ou nos costumes, ou em ambos, ou em virtude de lembranças de colonização e migração, nutrem uma crença subjetiva na procedência comum, de tal modo que esta se torna importante para a propagação de relações comunitárias, sendo indiferente se existe ou não uma comunidade de sangue efetiva.[18]

Weber explicita a manutenção de formas sociais e de pertencimento étnico a partir da noção de "comunidade política", "que costuma despertar, em primeiro lugar, por toda parte, [...] a crença na comunhão étnica, sobrevivendo esta geralmente à

17 WEBER, "Capítulo IV: Relações comunitárias étnicas". In: WEBER, Max. *Economia e sociedade*: Fundamentos da sociologia compreensiva. São Paulo: Imprensa Oficial, 2004.

18 *Ibidem*, p. 270.

decadência daquela, a não ser que diferenças drásticas de costumes e de hábito ou, particularmente, de idioma o impeçam".[19]

Esta correlação é interessante, sobretudo, porque em algumas situações, os "coletivos tradicionais" são conformados por famílias oriundas de "comunidades de clã", notadamente do meio rural, que sofreram deslocamentos compulsórios ou volitivos, conformando hoje comunidade(s) moral(ais) no contexto periurbano ou urbano. É o caso das comunidades e "coletivos" de faiscadores ou garimpeiros artesanais do Rio Doce, impactados pelo rompimento da barragem da Samarco, sobre os quais estivemos pesquisando entre 2019 e 2020,[20] visando caracterizar e defender seus modos de vida, bem como a centralidade do rio na sua reprodução social e econômica, também para fins de reparação e reconstrução.

De qualquer forma, os "povos e comunidades tradicionais" são uma construção política e social, respaldados por lastros na ordem da tradição, por modos próprios de vida, por memória social, práticas sociais e produtivas, saberes tradicionais associados, territorialidades específicas, enfim, todas as características que lhes conferem distintividade cultural e política e lhes asseguram proteção especial.

Esse entendimento é oportuno e adequado em razão, sobretudo, do processo de expropriação dos territórios tradicionalmente ocupados e das lutas pela sua recuperação, consubstanciados no debate sobre processos de territorialização,[21] que normalmente

19 *Ibidem*, p. 270.

20 COSTA FILHO et. al, 2020.

21 OLIVEIRA FILHO, "Uma etnologia dos índios misturados? situação colonial, territorialização e fluxos culturais". OLIVEIRA FILHO, João Pacheco (Org.) *A viagem da Volta*: etnicidade, polí-

estão associados a contextos em que houve expropriação de terras, envolvendo tanto uma dimensão espacial concreta – o território –, quanto também o conjunto de relações sociais e representações sobre o espaço em que se dão essas relações.

Paul Little (2002), ao retomar a noção de "processos de territorialização" de Oliveira Filho,[22] identifica tais processos como relacionados a contextos intersocietários de conflito, e afirma que:

> Nesses contextos, a conduta territorial surge quando as terras de um grupo estão sendo invadidas, numa dinâmica em que, internamente, a defesa do território torna-se um elemento unificador do grupo e, externamente, as pressões exercidas por outros grupos ou pelo governo da sociedade dominante moldam (e às vezes impõem) outras formas territoriais.[23]

Também a partir das contribuições de Oliveira Filho,[24] Almeida,[25] identificando a "territorialidade" como categoria mais próxima do discurso geográfico, propõe outro significado a partir de noção prática designada como "territorialidade específica", para nomear as delimitações físicas de determinadas unidades sociais que compõem os meandros de territórios etnicamente configurados.[26]

Fica patente que o processo de territorialização como categoria analítica na antropologia social é subsidiário da noção de

---

tica e reelaboração cultural no Nordeste indígena. Rio de Janeiro: Contra Capa, 1999.

22 *Ibidem.*

23 LITTLE. *Op. cit.*, 2002, p. 4.

24 OLIVEIRA FILHO. *Op. cit.*

25 ALMEIDA. *Op. cit.*, 2006.

26 ALMEIDA. *Op. cit.*, p. 24.

terras tradicionalmente ocupadas, expressão utilizada na Constituição Federal de 1988, para conferir direitos aos povos indígenas. Segundo Costa Filho,

> Da promulgação da Constituição Federal de 1988 até os dias atuais, o conceito de terras tradicionalmente ocupadas tem ampliado seu significado, coadunando-se com os aspectos situacionais que caracterizam hoje o advento de novas identidades coletivas, e tornou-se um preceito jurídico marcante para a legitimação de territorialidades específicas e etnicamente construídas, conjugando assim direitos civis e direitos consuetudinários.[27]

No reconhecimento das denominadas terras tradicionalmente ocupadas, o uso comum de florestas, recursos hídricos, campos e pastagens aparece combinado, tanto com a propriedade quanto com a posse, de maneira perene ou temporária, envolvendo diferentes atividades produtivas exercidas por unidades familiares de trabalho, como o extrativismo, a agricultura, a pesca, o artesanato, a pecuária, bem como atividades rituais.

Segundo Little (2002), do ponto de vista fundiário ou territorial, no regime de propriedade comum, o sentido de pertencimento a um lugar específico e a profundidade histórica da ocupação guardada na memória social, são fatores que conformam similaridades entre os povos tradicionais.

Aqui, além da dimensão espacial concreta, da dimensão representacional e da dimensão sociopolítica, devemos considerar também a dimensão cognitiva (que pressupõe formas próprias de ordenamento territorial, de recursos e usos), bem como a dimensão moral, que enseja não só a reciprocidade entre famílias e grupos locais, moralidades específicas, quanto também a própria

27 COSTA FILHO. *Op. cit.*, 2015, p. 85.

relação com o sagrado do grupo. Como vemos, não são dimensões estanques e sua separação deve se dar somente para fins de análise.

No que tange à dimensão espacial concreta, no Brasil, constatam-se ainda violações históricas dos direitos territoriais, que têm como marco legal excludente a promulgação da Lei nº 601, de 18 de setembro de 1850 – Lei de Terras. Esta Lei estabelece a necessidade de registro cartorial e a necessidade de compra e venda para configurar dominialidade, instaurando uma diferença no acesso e manutenção da terra por comunitários no meio rural brasileiro. A Constituição Federal de 1891 acaba por transferir para os Estados as ditas "terras devolutas", sobre as quais até então não havia sido reclamada a propriedade, reconhecendo o "direito de compra preferencial" pelos posseiros.

A partir de então houve um amplo processo de invasão das posses de comunitários, de povos e comunidades tradicionais que, sem leitura e conhecimento das leis, sem recursos para pagar os serviços de medição e registro imobiliário das terras, sem recursos para pagar ao Estado pelas terras que tradicionalmente ocupavam (no caso de terras consideradas "devolutas"), viram-se em desvantagem em relação aos cidadãos letrados, conhecedores do sistema legal, respaldados por várias alianças com os poderes locais. Fica explícita a desigualdade na correlação de forças entre invasores e povos e comunidades tradicionais.

Cabe ressaltar também que o território implica, portanto, dimensões simbólicas. Com já referi em publicação anterior:

> No território estão impressos os acontecimentos ou fatos históricos que mantêm viva a memória do grupo; nele estão enterrados os ancestrais e encontram-se os sítios sagrados; ele determina o modo de vida e a visão de homem e de mundo; o território é também apreendido e vivenciado a partir dos sistemas de conhecimento locais, ou seja, não há povo ou comunidade tradicional que não

> conheça profundamente seu território.[28]

O território enseja um sentimento de pertença, não somente pela relação visceral que se estabelece com o grupo, mas também pelas condutas de territorialidade, o que comumente envolve mobilização continuada no sentido da demarcação e defesa, critérios de inclusão e exclusão, identificação com um bioma/ecossistema, isso sem considerar os povos cujos territórios foram expropriados e se refugiaram no plano da memória, os povos nômades e transumantes, as comunidades que forma engolidas pelas cidades.

Os territórios de povos e comunidades tradicionais podem ultrapassar divisões político administrativas (municípios, estados, Estados-nação), como já abordado anteriormente.

> Um território tradicional pode, assim, encontrar-se na confluência de dois, três ou mais municípios, estados ou mesmo países. Nesse contexto, é preciso considerar e respeitar a distribuição demográfica tradicional desses povos, quaisquer que sejam as unidades ou divisões geopolíticas definidas pelo(s) Estado(s).[29]

Na abordagem do território, há também uma visão relativamente fechada, onde a quantidade de força, de riqueza e de terra costuma ser constante desde a criação do mundo, refletindo-se na perspectiva moral de que o homem deve saber usar o que Deus deixou na terra, sem abusar da natureza, uma vez que é a partir desta que se dá a intermediação na relação

---

28 COSTA FILHO & MENDES, *Laudo Pericial Antropológico*: Mapeamento de Comunidades Tradicionais nos municípios de Mariana, Barra Longa, Ponte Nova, Santa Cruz do Escalvado e Rio Doce impactados pelo rompimento da barragem de Fundão. Belo Horizonte: FUNDEP/UFMG, 2020, p. 12-13.

29 *Ibidem*, p. 13.

Deus-homem.[30] Essa perspectiva moral resulta comumente num maior respeito e reverência à natureza e às próprias relações sociais.

Há que se considerar também que além da dimensão simbólica inscrita no território, quando a materialidade está comprometida, não há outro recurso senão o plano da memória. É preciso acionar o período-âncora do grupo, comumente vívido na memória, o "tempo da comunidade" referido por Zonabend,[31] tempo intimamente relacionado à identidade coletiva, que corresponde a uma idealização do passado, quando a comunidade tinha maior liberdade no domínio e uso do território, o tempo da fartura – cultivo, criação, caça e coleta –, quando as práticas produtivas eram ecologicamente adaptadas. E considerar o quanto este "tempo" está relacionado à construção do presente e do futuro.

Klaas Woortmann, no seu artigo – "Com parente não se neguceia" – afirma que "a tradição, então, não é o passado que sobrevive no presente, mas o passado que, no presente, constrói as possibilidades de futuro."[32] Como diria Luís Eduardo Soares:

> O recorte que resgata o passado (...) revela concepções sobre o presente e projetos para o futuro, intervindo nos conflitos e na determinação da ordem interna de poder. Trata-se de começar pelo começo sincrônico, pelo ponto mais enfatizado pelo próprio grupo quando exprime tra-

---

30 WOORTMANN, K. "Com parente não se Neguceia: o campesinato como ordem moral". *Anuário Antropológico/87*. Brasília: EdUnB, 1990.

31 ZONABEND, Françoise. *La Mémoire Longue*. Paris: PUF, 1980.

32 WOORTMANN. *Op. cit.*, 1990, p. 17.

ços de sua identidade.[33]

Cabe salientar também que muitos ainda consideram tais povos e situações sociais como simétricas, sem reconhecer ou explicitar diferenças internas, cisões e faccionalismos, relações de evitação e conflitos. Como demonstra Costa Filho:

> Temos também encontrado em campo relações assimétricas historicamente engendradas entre comunitários, como intercasamentos de migrantes com "negros do lugar" que datam de mais de século, e manutenção de distintas lógicas de ocupação e uso da terra, relações de subordinação entre comunitários, tensões inter e intrafamiliares em decorrência de venda de direitos possessórios e da não realização de formais de partilha, hostilidades entre localidades que conformam unidades socioculturais maiores...[34]

Enfim, situações que desafiam postulados teóricos essencialistas. Sabemos também que a autoidentificação é sempre processual, e é comum famílias aderirem ao pleito somente após aferir vantagens, o que, por vezes, costuma demorar. Por outro lado, às vezes, parte das famílias encontra-se obnubilada por macro interesses econômicos e processos expropriatórios traves-

33 SOARES, L. E. *Campesinato, ideologia e política*. Rio: Zahar Editores, 1981, p. 35.

34 COSTA FILHO, A. "Identificação e delimitação de territórios indígenas e quilombolas: conflitos e riscos na prática pericial antropológica". In: ZHOURI, Andréa. (Org.). *Desenvolvimento, reconhecimento de direitos e conflitos territoriais*. Brasília-DF: ABA, 2012, p. 338-339.

tidos de vantagens empregatícias e infra estruturais. Como já abordado anteriormente:

> Muitos antagonistas promovem verdadeiras cisões intracomunitárias, tentando cooptar e cooptando lideranças, semeando informações controversas, discórdias entre grupos familiares. Por vezes, empreendedores adotam estratégias extremamente invasivas, no propósito de promover a gestão e o controle comunitários, a exemplo de iniciativas em curso ligadas à monocultura do eucalipto, no norte do Espírito Santo e extremos sul da Bahia, ferindo um dos princípios constitutivos das comunidades tradicionais, o princípio da autonomia e liberdade.[35]

Aspectos como autonomia relativa da coletividade frente à sociedade envolvente, a importância do grupo doméstico na organização da vida econômica e social, o caráter relativamente autárquico do seu sistema produtivo e econômico, suas formas de sociabilidade e interconhecimento, a função decisiva das lideranças, a tônica na produção para o consumo mais que para o reinvestimento, o regime de sucessão e a manutenção do patrimônio familiar/comunitário, dentre outros, são pressupostos desses modos de vida enfatizados por vários autores do campesinato.[36]

Além da territorialidade, da campesinidade, um aspecto fundamental dos povos e comunidades tradicionais é a reprodução de suas formas sociais. Bourdieu[37] relaciona reprodução

35 *Ibidem*, p. 338.

36 MENDRAS, 1978; Wolf, 2003; Heredia & Garcia, 1971; Seyferth, 1985; Woortmann, 1995.

37 BOURDIEU, "Trabalhos e Projetos". ORTIZ, R. (Org.). Pierre Bourdieu. *Coleção Grandes Cientistas Sociais*, 39. São Paulo: Ática, 1994.

social[38] a um "sistema de hereditariedade", propriamente social, que tende a assegurar, mediante a transmissão consciente ou inconsciente do capital acumulado, a perpetuação das estruturas sociais ou das relações que formam a "ordem social". Para o autor, esta reprodução pressupõe mudanças incessantes e renovação permanente. A vida social

> não é outra coisa senão o conjunto das ações e das reações tendentes a conservar ou transformar a estrutura, ou seja, a distribuição dos poderes que a cada momento determina as forças e as estratégias utilizadas na luta pela transformação ou conservação e, em consequência, as possibilidades que essas lutas têm de transformar ou de perpetuar a estrutura.[39]

Esses sujeitos coletivos de direito e seus modos de vida representam formas contra hegemônicas face ao avanço do capitalismo e do desenvolvimento. Ao repensar o local e o global,[40] Arturo Escobar afirma que um conjunto de trabalhos recentes tentam reposicionar "o lugar", oferecendo elementos para pensar para

38 A noção de "reprodução social" deve ser corroborada pela filosofia da ação de Pierre Bourdieu. Segundo o autor, sua filosofia da ação ou *disposicional* está condensada em pequeno número de conceitos fundamentais - *habitus,* campo, capital - e tem como ponto central a relação de mão dupla entre estruturas objetivas (dos campos sociais) e estruturas incorporadas (do *habitus*) (Bourdieu, 1996, p. 10).

39 BOURDIEU. *Op. cit.*, p. 40.

40 ESCOBAR, Arturo. "O lugar da natureza e a natureza do lugar: globalização ou pós-desenvolvimento?". In: Edgardo Lander (Org.), A colonialidade do saber: eurocentrismo e ciências sociais. Perspectivas latinoamericanas. Coleccion Sur Sur. Buenos Aires (Argentina): CLACSO, 2005, p. 63-79.

além do desenvolvimento, ou seja, para uma conceitualização do pós-desenvolvimento, que, segundo o autor, é mais favorável à criação de novos tipos de linguagens, compreensão e ação.

O autor enfatiza o papel da etnografia nesse aspecto, documentando as resistências ao capitalismo e à modernidade em ambientes diversos, demonstrando práticas e processos representativos de formas de resistência ativa ao próprio desenvolvimento. Trabalhos sobre modelos locais de economia e ambientes mantidos pelos camponeses e comunidades indígenas, em parte arraigados no conhecimento e em práticas locais.[41]

Segundo o referido autor, tem sido dada atenção especial na América Latina à hibridização cultural, explicitando o encontro dinâmico das práticas que se originam em muitas matrizes culturais e temporais, e como grupos locais, longe de serem receptores passivos de condições transnacionais, configuram ativamente o processo de (re)construir identidades, relações sociais, novas práticas[42] e novas territorialidades.

Por fim, gostaria de afirmar que a noção de "Ancestralidade" consubstancia vários dos elementos ou aspectos acima citados. Trata-se de uma noção relacional e ontológica, que costuma ser mais vivenciada, experienciada e ritualizada do que propriamente teorizada. Uma aproximação possível desta noção diz respeito à origem do grupo. Na memória social é comum identificarmos matriarcas ou ancestrais que estabeleceram estratégias políticas oitocentistas ou novecentistas, com notória importância na configuração desses grupos adscritos etnicamente na atualidade.

É o caso, por exemplo, do território de Maria Valentina, re-

41 *Ibidem*, p. 76.

42 *Ibidem*, p. 76.

latado por Eliane Cantarino O'Dwyer,[43] na região de Santarém--Pará, onde as chamadas "comunidades ribeirinhas" que ocupam as margens dos rios e lagos da região do Baixo Amazonas, que vivem dos recursos ambientais renováveis desse complexo fluviolacustre, passam desde os anos 1990 a se autodefinir como quilombos. Segundo a autora, durante os trabalhos de campo, através da memória social, os integrantes da equipe ouviram relatos nos quais a origem comum dos membros das comunidades da região do Ituqui, que se consideram descendentes de Maria Valentina, fundamentada pelo parentesco, mais do que o fenótipo caracterizado pela cor da pele, com a reivindicação de um território coletivo:

> De acordo com os relatos, Maria Valentina manteve relação com muitos homens e com eles teve diversos filhos, inclusive em termos de cor, sendo esse fato acionado constantemente na construção da origem comum e do pertencimento étnico. Mas a relativa diversidade "étnica" (leia-se fenotípica) do contexto em questão foi também relacionada a fatos históricos ocorridos na região, principalmente ao movimento da cabanagem, nos anos 1830. A grande diversificação encontrada entre os integrantes do movimento, denominados cabanos, envolvia indivíduos considerados "brancos", de origem europeia, "negros", de origem africana, trazidos como escravos, indígenas, e outros considerados mestiços, "caboclos", "cafuzos", "mulatos". Assim, a discussão sobre a construção da identidade quilombola na situação de trabalho de campo é compreendida e referenciada a esta origem histórica das comunidades e à descendência comum de Maria Valentina, uma mulher conside-

43 O'DWYER. *Op. cit.* 2012.

rada "valente" e "braba" como os insurgentes cabanos.[44]

Outro caso emblemático é o de Tijuaçu, no sertão baiano, etnografado por Patrícia Navarro de Almeida Couto.[45] De acordo com a tradição oral presente nos relatos de membros das comunidades que compõem o território de Tijuaçu, "o povoamento do local se deu a partir da chegada de Maria Rodrigues ou Mariinha Rodrigues – como é chamada pelos moradores do local – mulher negra de origem Nagô que teria fugido de uma senzala em Salvador, no Recôncavo Baiano, ou ainda das minas de ouro de Jacobina",[46] tendo se estabelecido na região. Segundo a autora:

> A história mais recorrente é de que Mariinha teria vindo de Salvador ou de Jacobina, principal cidade da comarca, fugido da opressão do cativeiro, juntamente com duas outras mulheres, e ao chegar na região de Senhor do Bonfim, teria se estabelecido no alto do Morro do Lagarto ou Alto Bonito, onde poderia ter uma visão estratégica de quem chegasse em seu encalço. Mais tarde, Mariinha teria contraído matrimônio com um homem, também negro, fugido das minas de ouro de Jacobina e pertencente a família dos Congo, oriundo da região do Cariacá outra comunidade quilombola próxima a Tijuaçu.[47]

As entrevistas mostram que Mariinha não só se casou com

44 O'DWYER. *Op. cit.*, p. 245.

45 COUTO, 2012.

46 COUTO, P. N. de A. Território Quilombola de Tijuaçu – Relatório Técnico. *Cadernos do LEME*, Campina Grande, vol. 4, nº 2, p. 91 – 221, jul./dez, 2012, p. 132.

47 *Ibidem*, p. 132.

um membro de uma comunidade vizinha, o que resultou na configuração de um território étnico, quanto também "colocou um filho em cada ponto do território":

> [...] ou seja, deixou terrenos para seus filhos, a fim de lhes assegurar o futuro. Da mesma maneira os filhos de Mariinha, ao casarem, fizeram o mesmo distribuindo terrenos para seus descendentes por todo o território. Segundo os relatos coligidos, pode-se notar que a história de Tijuaçu e de seus habitantes, em sua maioria negros, nos remete aos primeiros momentos da ocupação do território de Jacobina e região.[48]

De acordo com os inúmeros informantes entrevistados em Tijuaçu:

> [...] todas as comunidades do território foram povoadas pelos descendentes de Mariinha Rodrigues, o que pode ser constatado pela grande incidência do sobrenome Rodrigues na população, exceto em Anacleto e Patos, cujo vínculo com Tijuaçu e demais comunidades dá-se por compartilhamento de traços culturais e por relações de compadrio, entre outras formas.[49]

No ano de 2014, estivemos envolvidos em processos de autoafirmação identitária de comunidades de quilombos e de apanhadores de flores sempre-vivas na região de Diamantina e Serro, em Minas Gerais, onde se identifica um número significativo de comunidades. Nas entrevistas com comunitários, foi relatada a história de Isidoro, negro que fora escravo e, tendo fugido da es-

48 MIRANDA, 2005 *apud Ibidem*, p. 137-138.

49 *Ibidem*, p. 138.

cravidão, estabeleceu-se nas imediações de Diamantina.

Martins[50] afirma que "outros escravos condenados e fugidos se reuniram com Isidoro e este passou a chefiar uma tropa de quilombolas garimpeiros, totalizando cinquenta homens, acompanhados ainda por mulheres e crianças". A altivez sempre marcou a presença e atuação de Isidoro, que andava livremente nos becos e ruas de Diamantina e arrematava todos os magotes de negros que iam a leilão. O garimpo do diamante lhe facultava recursos vultosos para colocar negros e negras em liberdade e estabelecê-los nas matas da região, até que, numa dessas investidas, foi preso, açoitado, morto e esquartejado.

Não é preciso dizer que Isidoro não figura no panteão de personalidades ou heróis mineiros, não obstante ter sido mártir na luta pelo seu povo e pela liberdade. Na memória social de muitos grupos tradicionais da região, Isidoro figura como marca de ancestralidade e territorialidade.

Para não ficar restrito a casos de comunidades quilombolas, passo a relatar um caso indígena que consta em Costa Filho.[51]

> Estava em questão a construção de uma Pequena Central Hidrelétrica na calha do principal rio que cortava o território indígena a ser identificado e delimitado; o canteiro de obras já havia sido instalado, os quadrantes marcados; partia-se para a construção do barramento. As obras haviam sido embargadas pelo Ministério Público Federal para que o trabalho pericial fosse realizado. O contexto regional era de extrema violência por parte dos antagonistas (fazendeiros, empreendedores), com co-

---

50 MARTINS, Marcos Lobato. Faiscadores e garimpeiros na ordem escravista: lutas e resistências nos terrenos diamantinos das Minas Gerais. Anais da IV Semana de História UFVJM, 2017, p. 79.

51 COSTA FILHO, 2012, p. 332-351.

> nivência de gestores públicos, políticos, poder policial e até mesmo de operadores do direito. A comunidade indígena estava bastante fragilizada, algumas lideranças (informantes imprescindíveis) haviam sido cooptadas.[52]

Tratava-se de um território sagrado que ficara fora da demarcação das terras daquela etnia, em que a referencialidade física do mito de origem estava sendo ameaçada. "Este povo indígena pode ser designado como 'filhos da gruta'; o ancestral mítico saiu do subterrâneo e ordenou o mundo, bem como distribuiu os seus irmãos (conjunto de siblings), e consequentes subgrupos, em diferentes porções do território, retornando para o interior da terra."[53] Pretendia-se com o empreendimento hidrelétrico implodir o local de moradia da ser mítico para construir o barramento; os sítios arqueológicos e ancestrais, com marcos testemunhos do tempo mítico, seriam alagados.

Depois de constatar a adesão comunitária à proposta de demarcação das terras, dirigimo-nos ao local sagrado, ciente da complexidade e da gravidade da situação, que envolvia também agências e práticas místicas sustentadas pelos informantes. Os trabalhos foram conduzidos com extremo cuidado, e a região em estudo estava repleta de pistoleiros, sendo frequentes medidas intimidatórias e ameaças aos integrantes do Grupo de Trabalho constituído formalmente pela Fundação Nacional do Índio - FUNAI. O apoio de lideranças indígenas e comunitários foi imprescindível, mas frágil face à desigual correlação de forças e interesses em jogo.

O ancestral ou herói mítico, no nosso entendimento, não somente foi a salvaguarda da equipe, possibilitando-nos saísse-

---

52 COSTA FILHO. *Op. cit.*, p. 344.

53 *Ibidem*, p. 344-345.

mos com vida e finalizássemos os trabalhos de identificação e delimitação do território, quanto também o projeto da Pequena Central Hidrelétrica foi abortado; donde se depreende a força da ancestralidade.

Naturalmente que ancestralidade não é algo restrito à memória, nem a tempos míticos ou primordiais, mas envolve também saberes e práticas em todos os setores da vida social. Como nos diria Mendras: "... como os caminhos estão traçados e, geração a geração os homens põem seus passos sobre os passos de seus ancestrais...".[54]

Por tudo quanto foi abordado, pela complexidade que envolve o tema Territorialidades Afro-indígenas, pelas situações sociais em questão, considero este campo um dos mais instigantes, não só porque desafia postulados teóricos, metodológicos e analíticos, mas porque desafia politicamente o profissional de qualquer área do conhecimento, notadamente da antropologia, que, nessas situações, se vê longe de sua área de conforto, no centro mesmo de conflitos e decisões. Trata-se de um campo que se situa nas margens e possibilita, pelo ineditismo e complexidade, projetar a teoria social adiante.

Referências bibliográficas

ALMEIDA, Alfredo Wagner B. de. *Terras de Quilombos, Terras Indígenas, "Babaçuais Livres", "Castanhais do Povo", Faxinais e Fundos de Pasto: Terras tradicionalmente ocupadas*. Manaus: PPGSCA-UFAM, 2006.

BARTH, Fredrik. Introduction. In Barth, Fredrik (Ed.). *Ethnic groups and boundaries: the social organization of culture difference. Bergen*

54 MENDRAS. *Sociedades Camponesas*. Rio de Janeiro: Jorge Zahar, 1978, p. 90.

/ London: Universitets Forlaget / George Allen & Unwin, 1969.

______. *O guru, o iniciador e outras variações antropológicas*. Rio de Janeiro: Contra Capa, 2000.

BOURDIEU, Pierre. "Trabalhos e Projetos". ORTIZ, R. (Org.). *Pierre Bourdieu*. Coleção Grandes Cientistas Sociais, 39. São Paulo: Ática, 1994.

______. *Razões Práticas: sobre a teoria da ação*. Campinas: São Paulo, 1996.

COSTA FILHO, Aderval. *Quilombos e Povos Tradicionais*. Gesta/ UFMG. 2011. Disponível na internet: <http://conflitosambientaismg.lcc.ufmg.br/wp-content/uploads/2014/04/TAMC. Acesso em 23 de maio de 2021.

______. "Identificação e delimitação de territórios indígenas e quilombolas: conflitos e riscos na prática pericial antropológica". In: ZHOURI, Andréa. (Org.). *Desenvolvimento, reconhecimento de direitos e conflitos territoriais*. Brasília-DF: ABA, 2012, p. 332-351.

______. & MENDES, Ana Beatriz Vianna. *Direitos dos Povos e Comunidades Tradicionais*. Belo Horizonte - MG: Superintendência de Comunicação Integrada/MPMG, 2013.

______. "Os Povos e Comunidades Tradicionais no Brasil" In: CERQUEIRA, Edmilton et. al. (Orgs.). *Os Povos e Comunidades Tradicionais e o Ano Internacional da Agricultura Familiar*. 1ª ed. Brasília-DF: Ministério do Desenvolvimento Agrário, 2015, p. 77-98.

______. et. al. *Laudo Pericial Antropológico: Mapeamento de Comunidades Tradicionais nos municípios de Mariana, Barra Longa, Ponte Nova, Santa Cruz do Escalvado e Rio Doce impactados pelo rompimento da barragem de Fundão*. Belo Horizonte: FUNDEP/ UFMG, 2020.

COUTO, Patrícia Navarro de A. Território Quilombola de Tijuaçu – Relatório Técnico. *Cadernos do LEME*, Campina Grande, vol. 4, nº 2, p. 91 – 221, jul./dez, 2012.

ERIKSEN, Thomas Hylland. "The cultural contexts of ethnic diferences". *Man.* v. 26, nº 01, 1991.

ESCOBAR, Arturo. "O lugar da natureza e a natureza do lugar: globalização ou pós-desenvolvimento?". In: Edgardo Lander (Org.), *A colonialidade do saber: eurocentrismo e ciências sociais. Perspectivas latinoamericanas.* Coleccion Sur Sur. Buenos Aires (Argentina): CLACSO, 2005, p. 63-79.

HEREDIA, Beatriz; GARCIA Jr, Afrânio. *Trabalho familiar e campesinato.* América Latina 14 (1/2), 1971.

LITTLE, Paul Eliott. Territórios sociais e povos tradicionais no Brasil: por uma antropologia da territorialidade. *Série Antropologia.* nº 322. Brasília: DAN/UnB, 2002.

MARTINS, Marcos Lobato. Faiscadores e garimpeiros na ordem escravista: lutas e resistências nos terrenos diamantinos das Minas Gerais. *Anais da IV Semana de História UFVJM*, 2017.

MENDRAS, Henri. *Sociedades Camponesas.* Rio de Janeiro: Jorge Zahar, 1978.

O'DWYER, Eliane Cantarino. "'Nation Building' e relações com o Estado: o campo de uma antropologia em ação". In: ZHOURI, Andréa. (Org.). *Desenvolvimento, reconhecimento de direitos e conflitos territoriais.* Brasília-DF: ABA, 2012, p. 236-254.

______. Desenvolvimento e Povos Tradicionais. IVO, A. B. L. (Coord.). *Dicionário temático desenvolvimento e questão social: 81 problemáticas contemporâneas.* Coleção Trabalho e Contemporaneidade. São Paulo: Annablume; Brasília: CNPq; Salvador: Fapesb, 2013.

OLIVEIRA FILHO, João Pacheco de. *Indigenismo e Territorialização: poderes, rotinas e saberes coloniais no Brasil contemporâneo.* Rio de Janeiro: Contra Capa, 1998.

______. "Uma etnologia dos índios misturados? situação colonial, territorilização e fluxos culturais". OLIVEIRA FILHO, João Pacheco (Org.) *A viagem da Volta: etnicidade, política e reelaboração cultural no Nordeste indígena*. Rio de Janeiro: Contra Capa, 1999.

SEYFERTH, Giralda. "Herança e Estrutura Familiar Camponesa". *Boletim do Museu Nacional.* n. 59, 1985.

SOARES, Luís Eduardo. *Campesinato, Ideologia e Política*. Rio: Zahar Editores, 1981.

WEBER, Max. "Capítulo IV: Relações comunitárias étnicas". In: WEBER, Max. *Economia e sociedade: Fundamentos da sociologia compreensiva*. São Paulo: Imprensa Oficial, 2004.

WOLF, Eric. "Tipos de campesinato latino-americano: uma discussão preliminar". In: FELDMAN-BIANCO, Bela.; RIBEIRO, Gustavo Lins (Orgs). *Antropologia e Poder*. Brasília/São Paulo: Ed.Unb/Ed.Unicamp, 2003, p. 117-144.

WOORTMANN, Ellen. F. *Herdeiros, Parentes e Compadres*. Brasília: Hucitec/EdUNB, 1995.

WOORTMANN, Klaas Axel Anton W. "Com parente não se Neguceia: o campesinato como ordem moral". *Anuário Antropológico/87*. Brasília: EdUnB, 1990.

ZONABEND, Françoise. *La Mémoire Longue*. Paris: PUF, 1980.

CAPÍTULO 5
Da subjetividade ferida à identidade negra: a canção *Sou quem sou 100% negro* dos rappers do Grupo Realidade Negra do Quilombo do Campinho da Independência[1]

Renata Câmara Spinelli
Maria Cecilia Cortez Christiano de Souza[2]

No presente trabalho, analisa-se a canção *Sou Quem Sou 100% Negro*, do Grupo de *Rap* Realidade Negra do Quilombo do Campinho da Independência, em Paraty-RJ. Trata-se de contemplar um fragmento de pesquisa mais ampla, realizada com

1 Uma versão parcial deste artigo foi tema da apresentação na Mesa Redonda Identidades, Subjetividades, Políticas de Reconhecimento e Educação, realizada a propósito dos Seminários sobre Territorialidades Afro-Indígenas e Políticas de Reconhecimento organizados pela Profa. Dra. Lourdes Carril nos dias 18 e 19 de novembro de 2015 e promovidos pelo DGTH – Departamento de Geografia, Turismo e Humanidades da UFSCar – campus Sorocaba.

2 Parte desse artigo está contida no Capítulo 3 de SPINELLI, Renata Câmara. Grupo Realidade Negra do Quilombo do Campinho da Independência: o rap na formação da juventude negra, Dissertação (mestrado em Educação) FEUSP, São Paulo, 2016, orientado pela Profa. Dra. Maria Cecília Cortez C. de Souza na linha de pesquisa Psicologia e Educação, a partir de pesquisa de campo desenvolvida junto aos rappers do Grupo Realidade Negra do Quilombo do Campinho da Independência em Paraty-RJ de 2012 a 2015. Bolsista CAPES.

a finalidade de entender a educação informal dos habitantes de um quilombo, acompanhando um grupo de rappers. Essa banda de rap, formada no próprio quilombo, se propõe exatamente a isso – contribuir para educar e formar a infância e juventude quilombola, pretendendo até mesmo atingir um público mais amplo, qual seja, a infância e a juventude negra. Entendemos que uma das canções compostas pelo grupo, a se analisar agora, é exemplar em dois sentidos. Primeiro, flagra o momento em que esse grupo de *rap*, formado no quilombo e ligado a uma Igreja Protestante, declara ser sua identidade prioritariamente negra. No segundo, o grupo afirma no seu propósito de formar subjetividades e curar feridas produzidas pelo racismo. Ao dar significado, mediante uma incursão pela história, às razões da permanência de humilhações e distratos, procura transmitir valores culturais e fornecer bases para o reconhecimento político da população negra, parte majoritária da sociedade brasileira, condição de possibilidade de democracia.

Entendemos que a identidade negra, no sentido buscado nesta proposta, apresenta-se como capaz de restaurar, na história, o negro no papel de sujeito. Contrapõe-se assim ao imaginário histórico presente na perspectiva branca que procurou marcar a escravização como ato sofrido passivamente, além de ignorar a história do negro antes e depois da emancipação. Ao resgatar resistências, grandes e pequenas, ocultadas pela história oficial, essa canção, como outras produções do grupo, procura organizar um campo de sustentação e de luta, dissolvendo a ambivalência do racismo, que fere e procura negar o ferimento, subestimando, discriminando ou tornando o negro invisível.

Para além das comunidades tradicionais no Brasil, como índios, caiçaras, ribeirinhos e outros, conservados às margens da sociedade e enfrentando condições de pobreza e marginalidade política, entende-se que a situação do negro se apresenta exemplar, como se existisse um núcleo originário da discriminação e do preconceito.

Estudos no âmbito da sociologia, da economia e da antropologia, mostram que a existência do racismo não é apenas uma questão de opinião, perspectiva ou forma de ver. O racismo no Brasil apresenta-se de forma inequívoca e estrutural quando se observa atentamente as estatísticas oficiais. Até o final da década de 1970, o enfoque dos estudos acadêmicos centrados na desigualdade brasileira envolvia percepção algo mecânica baseada na dinâmica das classes sociais ou nos estudos sobre diferenças de renda e de oportunidades. Deixou-se à sombra questões envolvendo desigualdades simbólicas em que a raça ocupa papel importante. Como disse Souza (2014):[3]

> Para uma parte significativa da esquerda, a questão negra, associada ao tema da diversidade, devia ser subsumida à questão da desigualdade econômica e social. No entanto, como já assinalava Joaquim Nabuco, essa subordinação tem aspectos equivocados – não se pode colocar a questão do negro apenas como exemplo da diversidade étnica, ao lado da questão indígena ou dos povos ciganos; nem como mera questão de diferenças, como a questão de gênero ou das minorias sexuais. Nem mesmo apenas como um aspecto do debate sobre classe social. Principalmente, porque a questão do negro brasileiro é fundante, estru-

3 SOUZA, Maria Cecília Cortez Christiano de. "O medo de que os negros entrem na escola: a recusa do direito à educação no Brasil". In: CARRIL, Lourdes. AMARAL, M. do (orgs.). *O Hip Hop e as Diásporas Africanas na Modernidade: uma discussão contemporânea sobre cultura e educação.* Artigos. 1ª. Ed. São Paulo: Alameda, 2015. 308p. (p. 5)

> tural; está fincada no ponto histórico em que no Brasil a diferença se transmudou em iniquidade. A sombra escravista permite meditar sobre algo mais do que a origem da distribuição desigual das riquezas na sociedade de classes. A tortura persistente, a insuficiência de pesquisas sobre a subjetividade dos grupos oprimidos, a violência repressiva, a resistência ao desvendamento do passado histórico, são só alguns exemplos (p. 5).

Nunca é demais assinalar que a negritude, embora seja uma identidade demarcada, também, pela aparência do corpo, não se refere à biologia. Não existem raças, no sentido biológico, entre seres humanos – a ciência atual está de acordo sobre isso. Quando o Movimento Negro, bem como a sociologia e a antropologia, fala sobre a existência de brancos e negros, se referem a uma construção social. O sequestro e deportação de africanos em direção às Américas foi um dos mais terríveis processos históricos que a modernidade conheceu. Até hoje, a dimensão do sofrimento humano que acarretou está mal avaliada. Muitas histórias necessitam ser contadas para que cifras impressionantes, sobretudo aquelas que se referem ao Brasil, possam ser consideradas. De alguma maneira, o fato de que o Brasil tenha sido no passado um país escravista, o fato de que seus portos foram os que mais receberam africanos sequestrados, o fato de que o tratamento dado aos escravizados tenha feito com que a sobrevivência aqui tenha sido breve, portanto, país de escravização cruel e violenta, marcou uma história que ainda está longe de ser contada e plenamente absorvida. Esses dados, bem como a duração do escravismo entre nós, provocaram na sociedade brasileira uma espécie de anestesia e aversão de falar do assunto, o que tem por efeito retirar não só a dimensão humana e singular do sofrimento, mas a notável capacidade dos afrodescendentes de manterem a cultura e a humanidade.

As reconstituições históricas da condição dos africanos escravizados nas minas e nas plantações de açúcar, fumo, algodão e café das Américas, incluindo o Brasil, lembram as técnicas de aniquilamento de prisioneiros dos campos de concentração na Segunda Grande Guerra (1939-1945). Não só o senhor de escravos procurava retirar do escravizado o máximo possível de seu trabalho, como tentava fazê-lo esquecer da sua condição humana. Fazia de tudo para incutir no escravizado o medo, a vergonha e o sentimento de inferioridade. Procurava transformar o escravizado em pessoa que não mais sentisse a necessidade de liberdade e nem mais a desejasse. A fome constante, o cansaço, a falta de sono, o terror, a vigilância, o esgotamento físico, as diferenças de cultura e de língua entre os prisioneiros tornavam extremamente difícil a organização da resistência nas senzalas. Dessa forma, as revoltas e fugas, a preservação da cultura, a formação de quilombos, os pequenos e grandes gestos de resistência podem ser contados no rol das vitórias do espírito humano.

Certamente existem coisas dolorosas, duras de dizer, mas que necessitam ser ditas. Assim como os descendentes dos sobreviventes dos campos de concentração nazistas não conseguiam falar do que viveram, assim também é muito difícil para descendentes dos africanos deportados referirem-se a essa época. É ingênuo pensar que as vidas e mortes ocorridas nos navios negreiros, nas minas e nas plantações tenham sido gloriosas – era uma vida absurda e uma morte inerme e nua. Tampouco é honrosa a escravidão; houve, no entanto, comunidades inteiras que souberam manter o riso, a música, os rituais e a dignidade - e isso deve ser visto com assombro e reverência, porque tudo era feito para tornar essa condição ignóbil, fonte de degradação irresistível e de capitulação moral.

Não significa colocar, no mesmo plano, vítimas e algozes, senhores e escravos. Esse esforço de tentar transformar o ser humano em coisa retira do opressor o traço da humanidade, transforma gestos em ferocidade, torna essencialmente hipócritas seus julgamentos morais e enlouquece a razão. Torna vã e sem sentido a cenografia destinada a demonstrar sua cultura como refinada e superior.

A respeito disso, diz Munanga[4]

> Esse processo de luta e organização negra existente desde a época da escravidão, podemos chamar de resistência negra [...] Várias foram as formas de resistência negra durante o regime escravocrata. Insubmissão às regras dos trabalhos nas roças ou plantações onde trabalhavam – os movimentos espontâneos de ocupação das terras disponíveis, revoltas, fugas, abandono das fazendas pelos escravos, assassinatos de senhores e de suas famílias, abortos, quilombos, organizações religiosas, entre outras, foram algumas estratégias utilizadas pelos negros na sua luta contra a escravidão.

Contudo, a presença atual do preconceito racial no Brasil não se reduz à dimensão de persistência de um passado não redimido. O fato político do racismo tem características simbólicas, econômicas e sociais. Antes de tudo, é preciso conceituar. O Movimento Negro há muito tempo considerava os pardos e os pretos como integrantes da comunidade negra. Mostrou o que há de alienação no ideal de embranquecimento e de mistificação na ideia de existência aqui da democracia racial. O conceito de identidade negra, nessa acepção que abrange todos os afrodescendentes, foi reivindicação do Movimento Negro Unifica-

---

4 MUNANGA, Kabengele; GOMES, Nilma Lino (orgs). *O Negro no Brasil de Hoje*. São Paulo: Global, 2006. 224p. (Coleção Para Entender) (p. 68-69).

do. Afirmou-se, principalmente, quando o MNU surgiu como interlocutor político importante no final dos anos 1970, na luta pela derrubada do regime militar. Durante os anos de ditadura, falar da questão racial era considerado ato subversivo; o quesito *raça* foi retirado do Censo e das pesquisas oficiais.

Quando se iniciou o processo de queda do regime militar, quase ao mesmo tempo e de forma independente, no plano das ciências sociais, os trabalhos de Carlos Hasenbalg, de 1979, e de Nelson do Valle e Silva, de 1980, mostraram com base nos dados do Censo do IBGE e do PNAD, que os pretos e pardos ocupam sempre os mais baixos graus quando comparados a brancos nas mesmas condições de nível de renda em vários indicadores sociais, como escolaridade, condições de saúde, de habitação, de emprego, de vulnerabilidade às condições de risco, etc. A partir desses trabalhos, as diferenças não puderam mais ser explicadas por conjunturas históricas legadas pelo escravismo, nem como meras diferenças econômicas e políticas capazes de serem subsumidas a diferenças de classe de renda. Trata-se daquilo que Carril[5] chama de "permanências históricas" que, para continuarem em vigor, precisam que a sociedade produza, reproduza e reatualize a discriminação e o preconceito. Dessa forma, para propor sua luta, como parte de seu plano político de mudança social e de afirmação de direitos, o Movimento Negro Unificado ressignificou o termo raça, forjando nova conotação para o conceito aproximando-o da identidade negra, ligando-a à cultura e ao restabelecimento da memória histórica da diáspora africana.

5 CARRIL, Lourdes. *Quilombo, favela e periferia: a longa busca da cidadania.* 1ª ed. São Paulo: Annablume, Fapesp, 2006. 258 p.

Frantz Fanon,[6] em sua obra *Pele Negra, Máscaras Brancas*, revela a nós a experiência de ser negro, numa descrição da subjetividade ferida que atinge o negro desde criança. Fanon procura chamar a atenção para o fato de que, mesmo empreendendo uma análise psicológica, tem como dado o entendimento de que ela ultrapassa o plano subjetivo e individual: *No entanto, permanece evidente que a verdadeira desalienação do negro implica uma súbita tomada de consciência das realidades econômicas e sociais. Só há complexo de inferioridade após um duplo processo.* E assim Fanon entende: *inicialmente econômico; em seguida pela interiorização, ou melhor, pela epidemização dessa inferioridade.*[7]

No capítulo 5 de seu livro, Fanon lembra sua experiência vivida, com fortes similaridades a um "Outro" cujo olhar naturaliza o racismo no Brasil. Trata-se de um olhar branco que procura mostrar o lugar do negro, seja humilhando, seja retirando sua humanidade pelos ditos e não ditos. É aquele que diz: *Olhe, um preto! [...] Mamãe, olhe o preto, estou com medo!.*[8] Encontramos ainda, em Fanon, o negro que revela sua experiência tão singular e tão amplamente encontrada:

> Nessa época, desorientado, incapaz de estar no espaço aberto com o outro, com o branco que impiedosamente me aprisionava, eu me distanciei para longe, para muito longe do meu estar-aqui, constituindo-me como objeto. O que é que isso significava para mim, senão um desalojamento, uma extirpação, uma hemorragia que coagulava sangue negro sobre todo o meu corpo? No en-

6 FANON, Frantz. *Pele negra, máscaras brancas*. Salvador: Edufba, 2008 [1952], p. 193.

7 *Ibidem*, p. 28.

8 *Ibidem*, p. 104.

> tanto, eu não queria esta reconsideração, esta esquematização. Queria simplesmente ser um homem entre outros homens. Gostaria de ter chegado puro e jovem em um mundo nosso, ajudando a edificá-lo conjuntamente.[9]

Assim, busca-se apresentar o *rap* do Grupo Realidade Negra, analisado neste trabalho, como a composição de uma forma de rito de reconhecimento na esfera da identidade após a dor subjetiva de uma ferida por racismo, similar à descrição da experiência vivida por Fanon. O ritual de conhecimento de sua cultura e, principalmente, a valorização de ser negro,[10] compondo a identidade negra, é condição basilar para o jogo de apropriação das categorias identitárias que os *rappers* revelam não só neste, mas em outros *raps* de sua autoria. Assim, ser *rapper*, quilombola e, principalmente, sujeito político, depende de uma nova compreensão de pertencimento ao povo negro, a partir de seus valores, como um caminho fundamental para que o negro procure seu acesso a direitos e oportunidades.

---

9 *Ibidem*, p. 106.

10 Aqui entendemos o negro como ente histórico que abrange do branco leite ao preto retinto, como abordado por SCHWARCZ, Lilia Moritz. "Nem preto nem branco muito pelo contrário – Cor e raça na sociabilidade brasileira". In: SCHWARCZ, Lilia Moritz (org.) *História da vida privada no Brasil: contrastes da intimidade contemporânea*. vol. 4, 1a. ed. São Paulo: Claro Enigma, 1998, capítulo, p. 173-244, 820p. Ainda, variando por todo o arco-íris, como em FELIX, 2000, quando o negro, ao invés da branquitude ideológica e politicamente estimulada, procura assumir sua condição histórica negra. In: FÉLIX, João Batista de Jesus. *Chic Show e Zimbabwe e a construção da identidade nos bailes black paulistanos*. Dissertação (mestrado em Antropologia) - FFLCH-USP, São Paulo, 2000. 202p.

A identidade negra, no contexto da canção, pode ser considerada como uma formação resultante de um ritual reparador de reconhecimento na medida da tomada de conhecimento da própria história restituindo a valorização negada ou perdida – ou melhor, vem para anular a desvalorização historicamente atribuída – cuja apropriação é fundamental para a organização de um sujeito político.

Assim, a seguir aborda-se brevemente sobre o grupo Realidade Negra e o Quilombo do Campinho da Independência para, em seguida, analisar-se a canção mencionada.

O Grupo Realidade Negra e a pesquisa

Os *rappers* do Grupo Realidade Negra[11] são moradores do Quilombo do Campinho da Independência, em Paraty-RJ, sujeitos e parceiros de uma pesquisa de campo realizada de 2012 a 2015. À época, a banda possuía 8 (oito) componentes: Mano Romero, MC Nelhão, Negro Naldo, B2, Daw, Body Power, AKS e Fabio Black, entre 23 e 38 anos de idade. O grupo expõe suas opiniões com muita propriedade nos diferentes campos, mas, principalmente, no que se refere à organização social do Quilombo, nas lutas em prol de sua comunidade, suas considerações políticas. Trabalham muito e muitas horas em diferentes atividades, algumas com pouca exigência de qualificação e outras que exigem alguma escolaridade (são pedreiros, garçons, um é marceneiro, um tornou-se motorista de ambulância, um é fiscal do IBAMA e outro trabalhou como gestor de políticas públicas na época da pesquisa).

---

11 Documentário sobre o grupo e o quilombo. Disponível em: <http://www.youtube.com/watch?v=MuiHB_4nZDU>. Acesso em 18 Abr, 2021. (aprox. 27 minutos); veja também página no Facebook: Realidade Negra.

Os membros da banda têm parentesco entre si. Quando se observam as características que auxiliam na titulação dos quilombos, entendemos que laços de consanguinidade favorecem a compreensão da permanência de determinados grupos familiares em determinada terra. O mesmo acontece com o Grupo Realidade Negra: é uma banda formada, principalmente, por primos a partir de duas famílias com herança musical – a Família Martins, com avô violeiro, e a Família Santos, com pai sanfoneiro.

O Grupo gravou o CD É prus Guerreiro a Missão em 2009, a partir de um show ao vivo[12] no Quilombo do Campinho da Independência para homenagear os dez anos de titulação do Quilombo (1999), contendo doze canções. Nestas, abordam temas como a importância do cuidado com a terra conquistada, solidariedade a outros quilombos, questões da comunidade, recados à juventude, entre outros.

Entendemos suas canções como reveladoras de seu processo de apropriação de sua identidade como quilombolas após a titulação do Campinho,[13] o que fazem como sujeitos políticos

---

12 Recomendamos assistir no Youtube a canção Quilombo do Campinho, onde. Disponível em: (1) RapQuilombola Quilombo do Campinho ao Vivo - YouTube; acesso em 18 Abr 2021.

13 Recomendamos assistir a entrevista oferecida por alguns membros do RN, especialmente a fala de Nego Naldo sobre o tema. Disponível em: https://www.youtube.com/watch?v=N_Kkc44LAmM. Acesso em 18 Abr, 2021. Documentário com 11:44 min. O título do vídeo é: *Quilombo do Campinho – Conectado!,* realizado pelo Projeto Formação Gesac (um projeto de inclusão digital desenvolvido pelo Ministério das Comunicações em parceria com o Ministério da Educação e com o CNPq.), enviado para o Youtube em 27 de janeiro de 2011: *Moradores do Quilombo mostram sua trajetória de lutas e a importância da apropriação tecnológica consciente na defesa dos direitos e das culturas das comunidades tradicionais no Brasil.*

que se preocupam em formar a juventude negra de sua comunidade, aprendendo ao mesmo tempo em que ensinam. O veículo para o ensinamento de valores da identidade negra e valores locais, comunitários (também morais e éticos) é o *rap*. Como disse MC Nelhão em entrevista, *o rap é mais negro*.

Quilombo do Campinho da Independência

O Quilombo do Campinho da Independência (Campinho), localizado a aproximadamente 10 (dez) quilômetros da cidade de Paraty, no Rio de Janeiro, se situa na Rodovia Rio--Santos, km 584, em Paraty, uma cidade turística das mais visitadas por estrangeiros no Brasil, com características preservadas da época do Império, principalmente em sua arquitetura e chão de pedra. É também uma das cidades com o maior índice de violência no Brasil, o que os moradores associam a disputas de territórios por traficantes de drogas.

Chama-se Campinho em função do campo de futebol lá localizado, e Independência porque pertencia à antiga Fazenda Independência. Sendo um quilombo com características rurais e turísticas, buscando sua autosustentabilidade, além do restaurante logo à entrada do Campinho que lhes ajuda em sua sobrevivência, realizam visitas programadas de turistas que fazem com que os moradores se organizem para apresentações de jongo, contação de histórias pelos *griots* (conhecidos contadores de histórias do povo, na África e entre os quilombolas, no Brasil), visita à roça, venda de artesanato.

Contam que a formação do quilombo foi marcada por três mulheres: *Vovó Antonica, Tia Marcelina e Tia Luiza que, com base no regime matriarcal, conduziram o processo de desenvolvimento local.* Conquistaram o *título de propriedade definitiva das terras, pelo Governo do Estado do Rio de Janeiro, no dia 21 de março de 1999 (dia Internacional de Luta pela Eliminação da Discriminação Racial)*; na comunidade *vivem cerca de 150 famílias em 287 hectares de terras organizados em 13 núcleos familiares.*[14]

Da subjetividade ferida à identidade honrada

Observamos que há um processo de apreensão de múltiplas identidades por esses jovens *rappers*, para além da busca de transformação da identidade negra sob novos moldes – mais guerreiros. Estes jovens procuram acessar a identidade de *rappers*, de remanescentes de quilombos, de sujeitos políticos líderes do quilombo, representantes de comunidades tradicionais, pentecostais cantando *rap* gospel, de agentes do turismo no quilombo – uma das formas de autosustentabilidade local e, principalmente, formadores e cuidadores das crianças e dos jovens negros sob os moldes do "guerreiro", que se espelha em Zumbi dos Palmares e cuja imagem busca compactar as identidades sobrepostas.

Assim, a canção que se segue, dos *rappers* do RN, *Sou quem sou 100% negro*, nos encaminha para o desenvolvimento da reflexão sobre a formação da identidade negra, principalmente, como um movimento ritual. Este *rap* apresenta a percepção peculiar do grupo, uma espécie de reedição da história vivida pelos afrobrasileiros, compondo uma espécie de ritual de reparação, ao mesmo tempo, de cura e de formação sobre a história vivida pelo povo negro, em que se revela e se apresenta a ponta da pirâmide[15] sobre todos os conteúdos que o sustentam, uma pirâmide em movi-

14 Conforme extraído do panfleto (Folder) que divulga seu "Roteiro etno-ecológico, Turismo Cultural de Base Comunitária", s/d.

15 Em entrevista, os *rappers* explicaram-me que entendem sua produção artística *rap* como o cume de uma pirâmide, onde estão assentados em inúmeras características de herança africana que se traduzem em sua música.

mento de rotação e translação. Pode-se entendê-lo como um ritual de atualização da história ancestral, presentificação dos valores herdados e projeção para o futuro, na qual a identidade negra é reeditada no caminho da conquista de direitos e oportunidades. Na canção, a noção de identidade negra é nuclear, fundamental, formada a partir de um ritual que se constrói em um movimento gradual de reconhecimento.

Ousaríamos caracterizar a intenção da canção que se analisará, entre outros aspectos, como uma busca, através da música, de promover a *cura* das feridas de uma comunidade, de quem apresenta a marca da negritude como algo inscrito no corpo, compartilhado por uma comunidade e um povo. Este *rap* apresenta-se como um amálgama de percepções de questões históricas, sociais, econômicas e, principalmente, de apropriação do sofrimento entendido, inicialmente, como uma discriminação pessoal que se encaminha, a partir do exercício de compreensão do sofredor, para uma situação de um âmbito maior – a desigualdade vivida por todo um povo por séculos de sofrimento com discriminação étnica. O ensinamento proposto pelos *rappers* é entendido por eles tal qual encontramos no conceito de *conscientização* (Freire, 1979),[16] compondo um ritual de intencionalidade de transformação da identidade negra sob moldes positivos.

Sobre a canção,[17] Mano Romero e MC Nelhão contaram que se inspiraram, para escrevê-la, em camisetas que viram com a expressão "100% negro". A primeira parte que se segue foi escrita pelo Mano Romero, o refrão e a continuidade é do MC Nelhão

16 FREIRE, Paulo. *Conscientização: Teoria e Prática da Libertação: uma Introdução ao pensamento de Paulo Freire*. São Paulo: Cortez e Moraes, 1979. 53p.

17 Entrevista realizada com os rappers em 22 de maio de 2015.

e, ao fim, na gravação do CD, o refrão foi composto e cantado por K2,[18] uma banda convidada pelo Grupo. A canção analisada foi escrita em 2008, quando os *rappers* tinham 21 anos de idade.

Cabe adiantar que os autores da canção não haviam percebido que em sua composição poética iniciaram com o relato da história vivida pela criança com o verbo na primeira pessoa do singular *eu*, como se poderá observar, e a partir do conhecimento da história do sofrimento do povo negro e da valorização dos aspectos de sua cultura, o verbo da canção passa para a primeira pessoa do plural, *nós*, na medida proporcional da conquista dos valores de sua identidade e de pertencimento. Um *eu* que se transforma em *nós* na canção é a proposta para a subjetividade ferida: *eu ferido* que se apropria de sua identidade negra, torna-se *nós*, no caminho da autoestima. Estar sob a força, valorização e exaltação do *nós* é a própria essência da epopeia – um *rap* que realiza um ritual tal como uma epopeia para alterar a tragédia construída socialmente para o povo preto.

Canção e análise

Sou quem sou 100% negro19
(Letra: Romero e Nelhão; música: RN; 2008)

Sou quem sou tenho a cor da noite e a noite a minha cor
Eis aqui uns neguinhos, um sonho e muita luta

18 Convidados são comuns nas apresentações dos *rappers*, tanto músicos que tocam diferentes instrumentos como outros *rappers* e outros cantores que se juntam a eles. Tal plasticidade e compartilhamento é comum entre *rappers* e *hip hoppers*.

19 Música 100% Negro: disponível em <http://www.youtube.com/watch?v=l5HAExZwJ2k> Acesso em: 18 abr. 2021.

Nesta canção, a criança se percebe como da cor da natureza, a ela se sentindo pertencente, continuidade. Apresentam-se como um grupo – de neguinhos, com sonho e luta da cor da noite, isto é, da cor da natureza, a ela se sentem pertencentes, à noite se identificando. Numa abordagem metapsicológica do início do desenvolvimento psíquico, sob enfoque psicanalítico, encontramos aqui a percepção suave da criança em simbiose, encaminhando-se ao movimento lento transacional até o distanciamento, suave, para estar consigo mesma, como largamente abordada por Winnicott[20] sobre o bebê em seu conceito de *Holding*, quando uma *mãe suficientemente boa* oferece a sustentação fundamental para o início do desenvolvimento psíquico – e, portanto, afetivo – da criança. Este raciocínio também foi utilizado por Axel Honneth[21] na busca para compreender a capacidade de luta pelo reconhecimento como resultado do desenvolvimento psíquico apropriado desde a tenra infância. Romero relata que usou o termo "neguinhos" como uma brincadeira, para explicar que está falando de uma criança pequena negra, e quis "tirar sarro" do modo como eles são chamados. Disse que queria mostrar uma criança negra pequena assumindo a própria cor.

Distante de tudo e de todos né meu truta[22]

---

20 WINNICOTT, Donald. *A natureza humana*. Rio de Janeiro: Imago Ed., 1990, 222 p.

21 HONNETH, Axel. *Luta por Reconhecimento: a gramática moral dos conflitos sociais*. São Paulo: Ed. 34, 2003, 296 p.

22 O termo truta é utilizado, por vezes, como meu fechamento, meu parceiro, meu amigo – forma do Romero se dirigir ao Nelhão. Segundo Rocha (2001, p. 147), o termo inicialmente tinha apenas o sentido pejorativo e significava protegido, submisso. Atual-

Andava na rua motivo de mal olhado
Não aceitava a forma que era tratado

Sobre a *distância*, indagamos os *rappers* e eles disseram que se referem à localização do quilombo. Aqui a distância mencionada por Romero refere-se especificamente à distância do grupo do movimento *hip hop*, que se concentrava mais nas cidades do Rio de Janeiro e São Paulo e das quais o Campinho encontra-se distante. No trecho acima, Mano Romero vira-se para o MC Nelhão e com ele dialoga usando o vocativo "meu truta", um modo de se dirigir a alguém. Truta é um termo polissêmico, desde um amigo, como aqui, até um modo de dizer que há um interlocutor. Essa é uma das expressões que percorre diversas canções do grupo e possui um amálgama de significações. Segundo as palavras dos dois MCs, aqui minha truta significa "meu fechamento, meu parceiro".

A letra refere-se ao autor, uma criança, à época, que se depara com um olhar violento. O *mau olhado* daqui não se refere à noção de quebranto,[23] ainda que possa ser consequência de continuidades culturais dessa expressão, o que aqui caberia muito bem – ser olhado como alguém desprezado e, ao mesmo tempo, recebendo o *mau-olhado* de alguém, um olhar negativo.

---

mente, truta de verdade tem também sentido positivo. Refere-se à lealdade, companheirismo e amizade. In: ROCHA, Janaína; DOMENICH, Mirella; CASSEANO, Patrícia. *Hip Hop*: a periferia grita. São Paulo: Fundação Perseu Abramo. 2001. 163 p. Disponível em: http://novo.fpabramo.org.br/uploads/hip_hop.pdf. Acesso em 18 Abr, 2021.

23 Quebranto ou mau-olhado é uma expressão provinda das religiões afro-brasileiras para significar o poder do olhar do outro para trazer um mal a alguém, pela inveja, pelo desprezo etc.

A criança é olhada como se ela contivesse algum mal, sentindo-se maltratada e não entendendo o motivo.

Subjetivamente, o fato de não aceitar a forma como o sujeito era tratado, desencadeou o processo a seguir. Quando se depara com o olhar ou ação do outro lhe fazendo sentir-se mal – a partir da violência sofrida – sua subjetividade é ferida e sua autoestima é colocada em questão. A criança (neguinho) se deparando com o olhar do outro lhe fazendo sentir-se mal ultrapassa a questão pessoal – o preconceito de cor que destitui o outro de sua humanidade.

Mano Romero relata que sentia *quando entrava nas lojas e as pessoas ficavam vigiando, de um modo diferente de quando entrava uma pessoa branca.* Mesmo com o/a atendente chegando e só perguntando: *posso ajudar?* disse que: *já via o jeito da pessoa olhar.* Mudando o tempo verbal para o presente, o que demonstra a continuidade nas formas de tratamento em relação ao negro desde sua infância, conta, junto com MC Nelhão, que quando eles passam, *as pessoas põem a bolsa pra frente do corpo*, como se pudessem ser roubadas, e que *no banco a porta trava o tempo todo, mesmo tirando tudo do bolso.*

Também, na canção, mostram com o verbo *aceitava*, no passado, como se estivessem anunciando que ultrapassaram a forma de compreensão dos maus-tratos que levava à revolta, quando estariam presos a uma ação sofrida de forma passiva, para o que então se abre para o que vão narrar como base para o entendimento da identidade negra. Cabe aqui salientar que tal sofrimento vivido na pele, literalmente, tão conhecido por tantos negros, serve como disparador – um *gatilho*, se nos permite dizer - para o processo de constituição da identidade negra sob os moldes de apropriação positiva – um novo *ethos* - lugar - para o guerreiro negro. Eles ensinam a criança a entender, como se segue, que o ferimento contra eles desferido ultrapassa a questão pessoal, individual, e constitui-se de algo mais: o racismo como continuidade de relações escravistas que, historicamente, tem buscado destituí-los de sua humanidade:

Então me explicaram o que eu não entendia
Mano aconteceu tantas coisas cê nem imagina
Morte, sequestro, covardia, escravidão
Não é de agora essa perseguição

Aqui informa que tomou conhecimento da história em relação a seu povo – o que explica a humilhação sofrida no âmbito individual – isto se dando a partir de histórias de violência e perseguição. Romero usa o vocativo de alguém se dirigindo a ele: *Mano!* para expressar alguém que lhe explicou a história – e agora como *rapper* ele faz o mesmo. Disse que usou o termo sequestro porque os negros *foram sequestrados de sua terra*, e que entende essa perseguição que sofre nas lojas e em outros lugares como *continuidade de lá*. Da consciência histórica do desrespeito sofrido historicamente gera a proposta de honrar a cor para honrar, retrospectivamente, o sofrimento vivido pelo povo, na próxima estrofe:

Por isso eu te digo honra a sua cor
E seja você, aonde for

Associa o sofrimento pessoal ao histórico e o liga à sua cor negra. Propõe ao negro que ele dê valor ao sofrimento histórico do povo negro e não tente fugir do que é – ser negro é *ser*, é *existir* desta forma e não se negar, mas se valorizar. Apresentam, então, indagações sobre seu entorno:

Só que eu olho a maioria é minha raça que tá no presídio
Morto por tiro maior parte parece comigo

Romero conta que a perseguição continua contra a raça negra, em que *antes era a senzala e hoje é a cadeia*, revelando que observam continuidades de uma sociedade escravista. E relatam: *tanto tiro é da violência contra o negro*. A criança reconhece o negro inserido em contextos de violência e prisão, como se pudesse perguntar-se: por que os iguais a mim estão nestas situações, em contextos de violência e penalização? De algum modo, denunciam que o negro, economicamente, nem sempre consegue estar incluso ao modo branco de viver, e que, ao ser excluído, pode também ser levado ao crime, violando regras da sociedade branca, ou escolhido para morrer – *morto por tiro* – já que naturalizada a opinião social de que teria motivos para ser maltratado. A criança indaga-se sobre onde está o seu povo nessa sociedade. Este momento de percepção da criança revela, ainda, o caminho difícil de encontrar modelos sociais positivos para si. Carril (2006), em seus estudos sobre a periferia, esclarece que *a exploração do trabalho, a ausência do emprego, as escolas públicas que mal preparam, as doenças, a falta de saneamento, a perseguição policial, os tiros da polícia e dos traficantes e a morte revelam as permanências do processo histórico.*[24]

A criança compreende, assim, que há uma luta a ser travada:

> *A vida me ensinou partir pra cima nego*
> *Não pela emoção e sim pelo amor*

Diante da situação, pretende *partir pra cima*, enfrentar, através do amor, um modo de realizar sua missão como guerreiros que são. Sobre essa frase, Mano Romero conta que aprendeu a *enfrentar a situação*, mas *precisa agir com a razão, pensando*. Diante da revolta, entendem a opção de enfrentamento de for-

---

24 CARRIL, Lourdes. *Op. cit.*, p. 185.

ma raivosa como um modo de *cumprir* o que o *sistema* prescreve, uma cilada marcada. Ele se dirige a alguém do seu grupo: *nego*, como um chamamento ao grupo. Cabe lembrar que o grupo se auto intitula como um grupo de *rappers* quilombola, rural, negro e gospel. Eles acreditam na possibilidade de transformação das relações a partir de uma aproximação amorosa e religiosa, a *missão* dos guerreiros que são, realizando um trabalho de conscientização.

Senhor de Engenho, Barão, Rei do Café
Querem fazer de tudo para não me ver em pé

As pessoas a quem eles se dirigem *são a maior parte das pessoas que estão no poder*, conta Romero, *que são sempre as mesmas, na verdade, até hoje*, revelando mais uma vez seu modo de ver continuidades: *são a bancada ruralista do DEM*,[25] por exemplo. São eles que *tiram as comunidades de suas terras*. Reconhecem quem se beneficiou economicamente com a escravidão como inimigos, estes que hoje não aceitariam ver o negro como igual,[26] nem o ver de pé, para que o negro se dobre à superioridade branca.

25 Referem-se ao partido dos democratas cuja sigla é DEM, que busca aprovar Projetos de Lei para destituir das comunidades tradicionais a titulação de suas terras para o atendimento de seus interesses, principalmente na expansão de seu agronegócio.

26 Cf. SOUZA, Maria Cecília Cortez Christiano de. "A Escola Brasileira, a Lei e o Laço Social". *Revista Educação - Biblioteca do Professor*, Ed. Segmento, 2012. p. 48-57. Ainda, cf. BENTO, Maria Aparecida. "Branqueamento e branquitude no Brasil" e CARONE, Iray. "Breve Histórico de uma pesquisa psicossocial sobre a questão racial brasileira". In: CARONE, Iray; BENTO, Maria Aparecida (orgs.). *Psicologia Social do racismo: estudos sobre branquitude e branqueamento no Brasil.* Petrópolis: Vozes, 2002, 231p.

Não o ver de pé pode ter múltiplas leituras - dentre elas, aquela que faz o negro dobrar ou cair abatido caso ouse igualar-se ao branco. Pode-se compreender, ainda, a posição de quem se abaixa, encurvado, como quem reconhece a superioridade branca como antes em que o branco solicitava ser reverenciado pelo inferior negro. Ainda, podemos entender como a força da oligarquia branca – barão, rei –[27] como uma elite que não aceita compartilhar sua riqueza.

Cabe aqui, ainda, uma breve menção sobre a noção de soberania como abordada por Achille Mbembe,[28] possibilitando nossa compreensão de expressões como *Senhor de Engenho, Barão, Rei do Café / Querem fazer de tudo para não me ver em pé* para além de uma metáfora alegórica dos tempos do Brasil colônia. Observa-se uma atualização da continuidade do domínio dos corpos, cuja subordinação revela que o poder sobre a vida e morte dos sujeitos ocorre através da drenagem do lucro de seu trabalho em benefício do soberano, cujo sistema de acúmulo

27 Esta imagem metafórica da época do Império combina bem com a condição geográfica de Paraty – cidade antes responsável pelo escoamento do ouro de Minas Gerais que ficou isolada após a construção da estrada que ligou Minas diretamente ao Rio de Janeiro, tornando-se porto de escoamento do ouro à Europa. Paraty só voltou a ter acesso por terra após a construção da BR 101, a Rodovia Rio-Santos, em 1970. Até hoje, grandes extensões de terra pertencem a herdeiros da antiga nobreza, príncipe e nobres. Ainda, Paraty, cidade turística, nunca vivera a industrialização, compondo-se de moradores voltados à característica rural, caiçara e turística da cidade. In: MELLO E SOUZA, Marina de. *Paraty: a cidade e as festas*. Rio de Janeiro: Ouro sobre Azul, 2008, 276p.

28 MBEMBE, Achille. *Necropolítica*. 3a. ed., São Paulo: N-1 edições, 2019. p.71, p. 10-11

de capital naturaliza a exploração e destitui a possibilidade de o sujeito apropriar-se do próprio trabalho, ou seja, de sua vida, arremessando-o à condição de apropriado, assujeitado:

> Minha preocupação é com aquelas formas de soberania cujo projeto central não é a luta pela autonomia, mas a 'instrumentalização generalizada da existência humana e a destruição material de corpos humanos e populações' (MBEMBE, 2019, p.10-11).

Fundamentando-se na noção de biopoder de Foucault, entende a *política como o trabalho da morte*, e sua noção de soberania *expressa predominantemente como o direito de matar*, quando, como em Foucault, *o biopoder parece funcionar mediante a divisão entre as pessoas que devem viver e as que devem morrer.*[29]

> Operando com base em uma divisão entre os vivos e os mortos, tal poder se define em relação a um campo biológico – do qual toma o controle e no qual se inscreve. Esse controle pressupõe a distribuição da espécie humana em grupos, a subdivisão da população em subgrupos e o estabelecimento de uma cesura biológica entre uns e outros. Isso é o que Foucault rotula com o termo (aparentemente familiar) "racismo".[30]

Não nasci com sangue azul[31] *nem num berço de ouro*
Só que eu tenho a cultura e a garra do meu povo
Na música na arte e na dança

29 MBEMBE, Achille. *Op. cit.*, p. 16-17

30 *Ibidem*, p. 17.

31 Sangue azul é uma referência simbólica ao critério mítico de definição da nobreza.

Nós temos o alicerce, né? diz Romero. Apresenta-se como representante da cultura e garra de seu povo, numa reavaliação dos valores herdados. Expressão que, se ligada ao próximo verso, podemos ler que é na música, na arte e na dança que ele se vê e vê esperança. Como se dissesse: *sou marcado pela minha cor, mas veja o que eu tenho.*

> *Esperança eu vi no olhar de uma criança*
> *Reverencio o passado dou valor ao presente*

Romero conta que a esperança na criança é porque *a gente imagina o amanhã*, e *ela tem o poder de mudar.* Diz que o passado é a história que a gente tem que entender, para *valorizar o presente.* Entre o passado (com pegadas traçadas e mal traçadas), e o futuro, eles se compreendem como intermediários para a nova geração.

Neste trecho, revela-se que seu movimento se dá pelo compromisso com a vida em sua comunidade. Estes *rappers* possuem certa noção de comunidade que, em sua sustentação psíquica, a noção de indivíduo perde o sentido atribuído pela cultura pop divulgada na mídia como o de progresso e conquista individual que se realiza a despeito do grupo. É meio cultural esse nosso jeito, conta Romero, *de comunidade, de olhar pras crianças. Você convive muito próximo, principalmente, porque aqui um olha o outro, é assim.*

> *Amo por ser afro descendente*
> *Correndo pelos nossos direitos*
> *Sou quem sou, sou 100% negro*

A proposta tem um caráter integrador que resgata a luta e a reedita para a próxima geração a partir da realização de sua narração pelo rap:

Refrão
Honre a sua raça, honre a sua cor
Realidade Negra (RN e K2) eu sou quem sou
Honre a sua raça, honre a sua cor
Realidade Negra 100% Negro

Nélio, autor desse refrão, disse que estava *pensando em um refrão pra animar, pra cima.*[32] Aqui, eles se voltam para cantar em coro a busca da identidade negra. Trata-se de um processo de se apoderar da própria história, conhecê-la, arrumar modos *não pela emoção* para lidar com a ferida subjetiva. O ataque racista é contra o negro, mas a ferida é subjetivamente sentida de início como pessoal, para, em seguida, ser compreendida como história. Nélio continua a narrar o processo de composição do trecho abaixo:

Falem de mim o que quiser assim é
Sou pobre, preto, quilombola, eu não sou Mané

O Mané é o *bobo*, conta Nélio. Mas a criança negra, segundo ele, não deve ser boba, a despeito de ser *mal-olhada.* Neste momento da canção, responde ao agressor da ocorrência do início da música e após sua própria compreensão do caráter racista da agressão (perseguição, escravidão histórica, sofrimento de seu povo), reafirma a autoestima e confiança a partir da própria história e povo. Responde ao outro que talvez o tenha agredido, neste movimento de superação.[33]

32 Entrevista em 22 de maio de 2015.

33 Assim esclarece Ferreira (p. 154): "[...] o *rap*, e principalmente, os jovens *rappers* alertam para uma possível arte de viver que se apresenta simultaneamente como resistência – por não se tratar de transplantes culturais – e como emancipação – por se tratar

Dizem: minha história e a luta que vejo no meu povo são campos de força muito maiores do que o modo de olhar deste outro. A intenção do grupo de falar sobre a *realidade* revela-se aqui como um passo conquistado ao assumir sua própria identidade. Assume-se como *pobre, preto, quilombola* e não Mané (tolo). A luta, portanto, parte do autorreconhecimento.

> *Tenho orgulho do que sou, vou honrar a minha cor*
> *RN e K2 (ou Realidade Negra) sou quem sou*
> *Zé povinho me vê tocando tambor*
> *Já me olha diferente por causa da minha cor*

Zé povinho é ninguém, conta Nélio em entrevista. Segundo Rocha,[34] *Zé povinho [é] aquele que promete e não faz. Pessoa com pouca atitude ou de atitude duvidosa. Aquele que joga contra os valores e pessoas do movimento*, o que demonstra que é alguém que faz oposição a eles. Assim, entende-se que *Zé povinho* é aquele sem identidade que deve ser considerado *ninguém*, transparente, ninguém a quem se deve dar importância, dar ouvidos. Mesmo executando atividades que são de sua história, percebe que é olhado diferente pelo Zé povinho, isto é, alguém sem rosto, um ninguém. Aí aponta aspectos que lhe pertencem – é de seu pertencimento o tambor, a capoeira, o jongo e a feijoada. Como se dissesse: *Você é quem deveria me honrar, pois imita coisas que são de raiz negra*:

---

de um lugar conquistado –, envolvendo, portanto, o confronto com os segmentos historicamente dominantes e opressores." In: FERREIRA, Maíra Soares. *A rima na escola, o verso na história.* São Paulo: Boitempo Editorial, 2012, 240p.

34 Rocha et. al. *Op. cit.*, p. 147.

Mas vou falar pra você é de nossa raiz
A capoeira, o jongo e a feijoada que você sempre quis
Os Black Power, 'as trança responsa'
Que você vê em meu povo e pede o mesmo pra sua criança

Falamos isso *valorizando*, conta Nélio, *as formas culturais estratégicas para lutar contra a opressão*, completa Romero. As *trança responsa* são as *tranças bonitas*, traduz Nelhão. Respondem ao maltrato apresentando aspectos importantes da cultura negra.

Aí racista não vem que não tem
Se não gosta de preto pinta o cabelo de loiro também

Dirigem-se àquele negro que se deixou levar pelo ideal de embranquecimento e chegam a ser irônicos com aquele que se transforma esteticamente imitando o branco. Sobre essa sentença, Nelhão disse que quis tirar sarro do negro que não assume a identidade negra e é a ele que está se dirigindo: *faz o que quiser, fica na sua, o problema é seu*, se enfeite como quiser, diríamos, o que se pode entender que a opinião dele não importa, como na frase seguinte:

Com nós não se importa e não tá nem aí
Mas a nossa persistência de luta te incomoda e cê não quer admitir

Respondem agora com o *nós* (identidade): este é o momento que se considera ápice da canção, por ser um nós responsivo. A partir daqui não há mais aquele *eu* inicial – a poesia sai da 1ª. pessoa do singular para o plural, que é exatamente o movimento da experiência sentida por um *eu*, que abalado em sua autoestima traça um caminho de conhecimento e assim encontra a cura através da compreensão de serem *nós*. A continuidade da luta é o que incomoda mais a um interlocutor – *te*, que continua sozinho, Zé povinho, racista, que agora ouve a resposta de um *nós*, comunidade. Quanto à persistência, Nelhão fala sobre o racista: *ele não quer ver a gente vencer, mas ver a gente sempre por baixo.*

Dia 20 de novembro pra você passa batido
Mas pra nós aqui é um dia festivo
Reunimos os quilombos e vamos festejar
Pelas vitórias alcançadas e as que vamos alcançar

Faz menção ao dia em que celebram o Dia da Consciência Negra (uma petição de Abdias do Nascimento, também criador do Teatro Negro), dia que homenageia Zumbi dos Palmares, quando o Campinho promove uma festa apresentando as formas artísticas locais como capoeira, samba, jongo, rap, e celebram uma festa comunitária. *Nós no plural, festas no plural, vitórias no plural* – espírito de corpo em *nós* e realizações múltiplas aparecem aqui em sua capacidade de festejar. Sobre a festa que realizam todo ano, Nelhão informa que moradores de outros quilombos vinham mais às festas deles, *mas agora fazem a própria festa.* É uma festa que celebra conquistas, uma homenagem à própria resistência.

Realidade Negra invadindo sua mente
Com um som positivo, um som consciente
Correndo pelo certo pelos nossos direitos
Muito sucesso para o povo preto

Nelhão informa que um *som consciente* é a própria *ideia de rap. Correr pelo certo* significa *ir atrás de melhoria de um jeito legal,* conta.

Refrão
Honre a sua raça, honre a sua cor
RN e K2 eu sou quem sou
Honre a sua raça, honre a sua cor

Dessa vez, fala Dinho do K2 - banda que à época juntou-se a eles em alguns shows, autor do trecho e que se apresentou em um show realizado em São Paulo:[35]

K2 e RN resistência comprovada tio
Realidade Negra nas terras do Brasil hostil
No amor, no talento, contando a nossa história
Orgulho de ser negro retinto, um quilombola
Ser negro de atitude,36 assumir sua negritude, sua pele é uma virtude
É desse jeito então não mude

K2 se dirige ao *tio* – a quem Nelhão fala que é *aquele que faz oposição*, e em seguida reforçam o orgulho ao interlocutor que deve incorporar sua cor. *Nós*, aqui, ampliou-se ainda mais, a partir do grupo: da comunidade quilombola para o povo africano e a hostilidade que encontraram expandiu-se para todo o povo negro. Apresentam de que forma o grupo *corre pelo certo* –

35 Colóquio Culturas Jovens. Afro Brasil América: encontros e desencontros, realizado de 10 a 13 de abril de 2012. Disponível em: http://www.culturasjovens.fe.usp.br/, acesso em 18 Abr, 2021. Filmagem do show na Uninove disponível em: http://www.youtube.com/watch?v=t5vAytS271U. Acesso em 18 Abr, 2021.

36 Segundo Rocha et. al. *Op. cit.*, p. 141-142, encontramos que *Atitude [é uma] palavra indispensável no vocabulário hip hop. Eles, geralmente, dizem: para fazer parte do grupo não só é preciso ter consciência, mas também atitude. Termo que sintetiza a linha de conduta que o grupo espera de cada um.*

no amor e no talento contam a própria história e assim efetuaram a retomada do próprio orgulho, pelo reconhecimento de ser negro retinto, quilombola, *negro de atitude*, ativo, assumindo a negritude e valorizando a cor da pele como virtude, elevando a autoestima do grupo. Propõem: não mude, a sua cor está certa (você não tem que mudar o que está certo, não acredite em quem te põe pra baixo por isso).

No trecho a seguir, composto por *rappers* do K2, eles voltam à primeira pessoa do singular, do grupo e de si, na busca de enfrentar os testes escolares que lhe são apresentados, quando dizem o que gostariam de saber - sobre sua própria história.

> *Seja no PROUNE, ENEM chego chegando*
> *Falar de abolição, quilombo ou Nilton Santos*
> *E na dimensão ciência e sabedoria*
> *K2 entra em cena, cinema, filosofia*
> *Frequentar a escola, fazer o colegial eu quis*
> *Entender o racismo na parte estrutural do país*

O PROUNI,[37] conta Nelhão, *são as formas dos negros entrarem na faculdade*. Em entrevistas, alguns dos *rappers* relataram que gostariam de fazer o colegial – alguns interromperam os estudos por diferentes motivos – a escola no quilombo só ia até a 4ª. série e não contemplava em seu currículo os aspectos da cultura negra – uma escola que atende toda a população do entorno, não só as crianças do Campinho.

Quanto a continuarem a estudar, alguns disseram: *não tive paciência*, outros relatam terem sofrido preconceito. Para os qui-

---

37 Programa Universidade Para Todos, criado pelo Ministério da Educação, e o ENEM, (Exame Nacional do Ensino Médio), cuja nota permite o acesso às universidades.

lombolas, normalmente, a continuação dos estudos ocorre na cidade de Paraty, aproximadamente, a 10 quilômetros de distância do Campinho, ou em outra cidade mais distante. São muitas as dificuldades para essa continuidade. Na transcrição das letras das canções encontramos que mencionam *Nilton Santos*, mas ao cantarem se corrigem para *Milton Santos.*[38] Nilton Santos foi um lateral esquerdo considerado *o maior de todos os tempos no futebol*, pertence ao imaginário dos meninos que gostam de futebol. Era um dos amigos de Garrincha. Esses dois nomes são então misturados pelos rappers que, em seguida, corrigiram pelo fato de Milton Santos ser mais conhecido nos meios intelectuais. K2 menciona aspectos importantes que os moveria para a escola – conteúdos que lhes pudessem aproximar da própria história e ajudar a compreendê-la: *para entender o racismo na parte estrutural do país* – conteúdos, porém, que não são abordados na escola, que não falam das relações étnico-raciais. Na verdade, não lhes parece razoável ir à escola para aprender as glórias e conquistas de povos que não os inclui na sua história, o que torna a escola distante, alienadora e não inclusiva.[39]

---

38 Milton Santos foi um professor catedrático de geografia na FFLCH-USP – Faculdade de Filosofia, Letras e Ciências Humanas da Universidade de São Paulo, importante intelectual que conquistou um espaço raramente alcançado por negros dentro de universidades públicas à época.

39 Neste sentido, mencionamos a Lei 10.639/03, que inclui no currículo oficial da rede de ensino a obrigatoriedade do estudo da história e cultura afro-brasileira e a Lei 11.645/08 que inclui no currículo a obrigatoriedade do estudo da história e cultura dos povos indígenas. Cabe mencionar que os quilombolas têm conquistado a aprovação de propostas para a inclusão de aspectos de sua cultura nas escolas municipais de Paraty.

Que o negro da favela se erga seja solícito
Moral para os mais velhos que não tem culpa disso
Desde o início que o rap é compromisso

Em nossa compreensão, o termo "solícito" seria lido como "lícito", já que a proposta é de enfrentamento, o oposto da solicitude. Obviamente, esses aspectos revelam a apreensão – no senso comum – de palavras consideradas próprias da língua culta, usadas para fornecer a rima, a partir de continuidades sonoras. A favela da qual K2 fala é o morro Santa Marta, no Rio de Janeiro. Pode-se entender como um estímulo para que o negro da favela se erga e se sinta confiante, lute, mas que esta luta respeite os mais velhos – e não os culpe pela situação em que vivem ou experiências pelas quais passam hoje (eles *não têm culpa disso*). Encerram com o *rap* sendo um compromisso – *na luta contra o racismo*, diz Nelhão, em entrevista – compromisso com a valorização do negro, autoestima e confiança, luta cotidiana, dando o devido reconhecimento dos mais velhos e abrindo caminho para a criança, constituindo a identidade negra em seu movimento ritual através do rap.

Cabe aqui salientar que, atualmente, no Campinho, não mais celebram o dia 13 de maio (dia da abolição), mas o dia 20 de novembro (dia que homenageia Zumbi, Dia da Consciência Negra) – o que representa uma mudança de atitude no sentido de reconhecimento da luta ancestral. Alguns quilombos ainda realizam suas festas no dia 13 de maio, e alguns dos rappers comentam: *em respeito aos mais velhos, que estão acostumados a celebrar o dia*, e *pelos mais velhos, né?* É dia *de festa pra eles. Mas a gente celebra mesmo é no dia 20 de novembro!*

Considerações Finais

Muito mais haveria de se dizer sobre a banda em seu processo de construção identitária. O difícil acesso à cultura escolarizada é um dos aspectos do que se pode chamar de racismo institucional. A dificuldade de instalação de uma escola que se estenda ao Ensino Médio, a distância da escola mais próxima, a ausência de escolas que proporcionem uma escolarização longa, é uma das faces do racismo. Esse racismo está encoberto pelas condições igualmente difíceis que se encontram em toda população de baixa renda, generalização que acoberta o fato de que a grande maioria dessa população é negra. Alguma reflexão mostra claramente a existência do racismo institucional. Por exemplo, o fato do conteúdo de cultura africana e indígena não ser trabalhado na escola. Mesmo num lugar como Paraty, onde há, concretamente, quilombo e aldeamentos indígenas, não se ensinam aspectos de suas culturas pela alegada razão de que não são só negros e índios que frequentam a escola. Como se o interesse em conhecer a cultura negra e indígena fosse apenas restrito a negros e índios, e outros grupos brasileiros não tivessem sobre eles o menor interesse, e todos não fizessem parte da mesma história ou não devessem aprendê-la. Desejar saber sua história e não a encontrar ensinada na escola, mesmo sendo objeto de Lei, é uma forma institucional de racismo. Assim mesmo, o grupo não se paralisa – e continua sua procura, encontrando pistas nos próprios movimentos sociais que incentivam suas lutas.

Muito se tem comentado de que o movimento quilombola teria tornado étnica uma luta que seria essencialmente democrática. Nesse grupo de rappers quilombola o que vemos é algo que mostra o movimento contrário: uma luta pela democracia que surge a partir de uma assunção de uma identidade quilombola, construída a partir da identidade negra. A apropriação da identidade negra e herança negra torna-se um movimento de valorização da maioria da população brasileira[40] e não é uma característica somente jovem – ela faz parte do momento atual de políticas estabelecidas para a promoção da igualdade racial, bem como em atendimento às demandas internacionais, via UNESCO (Organização das Nações Unidas para a Educação, a Ciência e à Cultura) que têm obrigado o governo brasileiro a oferecer melhores oportunidades à população negra e pobre.

Referências bibliográficas

BENTO, Maria Aparecida Silva. "Branqueamento e branquitude no Brasil". CARONE, Iray; BENTO, Maria Aparecida (orgs.) *Psicologia Social do racismo: estudos sobre branquitude e branqueamento no Brasil.* Petrópolis: Vozes, 2002, 231p.

CARONE, Iray. "Breve Histórico de uma pesquisa psicossocial sobre a questão racial brasileira". CARONE, Iray; BENTO, Maria Aparecida Silva (orgs.) *Psicologia Social do racismo: estudos sobre branquitude e branqueamento no Brasil.* Petrópolis: Vozes, 2002, 231p.

CARRIL, Lourdes. *Quilombo, favela e periferia: a longa busca da cidadania.* 1a. ed. São Paulo: Annablume/FAPESP, 2006, 258 p.

FANON, Frantz. *Pele negra, Máscaras Brancas.* Salvador: Edufba, 2008 [1952], 193p.

FÉLIX, João Batista de Jesus. *Chic Show e Zimbabwe e a construção da identidade nos bailes black paulistanos.* Dissertação (mestrado em Antropologia) - FFLCH - USP, São Paulo, 2000, 202p.

FERREIRA, Maíra Soares. *A rima na escola, o verso na história.* São Paulo: Boitempo Editorial, 2012, 240p.

FOLDER "Roteiro Etno-Ecológico", Turismo Cultural de Base Comunitária, s/d.

40 Segundo o Censo de 2010, 56,8% dos brasileiros autoconsideraram-se preta ou parda.

FREIRE, Paulo. *Conscientização: Teoria e Prática da Libertação: uma Introdução ao pensamento de Paulo Freire.* São Paulo: Cortez e Moraes, 1979, 53p.

GUIMARÃES, Antônio Sergio Alfredo. "Como trabalhar com "raça" em Sociologia". *Educação e Pesquisa,* São Paulo, v. 29, n. 1, p. 93-107, 2003.

HASENBALG, Carlos; SILVA, Nelson do Valle (orgs). *Origens e Destinos: Desigualdades sociais ao longo da vida.* Rio de Janeiro: Topbooks Editora e Distribuidora de Livros Ltda., 2003, 480p.

HASENBALG, Carlos. *Discriminação e desigualdades raciais no Brasil.* Rio: Ed. Graal, 1979, 316p.

HONNETH, Axel. *Luta por Reconhecimento: a gramática moral dos conflitos sociais.* São Paulo: Ed. 34, 2003, 296p.

MBEMBE, Achille. *Necropolítica.* 3a. ed., São Paulo: N-1 edições, 2019, 71 p.

MELLO E SOUZA, Marina de. *Paraty: A Cidade e as Festas.* Rio de Janeiro: Ouro Sobre Azul, 2008, 276p.

MUNANGA, Kabengele; GOMES, Nilma Lino. *O Negro no Brasil de Hoje.* São Paulo: Global, 2006, 224p. (Coleção Para Entender)

ROCHA, Janaína; DOMENICH, Mirella; CASSEANO, Patrícia. *Hip Hop: A Periferia Grita.* São Paulo: Fundação Perseu Abramo. 2001. 163p. Disponível em: http://novo.fpabramo.org.br/uploads/hip_hop.pdf. Acesso em 18 abr, 2021.

SCHWARCZ, Lilia Moritz. "Nem preto nem branco muito pelo contrário – Cor e raça na sociabilidade brasileira". In: SCHWARCZ, Lilia Moritz (org.) *História da vida privada no Brasil: contrastes da intimidade contemporânea.* vol. 4, 1a. ed. São Paulo: Claro Enigma, 1998, capítulo, p. 173-244, 820p.

SILVA, Nelson do Valle. "O preço da cor: diferenciais raciais na distribuição de renda no Brasil". *Pesquisa e Planejamento Econômico.* Rio, v. 10 n. 1 abr. 1980, p. 21-46.

SOUZA, Maria Cecília Cortez Christiano de. "A Escola Brasileira, a Lei e o Laço Social". *Revista Educação - Biblioteca do Professor*, Ed. Segmento, 2012, p. 48-57.

SOUZA, Maria Cecília Cortez Christiano de. "O medo de que os negros entrem na escola: a recusa do direito à educação no Brasil". In: CARRIL, Lourdes. AMARAL, M. do (orgs). *O Hip Hop e as Diásporas Africanas na Modernidade: uma discussão contemporânea sobre cultura e educação.* Artigos. 1ª. Ed. São Paulo: Alameda, 2015, 308p, capítulo 11, p. 261-276, 308p.

SPINELLI, Renata Câmara. *Grupo Realidade Negra do Quilombo do Campinho da Independência: o rap na formação da juventude negra*, Dissertação (mestrado em Educação) FEUSP, São Paulo, 2016, 269 p.

WINNICOTT, Donald. *A natureza humana.* Rio de Janeiro: Imago Ed., 1990, 222 p.

WINNICOTT, Donald. *O brincar e a realidade.* Rio de Janeiro: Imago, 1975, 203p.

Referência de áudio

REALIDADE NEGRA, CD "É prus guerreiro a missão" ao vivo, novembro de 2009.

CAPÍTULO 6
Patrimônio, memória e território: ações de mobilização comunitária (Rio Claro – SP)

Bernadete Aparecida Capriogio de Castro[1]
Daniela Cristina Lopes de Abreu[2]

Introdução

O patrimônio cultural constituído pela cultura negra no Brasil demonstra vigor e diversidade de valores que marcaram profundamente nosso cenário histórico-cultural. A organização de associações, grupo de mulheres e jovens, políticas públicas, mostram relações sincréticas, que são atualizadas num cotidiano de enfrentamentos com a sociedade mais ampla em luta pelos direitos civis e pelo reconhecimento étnico. A partir de 2010, formou-se no Arquivo Público e Histórico de Rio Claro-SP grupo de pesquisa sobre cultura negra no município (grupo Africanidades) tendo como objetivo a interlocução com a comunidade negra e a reconstituição de sua trajetória histórica local.

---

1 Antropóloga e docente da Universidade Estadual Paulista "Júlio de Mesquita Filho" - IGCE/DEPLAN - Rio Claro - SP. Membro do Conselho Superior do Arquivo Público e Histórico de Rio Claro – SP.

2 Pedagoga e docente Coordenadora do Curso de Pedagogia - UNICEP- Rio Claro. Membro do Conselho Superior do Arquivo Público e Histórico de Rio Claro – SP.

A abordagem sobre patrimônio, memória e território leva em conta o patrimônio cultural das populações locais no âmbito material e imaterial de sua produção. Do ponto de vista da cultura, os espaços de localização e representação dos bens significativos e passíveis de preservação não podem estar separados de seus conteúdos vivos, materializados nos indivíduos, grupos sociais e paisagens. Os conteúdos da cultura se distribuem espacialmente definindo territorialidades e formas de pertencimento. Dentro de uma visão dinâmica sobre o patrimônio cultural e seus bens deve-se levar em conta o conhecimento das populações locais sobre sua trajetória, suas representações socioespaciais, seu cotidiano.

As abordagens sobre identidade, memória, territorialidade seguem reflexões advindas do diálogo da antropologia com outras áreas do conhecimento, complementando a noção de patrimônio cultural, incluindo bens materiais produzidos assim como um repertório simbólico de referência dessas sociedades ou grupos, de modo a lhes conferir legitimação, ampliando o horizonte de suas conquistas.

Vale a pena destacar as diferentes formas de apropriação dos bens culturais que colocam em confronto populações locais, gestores e consumidores, ou seja, é possível diferenciar patrimônio cultural plural e patrimônio cultural singular. O termo plural aqui utilizado está diretamente ligado à noção de equivalência (simbólica) dada por regras e convenções que classificam e atribuem aos bens valores equitativos, uma valoração que permite comunicabilidade. É nesse contexto que a face do patrimônio cultural como mercadoria aparece e se torna sujeita às políticas de patrimônio, podendo ser apropriada pelo mercado como recurso turístico.[3]

3 CASTRO, Bernadete Aparecida. C. Patrimônio cultural plural e singular: a dupla face da mesma moeda In: *Valor patrimonial e turismo*: limiar entre história, território e poder. Everaldo Batista

Tomando a ideia de Marshall Sahlins[4] ao se referir ao pensamento burguês, ele afirma que: "A utilidade não é uma qualidade do objeto, mas uma significância das qualidades objetivas", pois Sahlins admite que a intercambialidade se torna possível porque os produtos guardam entre si "uma diferença de sentidos", permitindo a troca (valor de troca). Esses bens se tornam traduzíveis dentro da dialogicidade do mundo globalizado.[5] São bens que atendem às normas e requisitos definidos pelas instâncias públicas que constroem políticas patrimoniais no sentido de que estes passem a representar identidades nacionais. Nesse âmbito nos aproximamos do que Benedict Anderson,[6] descreveu como "políticas de construção da nação" ao se referir também aos museus em seu livro *Comunidades Imaginadas.*

> Poucas coisas mostram mais claramente essa gramática do que três instituições de poder, as quais, embora inventadas antes de meados elo século XIX, modificaram a sua forma e função quando as zonas colonizadas ingressaram na era ela reprodução mecânica. Essas três instituições são o censo, o mapa e o museu: juntas, elas moldaram profundamente a maneira pela qual o Estado colonial imaginava seu domínio- a natureza dos seres humanos por ele governados, a geografia do seu território e a legitimidade do seu passado.[7]

---

da Costa, Leandro Benedini Brusadin, Maria do Carmo Pires (organizadores). São Paulo: Outras expressões, 2012.

4 SAHLINS, Marshal D. *Cultura na prática.* Rio de Janeiro: Editora UFRJ, 2007, p.183.

5 CASTRO. *Op. cit.*

6 ANDERSON, Benedict. *Comunidades imaginadas*: reflexões sobre a origem e a difusão do nacionalismo. São Paulo: Companhia das Letras, 2008.

7 *Ibidem*, p. 227.

Outra face do patrimônio cultural – aquela revestida pela identidade, pertencimento, memória, corporificada por homens e mulheres do/no cotidiano – apresenta-se como singularidade; se expressa através de saberes, práticas e representações pertencentes a grupos específicos. De modo geral, a cultura imaterial é algo que se manifesta internamente aos indivíduos e grupos, conformando certa identidade; e se externaliza de forma a delimitar espaços de memória e pertencimento.[8]

As devoções constituem um amplo campo de recursos simbólicos que podem ser mobilizados no sentido de garantir pertencimento. Capelas e terreiros, irmandades e festas de santo, cantos e contos e outras manifestações da cultura se consagram em repertórios de um vasto patrimônio no sentido de bens coletivos. Não são apenas reminiscências do passado guardadas na paisagem urbana ou rural, mas guardam potencialidades.

> As culturas nacionais são tentadas, algumas vezes, a se voltar para o passado, a recuar defensivamente para aquele "tempo perdido", quando a nação era grande; são tentadas a restaurar as identidades passadas. Ele constitui o elemento regressivo, anacrônico, da estória da cultura nacional. Mas frequentemente esse mesmo retorno ao passado oculta uma luta para mobilizar as "pessoas" para que purifiquem suas fileiras, para que expulsem os "outros" que ameaçam sua identidade e para que se preparem para uma nova marcha para a frente.[9]

Quilombos, igrejas, terreiros, festas, comidas, danças e músicas foram heranças dessa cultura negra que marcaram a histó-

---

8 *Ibidem.*

9 HALL, Stuart. *A identidade cultural na pós-modernidade.* Tradução de Tomaz Tadeu da Silva e Guaciara Lopes Louro. Rio de Janeiro: DP&A, 2005, p.56

ria da cidade de Rio Claro – SP e, por motivo de discriminação e submissão estiveram encobertas por ideais de superioridade da cultura das populações de origem europeia com forte presença no município.

Tomamos como eixo da pesquisa os estudos realizados por Warren Dean[10] dentro da perspectiva metodológica descrita no trabalho de José Reginaldo Santos Gonçalves O *patrimônio como categoria de pensamento11* onde destaca que:

> Nessa nova categoria estão lugares, festas, religiões, formas de medicina popular, música, dança, culinária, técnicas etc. Como sugere o próprio termo, a ênfase recai menos nos aspectos materiais e mais nos aspectos ideais e valorativos dessas formas de vida. Diferentemente das concepções tradicionais, não se propõe o tombamento dos bens listados nesse patrimônio. A proposta é no sentido de "registrar" essas práticas e representações e de fazer um acompanhamento para verificar sua permanência e suas transformações.[12]

O regime escravista marcou a história do município durante o século XIX gerando um clima de tensão, assinalado por muitos historiadores como regime de grande violência e opressão. Castigos, mortes e suicídios de escravos eram frequentes e causavam revoltas envolvendo libertos e cativos. A ordem es-

10 DEAN, Warren. *Rio Claro*: um sistema brasileiro de grande lavoura, 1820-1920. Tradução de Waldívia Portinho; Rio de Janeiro: Paz e Terra, 1977.

11 GONÇALVES, José Reginaldo S. O patrimônio como categoria de pensamento. In: ABREU, Regina e CHAGAS, *Mário - Memória e Patrimônio*: ensaios contemporâneos. Rio de Janeiro. DP&A, 2003.

12 *Ibidem*, p.24.

cravocrata por motivos econômicos e políticos tornou-se vulnerável dentro do Império mobilizando os negros a se organizarem buscando caminhos de libertação, sofrendo ainda mais as represálias e todo tipo de discriminação pelas elites locais. A religiosidade negra e sua prática era motivo de repressão desde castigos físicos até as acusações e condenações possíveis de constatar através dos processos-crime.

Em vários estudos sobre a expansão urbana da cidade de Rio Claro foi possível identificar espaços constituídos a partir da segregação da população negra, sendo reconhecidos pelas autoridades e pela vizinhança (de origem italiana e alemã) como lugar de desocupados, de gente perigosa ou lugar dos pretos. Entretanto, mesmo dentro de um processo de expropriação efetivado ao longo do tempo pelas elites locais, as famílias negras mantiveram locais de festas e cultos promovendo sua integração grupal e demarcando espaços de memória (Figura 1).

Figura 1- Espaços de festa no bairro do Estádio – Rio Claro – SP

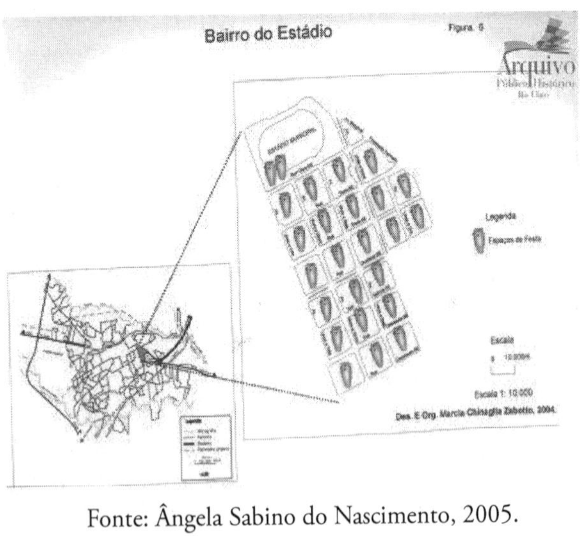

Fonte: Ângela Sabino do Nascimento, 2005.

Ângela Sabino do Nascimento[13] realizou pesquisa com informantes da comunidade negra cujos depoimentos permitiram identificar espaços onde se realizavam festas e cultos, constituindo espaços de memória dessa população (Figuras 2 e 3).

Figuras 2 – O antigo Tambu e a Congada de São Benedito na atualidade

Fonte: Arquivo Público e Histórico de Rio Claro

A ação proposta pelo grupo de pesquisa incluiu documentos e iconografia sobre a presença negra no município. A abertura de espaços de diálogo no Arquivo Público entre pesquisadores e a população negra permitiu o registro de depoimentos dos representantes da comunidade bem como das narrativas dos mais velhos (griôs).

O acervo do Arquivo Público e Histórico de Rio Claro reúne material escrito e audiovisual que aborda a história da cidade, arte e cultura. Dispõe de diversas fontes documentais, jornais e acervo iconográfico que permitem a realização de pesquisas pela população em geral.

O Portal Memória Viva disponibiliza documentários sobre a história e cultura local reunindo os registros sobre cultura

13 NASCIMENTO, Ângela S. *Os espaços negros na cidade de Rio Claro*. Trabalho de Conclusão de Curso de Geografia; IGCE/UNESP – Rio Claro. 2005.

negra no município com objetivo de difundir saberes e práticas vivenciadas por essa população, recuperando sua importância histórica e sua presença no cenário da vida contemporânea. A Revista do Arquivo também apresenta um conjunto de artigos escritos por pesquisadores, historiadores locais, artistas, que permite divulgar manifestações histórico-culturais do município. Dentro de sua programação mensal realiza o Bate Papo Cultural, atividade aberta ao público em geral, que trata de temas relevantes sobre a cidade e sua história no sentido de difundir o conhecimento produzido no âmbito científico, artístico e da experiência vivida por diferentes segmentos da população.

Diante do propósito desse texto, especial destaque deve ser dado à atividade conversa griô, que tem como objetivo o registro na forma de documentários, de narrativas feitas pelos descendentes afro-brasileiros sobre sua experiência de vida como memória social. São depoimentos de cunho etnográfico que permitem constituir um acervo de história oral, possibilitando relacionar acontecimentos passados, modos de vida e documentos, importantes à pesquisa e ao ensino.

A conversa griô tem por objetivo o registro de narrativas que reúnem conhecimentos ancestrais, cujos elementos como valores, condutas, crenças e fatos do cotidiano vividos por esses indivíduos são passados pelos mais velhos. São pessoas que reúnem saberes e fazeres de sua comunidade de origem e reproduzem na forma de contos, depoimentos, poesia, música ou técnicas os conhecimentos experimentados em sua vivência. Essas narrativas constituem um patrimônio cultural imaterial que caracteriza a comunidade à qual pertencem, oferecendo elementos que permitem reconstruir identidades, ligar passado-presente e estabelecer laços de territorialidade entre os indivíduos. Na forma de história oral, esses contos fazem parte da educação informal de crianças e jovens em diferentes espaços sociais, possibilitando a compreensão da relação entre sujeito e a história.

Em 2012, com a participação do Conselho da Comunidade Negra de Rio Claro (Conerc), Arquivo Público e Secretaria Municipal de Educação foi realizado o Curso de Capacitação para Professores Coordenadores do Ensino Fundamental com os objetivos de preparar os professores sobre a temática Africanidades. O quadro a seguir apresenta os objetivos elencados para o projeto.

Objetivos do curso
Formar educadores que trabalhem com as histórias e as culturas das populações africanas e afro-brasileiras com os alunos do ensino fundamental.
Construir a partir de módulos apresentados uma articulação entre a teoria e a prática didático-pedagógicas a fim de que os profissionais da educação adquiram a formação necessária para desenvolver a Lei 10.6039/2003.
Compor, editar e distribuir um material bibliográfico de apoio às práticas pedagógicas.
Estimular o fortalecimento e a multiplicação de parcerias entre a comunidade escolar e a comunidade negra.
Ampliar conhecimento sobre o conceito de Raça, Racismo, Preconceito, Cultura Africana e Afro-brasileira.

Fonte: CASTRO, B A C e ABREU, D C L - 2012

O curso foi realizado de setembro a novembro de 2012. Foi dividido em encontros presenciais de fundamentação teórica, visitas monitoradas aos espaços do território negro na cidade de Rio Claro, trabalho prático nas escolas com professores e alunos e uma exposição ao final do curso.

Os temas dos encontros presenciais (8 encontros) forma organizados a partir de quatro eixos: Racismo e Legislação; Relações de trabalho e o negro na sociedade brasileira; Família, mulher e escola; Educação e Cultura. Cabe destacar que nos encontros presenciais além das formadoras sempre contamos com a presença de membros da comunidade negra que participaram ativamente na construção deste trabalho.

Figura 03: Atividade de formação.

Fonte: ABREU, D C L, 2012.

Quanto à visita aos Territórios e Manifestações Culturais Afro-brasileiras em Rio Claro, foi organizado visita com ônibus em mais de um dia em diversos locais. Esses locais foram elencados após muitas conversas e trabalho de resgate com a história oral com os membros da comunidade negra da cidade de Rio Claro e os depoimentos estão disponíveis no Arquivo Público da cidade.

Figura 04: Atividade de formação com a presença de membros da comunidade negra

Fonte: ABREU, D C L, 2012.

Em Rio Claro algumas áreas se destacam por sua importância simbólica e ocupação da comunidade negra, entre elas: O atual Bairro de São Benedito, região conhecida anteriormente como quilombo. Possui como marco a Figueira, símbolo histórico de resistência e crença da comunidade, possivelmente plantada entre 1872/73 e a Igreja de São Benedito construída em 1905, confirmando a referência da comunidade negra na região. Os Bairros Consolação e Estádio até final da década de 1960 conhecidos como "Buraco Quente" e "Vila dos Apertados" são outros pontos de referência.

A fazenda Angélica, conhecida como fazenda Mata Negra se destaca por sua importância histórica antes do período da abolição.

A Fazenda Mata Negra é um dos locais da cidade que permite a partir do local exemplificar o contexto histórico nacional. Além de ter sido referência na produção de café, foi tombada devido sua arquitetura rara na região. Tem vínculo com as questões econômicas, escravagistas e migratórias do país, sendo um ótimo local de aproximação da teoria com a realidade.

Figura 05: Fazenda Mata Negra.

Fonte: Castro, et. al., 2014: p.69.

O Barão de Grão Mongol possui papel de destaque na história de Rio Claro; após sua morte deixou em testamento o desejo de ser enterrado junto com seus escravos. Sua vontade foi realizada e atualmente no local onde eles eram enterrados há o túmulo do Barão envolto por plantações de cana. O CONERC busca a legitimação dessa área que não está tombada nem possui nenhuma sinalização ou indicação, apenas o túmulo.

Outro lugar de destaque é uma área de 660 hectares conhecida como "Chácara dos Pretos", antiga Fazenda Palmeiras, foi cedida aos negros em 1857 pela viúva Maria Thereza de Jesus, em carta testamento, libertando seus escravos e doando a eles e a seus descendentes suas terras.

Em todos esses locais era tradicional a ocorrência de manifestações culturais como o Tambu, que acontecia no Largo da Igreja de São Benedito, na Chácara dos Pretos, no Buraco Quente, Av. 17 esquina com a Rua 16 - antigo Bar do Fidele, atual PADOKA – no Buracão – atual pré-escola municipal Paulo Koelle – entre outros. O Tambu, Samba de Lenço e o Samba eram tradicionais nas comemorações do dia 13 de maio. Tais manifestações foram amplamente rejeitadas pelo grupo branco em geral, no entanto há registro de sua resistência até meados da década de 60.

Posteriormente os negros que ocupavam essas áreas foram empurrados para regiões mais periféricas, decorrente do processo de urbanização da cidade.

O mapa a seguir ilustrar os pontos de referência histórica da comunidade negra da Cidade de Rio Claro –SP.

Figura 06: Mapa do trajeto dos pontos de referência da comunidade negra.

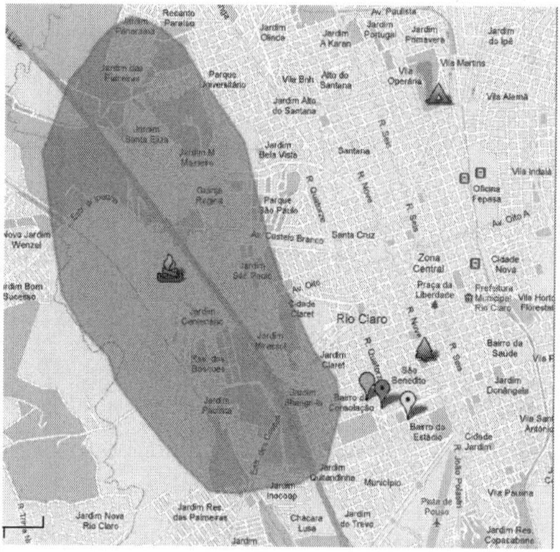

Fonte: Arquivo pessoal Faria, 2013.

Figueira de São Benedito

Localizada em frente à Igreja de São Benedito. Esta árvore é um marco da história da comunidade negra de Rio Claro, é considerada sagrada e uma forma de contato com os antepassados. Toda essa região era conhecida como quilombo.

Chácara dos Pretos

Antiga Fazenda Palmeiras, doada aos negros em 1857 pela viúva Maria Thereza de Jesus.

Provável área da Chácara dos Pretos.

Há indícios que a fazenda cobria mais de 226 quarteirões da cidade.

Clube José do Patrocínio - Faculdade do Samba Voz do Morro - Grasifs

Referência de luta e conquista da comunidade negra de Rio Claro. Em 1961 foi colocada a pedra fundamental.

Tamoyo

Sede construída por meio de mutirões da comunidade negra de Rio Claro. Referência na realização de encontros e atividades diversas. O Tambu foi tradicionalmente realizado no local.

Quilombo da Cabana do Mato

A região onde localiza-se atualmente o Parque Estadual Lago Azul - Centro Cultural Roberto Palmari, e seus arredores, era conhecida, segundo registros orais, como Quilombo da Cabana do Mato, também conhecido como quilombo das mulheres.

Buraco Quente

Limite dos Bairros da Consolação e Estácio. Área de grande ocupação da comunidade negra após a abolição, local característico da ocorrência do Tambu.

As conversas griôs também foram presentes no curso de formação e no primeiro momento aconteceram nos espaços de fundamentação teórica com a presença dos membros da comunidade negra. Algumas escolas do município também receberam essas visitas e a partilha destes conhecimentos foi fundamental para o trabalho final do projeto.

Figura 07: Conversas griôs nas escolas

Fonte: Castro, et. al. 2014, p. 56.

Cabe destacar, que a finalização do projeto culminou com exposição de trabalhos realizados pelos alunos das escolas em que o coordenador participou da formação. O coordenador foi fundamental para divulgação do trabalho dentro das escolas e a partir da parceria com os professores colocar o projeto em prática. A exposição foi feita no Centro Cultural Roberto Palmari em comemoração à abertura da Semana da Consciência Negra.

Figuras 8 – Exposição de alunos das escolas municipais de Ensino Fundamental.

Foto: Castro, B A C - 2012.

Foram realizadas saídas de campo com o acompanhamento de duas griôs (Divaneide de Paula e Ângela Gonzaga) a fim de identificar locais onde famílias e grupos da população negra tiveram presença com a finalidade de descrever esses "espaços de memória."

A cartografia social, incluindo marcadores territoriais e mapas mentais apontados pelas griôs, possibilitam a reconstituição de espaços físicos materiais e simbólicos que tornam ativos sentimentos de pertença. Ao mesmo tempo, esses espaços foram ressignificados de modo a permitir novos usos em tempos posteriores. Por exemplo, ao revisitar a Igreja de São Benedito com o grupo de professores, as duas griôs que narravam a história do lugar, retomaram a importância da grande figueira na praça da igreja. Como morada das mães ancestrais (*Iá Mi Oxorongá*), essas árvores são marcadores territoriais da cultura afrodescendente nos territórios anteriormente ocupados pelos grupos negros. A apropriação desse conhecimento narrado pelas duas mulheres estimulou a retomada daquela praça como espaço negro, legitimando celebrações e festas que passaram a ser organizadas pela comunidade em datas posteriores.

Desse modo, a comunidade negra tem ocupado outros espaços da cidade para realizar suas reuniões e festividades, assim como o ensaio da Congada e Tambu de São Benedito. Essa perspectiva se aproxima da discussão por ESCOBAR & VARINE[14] quando se refere às Jornadas de Formação em Museologia Comunitária. A demanda estava sendo criada pela própria comunidade negra no caso de Rio Claro.

---

14 ESCOBAR, Giane V. e VARINE, Hugues. *Patrimônio Comunitário e Novos Museus*: a Face Afro-Brasileira da Museologia Comunitária. In: IV Encontro Internacional de Ecomuseus e Museus Comunitários, 2012, Belém. Atas do IV EIEMC. Belém: Ecomuseu da Amazônia, 2012.

Diante de outras atividades e intervenções feitas pela comunidade negra, seja através do Conselho da Comunidade Negra ou dos grupos de dança; dos pais de santo e mesmo da Assessoria da Igualdade Racial de Rio Claro, do grupo de jovens, foi possível identificar um processo de mobilização dessa comunidade no sentido da restituição de seus direitos. Estávamos diante de ações que nos remetiam aquilo que Odalice Miranda Priosti[15] descreveu como sendo a musealização processual:

> A musealização processual é um aprendizado lento e cumulativo onde a participação direta das comunidades nas escolhas, tomada de decisões e consequentes iniciativas pode contemplar uma libertação de subjetividades coletivas, as quais, sustentadas por um conhecimento de si, emergem e se afirmam, resistindo a um contexto político-cultural que desestimula a inovação.[16]

Constituir fisicamente espaços de reprodução econômico-social de grupos étnicos, indígenas e quilombolas ou de outras coletividades, inspiradas por valores, costumes, crenças etc. não diz respeito exclusivamente às políticas públicas afirmativas, mas implica também em uma concepção sobre a autodeterminação desses grupos. Muitos desses grupos que hoje discutem um projeto (político) no qual possam se colocar, buscando restabelecer a unidade grupal, muitas vezes, em um plano simbólico, o que permite ordenar as práticas dos indivíduos no conjunto da sociedade, revelando novos relacionamentos dados a partir de uma situação de conflito.

---

15 PRIOSTI, Odalice M. e PRIOSTI, Walter V. *Os Ecomuseus e o Patrimônio da Liberdade de Ação Comunitária.* NOPH/ Ecomuseu de Santa Cruz- Rio de Janeiro, 2012. BRASIL.

16 *Ibidem*, p.08.

As relações entre as famílias negras na cidade de Rio Claro, as atividades na comunidade e a representação nas instâncias públicas são exercidas pelas mulheres em quase sua totalidade, demonstrando a permanência de traços significativos do universo feminino na cultura negra. Elas contam a história da comunidade sempre relacionada a um evento festivo, a um mutirão de trabalho, a encontros nesse ou naquele bairro. É como se elas narrassem suas histórias de vida entremeadas com caminhos, festas, ritos e famílias que mantêm uma convivência ao longo do tempo.

Patrimônio cultural e território são termos complementares de expressão da etnicidade, memória, relações de produção e práticas simbólicas que traduzem elementos do passado ressignificados no presente. O patrimônio material e imaterial é herança e propriedade cultural de grupos étnicos e coletividades – guarda um substrato da cultura desses indivíduos que lhes permite dinamizar laços de pertencimento. Ou seja, permite criar e conduzir suas demandas no sentido de reapropriar de sua cultura.

Do ponto de vista das ações desenvolvidas, houve o entendimento de que estava em curso um processo de autonomia da comunidade negra ao se reconhecer como parte da história local, a partir de sua experiência.

Referências bibliográficas

ANDERSON, Benedict. *Comunidades imaginadas: reflexões sobre a origem e a difusão do nacionalismo*. São Paulo: Companhia das Letras, 2008.

ARQUIVO PÚBLICO E HISTÓRICO DE RIO CLARO – Portal Memória Viva: arte, cultura e história. Arquivo Público e Histórico do Município de Rio Claro. Disponível em: <www.memoriaviva.sp.gv.br> Acesso em: 22 fev. 2020.

CASTRO, Bernadete Aparecida. C. Patrimônio cultural plural e singular: a dupla face da mesma moeda In: Everaldo Batista da Costa, Leandro Benedini Brusadin, Maria do Carmo Pires (organizadores). *Valor patrimonial e turismo: limiar entre história, território e poder.* São Paulo: Outras expressões, 2012.

DEAN, Warren. *Rio Claro: um sistema brasileiro de grande lavoura, 1820-1920.* Tradução de Waldívia Portinho; Rio de Janeiro. Paz e Terra, 1977.

ESCOBAR, Giane V. e VARINE, Hugues. *Patrimônio Comunitário e Novos Museus: a Face Afro-Brasileira da Museologia Comunitária.* 2012. Disponível em <http://www.abremc.com.br/coletaneadeartigos3.asp>. Acesso em: 22 fev. 2014.

HALL, Stuart. *A Identidade Cultural na Pós-Modernidade.* Tradução de Tomaz Tadeu da Silva e Guaciara Lopes Louro. Rio de Janeiro: DP&A, 2005.

GONÇALVES, José Reginaldo S. O patrimônio como categoria de pensamento. In: ABREU, Regina e CHAGAS, Mário. *Memória e Patrimônio: ensaios contemporâneos.* Rio de Janeiro: DP&A, 2003.

NASCIMENTO, Ângela S. *Os espaços negros na cidade de Rio Claro.* Trabalho de Conclusão (Curso de Geografia). IGCE/UNESP – Rio Claro, 2005.

PRIOSTI, Odalice M. e PRIOSTI, Walter V. *Os Ecomuseus e o Patrimônio da Liberdade de Ação Comunitária.* NOPH/ Ecomuseu de Santa Cruz - Rio de Janeiro, 2012. BRASIL. Disponível em: <http://www.abremc.com.br/coletaneadeartigos3.asp>. Acesso em: 02 mar. 2014.

SAHLINS, Marshal D. *Cultura na prática.* Rio de Janeiro: Editora UFRJ, 2007.

CAPÍTULO 7
Histórias da tradição: valorizando, protegendo e divulgando as narrativas tradicionais dos Povos Karajá e Xavante

Angela Pappiani

As histórias narradas pelos sábios das aldeias têm o poder de unificar e dar raízes ao povo, de fortalecer a identidade, de manter vivo o Espírito da Criação. Patrimônio, legado, alimento, as histórias são bens fundamentais para a continuidade das culturas e tradições indígenas, para a manutenção da própria vida.[1]

Introdução

Este trabalho tem como foco o Projeto Histórias da Tradição, uma proposta de trabalho de longo prazo para valorizar, proteger e divulgar as narrativas, a história e a mitologia de povos indígenas que estão ameaçadas, assim como a própria existência desses povos, como ferramenta de luta e garantia de direitos. A forma como os povos indígenas entendem as narrativas tradicionais, a importância desse patrimônio cultural imaterial e a demanda das próprias comunidades por projetos de afirmação e divulgação de seu pensamento serão trazidas. O texto apresenta

1 PAPPIANI, Angela, LACERDA., Maíra P., Orgs. Povo A'uwê Uptabi da aldeia Etenhiritipá, *Aihö'ubuni Wasu'u – O Lobo Guará e outras histórias do povo Xavante,* São Paulo: Ed. Ikore, 2014, p. 20

o "mito de origem" do projeto Histórias da Tradição, falando das relações antigas de amizade e trabalho com os povos parceiros, os Xavante, da aldeia Etenhiritipá (MT) e os Karajá, da aldeia Fontoura (TO), em outras iniciativas de igual importância. Traz ainda um detalhamento do processo de trabalho, com o apoio do Programa Petrobras Cultural, coordenado pela Ikore,[2] que desenvolveu, entre 2013 e 2014, a pesquisa e o registro de narrativas tradicionais dos Xavante e Karajá, resultando na edição de dois livros com mitos traduzidos para o português, além da criação de um acervo digital para as comunidades e de um *website* com imagens, vídeos e textos registrando o processo de trabalho com acesso liberado ao público. Como conclusão fica o carinho e o orgulho dessas comunidades pelo trabalho que elas mesmas realizaram, a continuidade do processo nas aldeias e a perspectiva de novos projetos com outros grupos indígenas.

> Histórias, narrativas, mitos... essas diferentes palavras no idioma dos "brancos" tentam traduzir e domesticar a Palavra Criadora. Aquela que se mantém viva, que flui de uma pessoa a outra, de uma geração a outra, de um povo a outro. São as Palavras Criadoras que, quando emergem da memória, na voz dos narradores, fazem compreensível e possível tudo o que existe, dando cor, cheiro e sabor às experiências humanas."[3]

---

2 Ikore Projetos Culturais e Artísticos é uma microempresa criada e dirigida por pessoas indígenas e não indígenas com a proposta de realizar projetos que fortaleçam as culturas tradicionais, criem produtos culturais para ampla divulgação e gerem renda para as comunidades.

3 PAPPIANI; LACERDA. *Op. cit.*, p. 20.

Os mitos e as histórias tradicionais, transmitidas do tempo dos ancestrais, de geração a geração, tendo a memória como condutora, trazem para o presente um tempo imemorial, guardado com cuidado há milhares de anos pelos povos tradicionais. Essas narrativas compreendem tudo, explicam tudo e revelam a essência do povo, sua trajetória no mundo, sua história, seu meio ambiente, seus sonhos e temores. São ciência e conhecimento, magia e conexão espiritual. Ressoam também dentro de nós porque trazem elementos fundamentais guardados no fundo de nossa memória ancestral.

Cada um, dos mais de 300 povos indígenas que vivem hoje neste país, possui histórias preservadas pela transmissão oral, de geração a geração. Uma riqueza além de qualquer avaliação, uma diversidade de conhecimentos que precisa ser protegida e valorizada para continuar fluindo.

Mas, toda essa magia está se perdendo. As noites nas aldeias já são iluminadas pelas telas da televisão, os rádios tocam sons em línguas estranhas, a luz elétrica muda o convívio das famílias, os velhos já não têm a atenção dos seus netos como no passado.

O patrimônio da tradição oral dos povos indígenas está correndo perigo. Esse maravilhoso, porém, frágil conjunto de conhecimentos precisa de ações afirmativas de apoio.

O Projeto Histórias da Tradição é resposta à demanda das comunidades parceiras, Karajá e Xavante, conscientes do valor de sua cultura, do grande perigo que correm com a presença cada vez mais forte das influências externas nas aldeias e com a partida das gerações mais velhas que detêm esse conhecimento.

A proposta partiu da necessidade dessas comunidades de documentar as vozes dos narradores tradicionais que estão em idade avançada, criando um acervo que poderá estimular a continuidade dessa tradição dentro das comunidades e ainda um produto cultural com conteúdo original, beleza e inovação para se fazer conhecer pelos não indígenas, inclusive gerando renda pelos direitos autorais que lhes cabem.

O projeto, a nosso ver, apenas começou. É um processo que vai se desdobrando ao longo do tempo, de acordo com o ritmo e as necessidades de cada comunidade. Os recursos financeiros que viabilizaram sua realização durante um ano, com várias viagens entre a cidade e as aldeias, pesquisas, intercâmbio de conhecimentos, oficinas, remuneração da equipe indígena, aquisição de equipamentos e insumos, permitiram a discussão, a reflexão e a capacitação de um grupo de jovens para a continuidade do processo.

As lideranças políticas e culturais e os professores indígenas dessas aldeias têm consciência da importância desse patrimônio representado pela história oral e pelas narrativas tradicionais e podem agora seguir por novos caminhos, mesmo depois da edição dos dois livros e do *website*.

A possibilidade de construir um acervo e finalizar os livros em tempo tão exíguo só foi possível porque a equipe que esteve à frente do projeto pela Ikore, editora proponente, mantém uma relação de amizade e confiança de mais de 30 anos com o povo Xavante e de 16 anos com o povo Karajá. A parceria com essas aldeias ao longo desses anos resultou em outros trabalhos de grande importância para a afirmação e divulgação cultural, iniciativas estas que serão detalhadas a seguir.

A vontade dessas comunidades, assim como de outros povos indígenas, de valorizar o papel dos anciãos e seu conhecimento motivou a criação do projeto *Histórias da Tradição* que tem como base as decisões de cada aldeia sobre o que desejam e de como desenvolver as atividades, respeitando o ritmo e a cultura de cada povo e, também, preservando os conhecimentos que devem se manter secretos.

Os recursos tecnológicos de hoje e a inclusão digital das aldeias, preocupação recorrente entre as comunidades por fragilizarem ainda mais a tradição, podem, entretanto, com sabedoria e consciência, ser importantes aliados e facilitar o processo de registro e documentação das histórias e a criação de acervos digitais que vão garantir às novas gerações o acesso à voz e à arte da narrativa de seus avós.

O grande interesse dos jovens pelas ferramentas áudio visuais foi aliado e instrumento importante na aproximação com as novas gerações das duas aldeias, envolvendo-os diretamente na documentação das atividades em fotografia, vídeo e áudio, com acompanhamento de todo o processo, capacitação no uso dessas tecnologias e formação de uma equipe para dar continuidade ao acervo.

A publicação do livro, como um dos produtos do projeto, vem fortalecer a tradição oral desses povos que reconhecem que para a sociedade não indígena a "palavra escrita" tem um valor maior do que a "palavra verdadeira, hálito divino e criador", podendo ultrapassar as fronteiras físicas e culturais dos territórios indígenas, alcançando um público amplo que precisa ser "pacificado".

Mesmo dentro das aldeias, o papel da escola e da alfabetização dos jovens ocupou um espaço importante em praticamente todo o território brasileiro, com a consequente introdução de material didático em que não estão representados a cultura e os valores das comunidades. Dessa forma, o livro produzido pela aldeia, com conteúdo tradicional, valorizando a história e o conhecimento dos antigos, com direitos reservados à comunidade e aos autores dos textos e ilustrações, construídos com a participação das várias gerações, ganha uma importância enorme. Motivo de orgulho para os anciãos, professores, crianças e jovens.

Os livros editados como produto do projeto perpetuam a memória e a arte dos narradores e foram distribuídos para escolas indígenas das etnias Xavante e Karajá, bibliotecas públicas e Secretarias de Educação dos municípios de Canarana e São Felix do Araguaia, onde estão localizadas as aldeias, e ainda às Secretarias de Educação de Palmas e Cuiabá, alcançando um grande público, contribuindo, assim, para a divulgação da cultura indígena e para o cumprimento da lei 11.645/2008.[4]

A proposta do projeto é informar, encantar, comover, transformar o pensamento e o coração dos leitores/ouvintes, reafirmar o valor dos povos originários, estabelecer a ponte com o Brasil.

O patrimônio imaterial do povo Xavante/ A'uwê Uptabi

> Mesmo com todos os avisos de sua mãe, apesar do alerta de perigo, ela não ligou. A moça se aproximou do Aihö'ubuni para ver o que ele queria. Ele era bonito, muito bonito! Todo pintado de urucum, enfeitado... Ela se interessou pelo rapaz e decidiu fugir com ele, deixando sua aldeia e seu marido para trás.[5]

Na década de 1990, o Núcleo de Cultura Indígena, dirigido por Ailton Krenak e tendo Angela Pappiani, que agora realiza o projeto Histórias da Tradição, à frente da Coordenação Cultural, iniciou um trabalho de registro e divulgação do patrimônio de histórias, narrativas, mitos e cantos do povo Xavante, que se au-

4 A Lei 11.645/2008 altera a Lei 9.394/1996 e estabelece as diretrizes e bases da educação nacional, para incluir no currículo oficial da rede de ensino a obrigatoriedade da temática "História e cultura afro-brasileira e indígena". Isso implica a necessidade de abordar a temática em questão no ensino de todas as disciplinas do currículo da educação básica, que inclui o ensino fundamental e médio. Disponível em: http://www.planalto.gov.br/ccivil_03/_ato2007-2010/2008/lei/l11645.htm <acesso em 22 de mar. 2017>

5 PAPPIANI; LACERDA. *Op. cit.*, p. 28.

todenomina A'uwê Uptabi, da Terra Indígena Pimentel Barbosa, em parceria com a Associação Indígena dessa comunidade.

Esse trabalho aconteceu por iniciativa da comunidade que, na época, estava reunida, principalmente, na aldeia Pimentel Barbosa. A proposta era valorizar o conhecimento dos anciãos que já estavam em idade avançada e documentar esse patrimônio para as futuras gerações, além de divulgar ao público mais amplo essa rica cultura. Wabuá Xavante, nessa ocasião, dizia: "Ninguém respeita aquilo que não conhece, precisamos mostrar aos *warazu* a riqueza, beleza e força da nossa cultura. Só assim eles vão nos respeitar e valorizar".

Em dezenas de viagens de uma pequena equipe que realizava outros projetos na área indígena e sem recursos específicos para isso, o trabalho de documentação foi iniciado. O resultado prático desse trabalho resultou em mais de 50 horas de gravações em áudio e vídeo e no CD de cantos tradicionais "Etenhiritipá- Cantos da Tradição Xavante"; além do livro pioneiro "Wamrêmé Za' ra- Nossa Palavra/ Mito e História do Povo Xavante", editado pela Editora Senac/SP, em 1998, com autoria dos cinco homens mais velhos da aldeia – Sereburã, Hipru, Serezabdi, Rupaê, Sereñimirãmi. Sobre este livro, a antropóloga Aracy Lopes da Silva disse em artigo denominado "Novos tempos, velhas histórias":

> Dentre os projetos indígenas em curso, muitos podem ser corretamente definidos como culturais: compreendem o registro em vídeo, em áudio, em CDs ou em livros de saberes e manifestações próprias. São materiais destinados ao consumo interno, como recurso de uma política de vitalização da identidade e da memória com vistas aos jovens de hoje e às gerações futuras, a quem igualmente se destinam os materiais didáticos elabora-

dos por professores índios em línguas indígenas; ou têm por alvo o consumidor externo, não-índio, brasileiro ou não. Muitos desses produtos têm um duplo público e não é pequeno o valor simbólico dessas produções culturais nos diferentes contextos sociais onde se inserem. ... É nesse contexto que os Xavante Sereburã, Hipru, Rupawe, Serezabdi e Sereñimirâmi e sua equipe de apoio nos brindam com seu livro *Wamrêmé Za'ra, nossa palavra. Mito e história do povo Xavante.* Trata-se de uma belíssima edição, ilustrada com desenhos originais de jovens Xavante e fotos históricas localizadas através de pesquisa em arquivos realizada pela equipe assessora do projeto (Núcleo de Cultura Indígena, São Paulo). O processo de produção da obra durou cerca de três anos, incluindo gravações de narrativas orais na aldeia de Pimentel Barbosa (MT), o trabalho dos tradutores xavante e a pesquisa fotográfica e bibliográfica. ...Há um evidente trabalho de edição da tradução (embora os bastidores não sejam trazidos ao leitor), visando tornar os textos compreensíveis por um público não-Xavante. O esforço é bem-sucedido, já que não há adulteração dos sentidos originais e que o resultado final é um texto conciso e de leitura agradável. É graficamente muito bem solucionada a apresentação bilíngue das narrativas... Há, certamente, outras histórias, contadas, entre os Xavante, de outras perspectivas. Isso, porém, em nada desmerece o livro. Ao contrário: toda história xavante será sempre narrada a partir de uma posição claramente definida por relações de poder, e a possibilidade de outras histórias está prevista no texto de abertura do livro. A versão publicada tem o mérito de ser, dentre as publicações sobre a história deste povo, a primeira elaborada a partir de narrações destinadas a este fim específico e reconhecida como sua pelos narradores xavante. É, portanto, a única publicação que traz uma visão xavante sobre o processo do contato. ... Tem-se em Wamrêmé Za'ra a oferta,

> tanto ao especialista como ao leitor em geral, de matéria viva para conhecimento, pesquisa e reflexão.[6]

Paulo Francisco Supretaprã, coordenador Xavante do projeto *Histórias da Tradição,* esteve à frente desse importante trabalho realizado pelo Núcleo de Cultura Indígena, como representante da comunidade, coordenador do projeto e um dos tradutores, contribuindo com o grande conhecimento da cultura de seu povo e domínio do idioma português.

Esse livro pioneiro, editado há mais de 20 anos, ainda repercute nas aldeias, sendo lembrado como um grande momento de mobilização da comunidade pela valorização de sua cultura e de projeção externa, alcançando a mídia, o público e provocando transformações que resultaram em melhoria nas relações com as cidades e governos do entorno da aldeia e com a sociedade em geral.

Além do livro e do CD, a parceria entre as pessoas que compunham, na época, o Núcleo de Cultura Indígena e agora estão à frente da Ikore e a comunidade Xavante de Pimentel Barbosa, rendeu outros produtos culturais importantes como os documentários premiados *A'uwê Uptabi – o povo verdadeiro* (1998) e *Estratégia Xavante* (2007); a parceria com a banda de rock Sepultura no álbum *Roots* (1996); a parceria com o artista Milton Nascimento na turnê de seu álbum *TXAI* (1990); a criação do *Centro Cultural Xavante*, na cidade de Nova Xavantina (1994); performances de canto e dança ritual dentro do projeto *Rito de Passagem* (2000 a 2008), além de participações na série de rádio documentários: *Aldeias Sonoras* (2012 a 2014).

6 SILVA, A. L. da, Novos tempos, velhas histórias. *Revista Brasileira de Ciências Sociais*. vol. 14 n. 40. São Paulo, junho, 1999.

Desde a década de 1980, quando essa amizade e a parceria começaram, a aldeia Pimentel Barbosa se subdividiu várias vezes, alguns anciãos morreram, as crianças cresceram e se tornaram pais e até avós. A escola bilíngue dentro das aldeias ganhou força com a formação de professores Xavante, alfabetizando as crianças primeiramente na língua materna e depois em português.

As inovações como a energia elétrica e a chegada de celulares, televisores e computadores alteram o dia a dia, afastando os jovens do modo tradicional de vida, preocupando as lideranças que querem preservar a tradição sem renunciar aos benefícios das novas tecnologias.

Diante desse novo panorama, a comunidade de Etenhiritipá, a nova aldeia fundada sob a orientação de Paulo Supretaprã, vem buscando formas de valorizar o conhecimento dos anciãos que estão vivos ainda, vivendo nas aldeias do território de Pimentel Barbosa.

A proposta de retomar o trabalho de mais de 20 anos surgiu dessa nova realidade, tendo os jovens professores e alunos como principais atores e beneficiários do processo, juntamente com homens e mulheres que estão na faixa etária de 60 a 90 anos. São justamente as gerações que nasceram antes ou no período imediato ao contato do povo Xavante com os *warazu* – os estrangeiros, acontecido no final da década de 1940, que ainda detêm o conhecimento tradicional preservado.

O patrimônio formado pelas histórias, narrativas e mitologia do povo Xavante compreende um extenso saber, mantido pela memória e transmissão oral dos mais velhos, de geração a geração, que envolve além do conteúdo das narrativas uma tradição de oratória que vem se perdendo ao longo do tempo. São centenas de histórias contadas especificamente para as crianças, de narrativas sobre fatos e acontecimentos do passado, sobre a natureza do cerrado e de mitos que atravessaram séculos.

A importância e a riqueza desse conhecimento são inegáveis, tanto para o povo Xavante quanto para a nação brasileira, formada sobre territórios indígenas e, ao mesmo tempo, tão distante de suas origens e legados.

O projeto *Histórias da Tradição* é continuidade de um processo iniciado na década de 1990 e envolve grande parte da equipe que trabalhou nessa ocasião, incorporando as novas gerações indígenas, com formação nas áreas de educação e história oral, ciências sociais, antropologia, documentação em vídeo e fotografia, pois além da equipe da aldeia, a Ikore tem em seus quadros jovens indígenas que vivem na cidade de São Paulo e que acompanharam desde criança as histórias e aventuras nas aldeias.

O patrimônio Karajá/INY

> Iòlò, o Urubu-rei, era o único dono do sol, seu grande rahetô, desse sol que nasce todo dia. Não liberava o sol para Ynyxiwè. Antigamente o sol corria muito rápido no céu, por isso, na maior parte do tempo estava escuro. O dia era muito curto. E a noite era longa, escura.
> Agora, este sol que está no céu é outro. Este sol foi Ynyxiwè que trouxe. Ele se sacrificou por Myrèiò e por sua sogra Myrexijy.[7]

O povo Karajá, que se autodenomina Iny, habita terras indígenas ao longo do Rio Araguaia, nos estados do Mato Grosso, Tocantins e Goiás. Relatos sobre esse povo aparecem desde o século XVII, mas o contato mais intenso e devastador com a sociedade envolvente aconteceu no começo e meados do século XX.

As cidades e fazendas chegaram ou avançaram sobre as Terras Indígenas demarcadas. As aldeias estão muito próximas das

7 PAPPIANI; LACERDA. *Op. cit.*, p. 29.

cidades e a influência da cultura ocidental muito presente na vida desse povo. Mesmo assim, os Karajá fazem um esforço para manter sua língua e tradições e conquistaram recentemente o reconhecimento de sua arte em cerâmica das bonecas Ritxocó como patrimônio cultural brasileiro.

A arte plumária em madeira e cerâmica e a pintura corporal são objeto de pesquisas, publicações e ganham projeção internacional. Mas, o patrimônio imaterial desse povo, representado pelos cantos, histórias, narrativas e mitos, ainda não mereceu atenção especial por parte de pesquisadores e estudiosos.

Numa parceria com o Instituto das Tradições Indígenas, iniciada em 2001, para a realização do projeto "Rito de Passagem – Canto e Dança Ritual Indígena", começamos um trabalho de resgate e registro dos cantos do povo Karajá Iny que resultou na edição do CD "INY – Cantos da Tradição Karajá", em 2005.

Até o ano de 2008, foram muitas viagens com um grupo de cantores do povo Iny para várias capitais do Brasil e cidades na Alemanha, França e Japão. Daniel Coxini, grande mestre e conhecedor da cultura de seu povo, à frente desse trabalho cultural, sempre manifestou preocupação com o registro e divulgação de sua cultura. Em todos os momentos de convivência, seja na aldeia Fontoura ou durante as longas viagens, o trabalho iniciado com o povo Xavante e o livro Wamrêmé Za' ra sempre foram referência citada para definir o desejo de sua comunidade em ter suas histórias, mitos e narrativas documentados.

No caso do povo Karajá, não existe um acervo de história oral iniciado. Somente o registro de cantos e informações sobre sua natureza, finalidade e ocorrência.

Durante sua formação em pedagogia, no curso de 3o. grau indígena, Daniel Coxini avançou na reflexão sobre a importância da língua, da transmissão oral do conhecimento, do registro escrito da história. A partir da iniciativa de Coxini, o projeto *Histórias da Tradição* deu início a esse acervo, à pesquisa e documentação desse patrimônio mantido ainda pelos mais velhos.

A comunidade Karajá está comprometida com ações para barrar a entrada de drogas e álcool nas aldeias e acredita que projetos de cunho cultural possam aproximar mais os jovens da tradição e valorizar o papel dos anciãos, apontando caminhos de resgate e fortalecimento. Como afirma Daniel Coxini:

> Estamos no século 21. A maioria dos índios tem nível superior, já sabemos o que queremos. Queremos participar do desenvolvimento do Brasil e trabalhar conscientemente como cidadãos, preservando a nossa cultura, o meio ambiente, respeitando a sociedade brasileira.
> INY[8] somos um povo diferente. Diferente no falar. Diferente no alimentar. Diferente no dançar. Diferente no comemorar. Diferente na maneira de viver. Diferente no falar com o ser superior. Diferente em tudo.
> Com o passar dos anos, conviver com os Tori[9] tornou-se uma necessidade e passamos a aprender costumes e línguas diferentes. Ser diferente incomodou e incomoda INY. Os Tori ao entrarem em nossas terras, se acharam donos. Negligenciou nossos costumes, nossa cultura, nosso viver no dia-a-dia, nossa inteligência, nossa maneira de ser diferente. Apesar de tudo, precisamos continuar convivendo com Tori dentro de nossas aldeias. Seja o professor que vai repassar seu conhecimento do mundo Tori, o atendente de enfermagem, o médico que vai cuidar da nossa saúde, o pesquisador que vai pesquisar nossa cultura, o funcionário público que vai a serviço

8 Iny – autodenominação do povo Karajá, significa "gente verdadeira".

9 Tori – os não indígenas.

> do seu órgão, o voluntário que vai prestar serviço da sua entidade, e o visitante que vai conhecer nossa aldeia. A todos que em nossa casa entram, gostaríamos de dizer "sejam bem-vindos!". Mas faça apenas o que tem de fazer e vão embora, deixe-nos da mesma forma quando chegaram, não tente nos mudar em nada, e entenda apenas que somos um povo diferente e queremos continuar diferente. Respeitamos todos como são e queremos que assim seja conosco.[10]

Nas trilhas das aldeias

Na primeira semana de agosto de 2014, depois de anos de sonhos e expectativas e muito trabalho de concepção e planejamento, o projeto *Histórias da Tradição* finalmente começou seu caminho, nas trilhas das aldeias.

O planejamento das viagens respeitou a programação e as atividades tradicionais de cada povo, com o cuidado de evitar a estação das chuvas, entre os meses de novembro e março, quando o acesso a essas comunidades se torna praticamente impossível. Em meados de setembro, a equipe da Ikore, formada nesta primeira fase pela coordenadora do projeto, Angela Pappiani, pela historiadora Maíra Lacerda, da etnia Krenak, e pelo engenheiro de som, Evandro Lopes, cruzou o Rio Araguaia, no município de São Felix do Araguaia, para se instalar por vários dias na aldeia Fontoura. Inimá Lacerda, membro da equipe Ikore e, também, uma jovem da etnia Krenak participou de todo o processo a partir de São Paulo, coordenando as viagens e também o trabalho de pesquisa.

No final do mês, a equipe seguiu por terra, do Tocantins para o centro do Mato Grosso, no município de Canarana, para

10 Coxini (2005).

os trabalhos na aldeia Etenhiritipá. Calor de 40 graus, poeira vermelha de final da estação seca, redes armadas, banho de rio.

Em cada uma das aldeias o trabalho realizado foi: planejamento geral com esclarecimentos e detalhamento de cada etapa a ser cumprida, criação, em comum acordo, do cronograma de trabalho; definição das equipes locais envolvendo diferentes gerações e perfis de pessoas dentro de cada comunidade; definição de critérios para escolha dos narradores e das histórias; oficinas de capacitação de jovens em registro da história oral; gravações de histórias tradicionais em áudio e vídeo; reflexão sobre as mudanças advindas da relação com a sociedade envolvente e com as novas tecnologias e as perdas culturais resultantes; informações técnicas sobre o equipamento de gravação de áudio, registro em foto e vídeo. Toda a documentação do trabalho em vídeo e fotografia foi realizada por membros das próprias comunidades. As gravações de histórias e narrativas tradicionais foram feitas com equipamento profissional e, também, com gravadores digitais adquiridos pelo projeto para as aldeias.

As duas primeiras semanas de outubro foram dedicadas à análise e sistematização do material coletado na primeira viagem, à reflexão sobre os rumos do projeto, acertos de trajetória e ao planejamento e produção da segunda viagem a campo para continuidade do trabalho.

A segunda viagem a campo ocorreu na segunda quinzena de outubro, para as duas aldeias: Fontoura e Etenhiritipá, com a presença da coordenadora geral, Angela Pappiani, da assistente de produção Lívia Moretti, do fotógrafo Helio Nobre e do cinegrafista Diego Gozze. Foram realizadas novas gravações de histórias em áudio e vídeo, documentação do trabalho em vídeo e fotografia, tanto pelas comunidades indígenas quanto pelos profissionais da equipe da Ikore. Essa segunda viagem já ocorreu no início do período das chuvas, com redes e roupas molhadas, muita lama no caminho, mas sem prejuízo para o trabalho.

As oficinas de desenho envolveram cerca de 70 jovens Karajá e Xavante na produção das ilustrações para as histórias narradas. Nas duas aldeias, o espaço das escolas foi usado para essa atividade, reunindo professores e alunos, integrando as oficinas às atividades curriculares, ampliando a reflexão sobre a importância da cultura tradicional no fortalecimento dos povos indígenas.

O trabalho de tradução começou desde as primeiras gravações e teve continuidade, nesse segundo momento de trabalho nas aldeias, com acompanhamento dos professores designados pelas comunidades. Um trabalho delicado e um grande desafio para alcançar a complexidade dos idiomas nativos e das histórias, manter o estilo de cada narrador e a fidelidade à narrativa. Os professores, mesmo falando português, sua segunda língua, não dominam o vocabulário e admitiam o desconhecimento de muitas histórias. Foi um processo intenso de trocas, conversas, consultas aos velhos. Os jovens que acompanharam essa etapa confessaram seu encantamento com as descobertas de sua própria cultura e com a importância do seu papel no processo. Foi um dos resultados mais positivos do trabalho e ainda repercute nas aldeias, com novos materiais didáticos sendo criados.

As comunidades incorporaram totalmente o projeto *Histórias da Tradição* e, de alguma forma, todos participaram das atividades, assumindo papeis definidos como narradores, tradutores, desenhistas, fotógrafos, cinegrafistas ou colaborando com as discussões e decisões.

Na aldeia Etenhiritipá, com uma população de cerca de 350 pessoas, foram 15 narradores, sendo três mulheres e 12 homens, 12 desenhistas, mais de 10 jovens na equipe de documentação, além dos coordenadores, tradutores e acompanhantes, num total de quase 70 pessoas envolvidas diariamente no trabalho.

Todos os assuntos foram discutidos e decididos no *Warã*, reunião diária do Conselho dos Homens, que representa toda a comunidade. Mesmo as mulheres mais velhas saíram de suas casas para acompanhar as atividades no espaço da escola, assim como os jovens que estão em reclusão na Casa dos Adolescentes. O saldo foi de 25 histórias gravadas e mais de 50 desenhos realizados, um acervo de vídeo e fotografias realizados pela própria comunidade.

Na aldeia Fontoura, com uma população de cerca de 600 pessoas, o espaço da escola também reuniu 30 narradores, sendo oito mulheres e 22 homens, mais de 60 jovens nas oficinas de desenho, uma equipe de documentação e acompanhamento técnico, além de envolver de forma geral os professores e alunos. Foram 36 histórias gravadas e, aproximadamente, 40 desenhos selecionados, vídeo e mais dezenas de fotos.

Algumas histórias foram descartadas pelas equipes locais de cada aldeia, até mesmo do acervo de áudio, por estarem incompletas ou apresentarem incorreções, pela falta de habilidade ou empenho dos narradores. Mesmo esse fato, aparentemente negativo, resultou em reflexões e buscas pelo aperfeiçoamento, mobilizando os narradores e coordenadores.

No mês de novembro, no retorno das viagens, o trabalho de tradução teve continuidade com acompanhamento da equipe da Ikore junto aos tradutores indígenas por e-mail e telefone, com intensa troca de arquivos e conversas acompanhando o desenvolvimento dos textos. No mês de dezembro, os coordenadores e tradutores indígenas viajaram para São Paulo, para a conclusão dos trabalhos de tradução, identificação de imagens, desenhos e vídeos.

Com o início de 2014, o trabalho ficou concentrado na edição e finalização dos textos em português das seis histórias escolhidas por cada comunidade, entre as muitas coletadas e registradas. Um período de grande dedicação e com acompanhamento constante das aldeias para garantir a fidelidade das histórias, com toda a beleza e riqueza das narrativas no idioma nativo.

Com os textos das histórias finalizados e revisados e as ilustrações escolhidas e identificadas, demos início ao projeto gráfico dos livros e encartes. A decisão da equipe Ikore em comum acordo com as comunidades foi de não caracterizar os livros como "infantis", utilizando as ilustrações na mesma cor do texto, com diagramação mais sóbria, ampliando o público-alvo. Ao mesmo tempo, o projeto gráfico incluiu um encarte colorido para valorizar os desenhos de cada história e os grafismos de cada povo. Dessa forma, os encartes podem ser utilizados de forma independente do livro para afixação ou manuseio, ampliando as possibilidades de uso do material e sua projeção.

O CD de áudio encartado em cada livro tem como proposta valorizar a cultura oral e as gravações originais nas línguas indígenas. Foram selecionadas três histórias de cada povo para gravações com os atores: Paulo Federal e Cristiana Ceschi, reconhecidos contadores de história. O trabalho se concentrou na busca da melhor forma de interpretação das histórias, recriando os textos e ao mesmo tempo mantendo a unidade com as narrações originais.

Numa segunda fase, houve pesquisa de sons originais das aldeias e em bancos de áudio para o desenho da trilha sonora de cada história. Os áudios originais das histórias, gravados nas aldeias e aprovados pelas comunidades, passaram por tratamento de som e edição para complementarem os CDs encartados nos livros e, também, para postagem no website do projeto.

Com o *lay out* dos livros concluídos e aprovados pelas comunidades, os arquivos originais foram, finalmente, encaminhados para a gráfica. Toda a fase industrial foi concluída em

40 dias de trabalho, resultando em três mil exemplares dos livros, sendo 1500 de "*Ynyxiwè que trouxe o sol e outras histórias do povo Karajá*" e 1500 de "*Aihö'ubuni wasu'u – O Lobo Guará e outras histórias do povo Xavante*", com CD e pôster colorido, encartados. A opção de capa dura no projeto gráfico do livro e o uso dos grafismos de cada povo para ilustrar a capa valorizou o produto, criando um livro de grande impacto estético, além do seu conteúdo inovador e instigante.[11]

Apresentando o trabalho ao público

No dia 02 de maio, na Câmara Municipal da cidade de Canarana, distante 160 km da aldeia Xavante, cerca de 50 indígenas de várias etnias que residem ou passam pela cidade, compareceram para prestigiar o lançamento dos livros da série *Histórias da Tradição*. Fato inédito que chamou a atenção de todos. Do lado de fora do prédio, no gramado do canteiro central da avenida, um grupo de cerca de 20 Xavantes, dançaram em torno do fogo para celebrar mais essa conquista.

Algumas autoridades locais compareceram ao evento, apesar das relações tensas entre a população local e os povos indígenas que vivem na região. Nos discursos das autoridades indígenas e não indígenas presentes a mesma afirmação: a importância do projeto, a beleza dos livros, a valorização do patrimônio imaterial de nosso país.

A chegada dos livros às aldeias teve um impacto e repercussão que superou nossas expectativas. Todos queriam folhear os livros e ouvir o CD de histórias, todos orgulhosos e felizes com o resultado do trabalho, elogiando o produto de seu trabalho.

11 Todo o processo de trabalho está documentado e disponível no endereço www.historiasdatradicao.org.

Outros três lançamentos aconteceram, sempre com a presença dos coordenadores indígenas do projeto - Paulo Supretaprã e Caimi Xavante, Daniel Coxini e Elly Mairu Karajá - em livrarias de prestígio nas cidades de Goiânia, São Paulo e Rio de Janeiro, com boa cobertura da mídia e presença de público.

Um dos objetivos do projeto é a distribuição gratuita de uma grande parcela da tiragem dos livros às aldeias parceiras, às Secretarias de Educação dos Municípios mais próximos às aldeias e dos Estados onde estão as áreas indígenas, como forma de enfrentar diretamente o preconceito e o desrespeito que essas populações têm em relação aos povos indígenas.

A Secretaria de Educação de São Paulo, as universidades Federal de Goiás e de São Carlos, UNESP (Reitoria em São Paulo), Universidade de São Paulo também receberam uma cota de livros para distribuição a todas as suas bibliotecas.

Considerações Finais

Ao elaborar o projeto tínhamos consciência de sua importância para as comunidades indígenas, atendíamos à solicitação dos anciãos que também reconheciam a sua urgência. Mas, somente ao longo de sua execução, em cada viagem às aldeias e nos contatos com as equipes e comunidades, pudemos ter a real dimensão dessa iniciativa.

Os depoimentos públicos dos coordenadores e das pessoas nas aldeias revelam o quanto aprenderam com o processo de realização do projeto. Muitos jovens não conheciam as histórias fundamentais de seu povo e perceberam a sua beleza e importância. Os professores se deram conta da dificuldade e delicadeza do trabalho de tradução e transcrições na sua própria língua, da beleza e complexidade dos seus idiomas, valorizando assim o conhecimento tradicional.

Temos a certeza de que os livros editados foram realizados com todo o cuidado, preservando a beleza das culturas indígenas, expressando sua profundidade e riqueza. E a recepção das aldeias e do público não deixam dúvidas sobre esse resultado.

As gravações realizadas por contadores de história profissionais também apresentaram às comunidades novos horizontes, valorizando o papel dos narradores locais. Sentimos que os jovens ficaram motivados a seguir a tradição dos velhos. Além disso, as próprias comunidades ficaram surpresas com o grande impacto que essas gravações, tanto a dos contadores de história quanto as narrações originais na língua indígena, tiveram sobre as crianças. Elas se encantaram com as histórias e passaram a repeti-las, a cantar junto com os personagens, aprendendo, até trechos de narrativas em outro idioma, como aconteceu com as crianças Xavante repetindo histórias do povo Karajá! A tecnologia tornando possível o intercâmbio cultural entre povos que valorizam suas tradições.

As comunidades envolvidas neste projeto dão continuidade ao trabalho iniciado, gravando mais histórias, melhorando as narrativas, recuperando trechos esquecidos, transcrevendo e traduzindo textos, produzindo novos livros e cartilhas.

Outros povos indígenas manifestam sua vontade de também criar seus acervos de histórias e divulgar suas culturas para um público mais amplo. A Ikore busca apoio para dar continuidade a sua proposta de trabalho e para divulgar e valorizar a cultura de outras etnias. Enfim, vivemos num país com mais de 200 idiomas indígenas, mais de 300 povos com suas culturas, tradições e arte e nós, brasileiros, temos o direito de conhecer essa riqueza.

Figura 1: Anciãos, jovens e crianças conferem as histórias gravadas em vídeo e áudio. Aldeia Fontoura, povo Karajá /Iny - TO.

Fonte: Helio Nobre/IKORE

Figura 2: Na aldeia Etenhiritipá, a equipe Xavante trabalha na tradução e ilustração das histórias narradas pelos anciãos

Fonte: Helio Nobre/Ikore

Foto 3: A equipe da Ikore grava as narrativas com os anciãos Karajá às margens do Rio Araguaia

Fonte: Helio Nobre/Ikore.

Figura 4: Paulo Supretaprã, coordenador do projeto na aldeia Etenhiritipá, do povo Xavante (T.I. Pimentel Barbpsa/MT)

Fonte: Helio Nobre/Ikore

Figura 5: Os avós reúnem os netos paramentados para a cerimônia e compartilham Histórias de tempos imemoriais. Aldeia Fontoura, povo Karajá /Iny.

Fonte: Helio Nobre/Ikore.

Referências bibliográficas

BRASIL. Presidência da República. Casa Civil. Subchefia para Assuntos Jurídicos. Brasília: DF, Presidência da República, 10 de março de 2008. <http://www.planalto.gov.br/ccivil_03/_ato2007-2010/2008/lei/11645.htm> Acesso em: 23 março de 2017.

COXINI, Daniel. *Coleção Práticas Pedagógicas e Linguagem*/ Barra do Bugres: UNEMAT, 2005.

PAPPIANI, Angela. *Povo Verdadeiro*, São Paulo: Ed. Ikore, 2009. 1ª edição

______; LACERDA, M P., (orgs.) *Povo A'uwê Uptabi da aldeia Etenhiritipá, Aihö'ubuni Wasu'u – O Lobo Guará e outras histórias do povo Xavante.* São Paulo: Ed. Ikore, 2014. 1ª edição.

______. *Povo Iny da aldeia Fontoura, Ynyxiwé que trouxe o sol e outras histórias do povo Karajá.* São Paulo: Ed. Ikore, 2014. 1ª edição.

SILVA, Aracy Lopes da, Novos tempos, velhas histórias. *Revista Brasileira de Ciências Sociais.* vol. 14 n.40. São Paulo, Junho, 1999. Disponível em: <http://dx.doi.org/10.1590/S0102-69091999000200012>. Acesso em: 20 jan 2017.

Sites:

www.historiasdatradicao.org.

CAPÍTULO 8
Entre Palmares e as narrativas territoriais quilombolas: lembrar para não permitir que a história apague a memória

Lourdes Carril

> *Longas foram as lutas, grandes e inúmeras as barreiras encontradas por nós, mas o entusiasmo, a necessidade e a perseverança sempre se fizeram presente em nossos associados.*[1]

A partir das *longas lutas* vivenciadas pelo quilombo Fazendinha Pilar, em Pilar do Sul/SP, verifica-se que o ato de lembrar contra o apagamento da memória se torna fundamental à própria existência no presente. Este tema vem sendo tratado em diversas áreas do conhecimento e vislumbra uma questão fundamental da modernidade e de suas práticas de modernização hegemônicas. A aceleração das mudanças sociais sob a racionalidade econômica, científica, tecnológica e política, no capitalismo, trouxe a contradição entre história e memória, pois ao mesmo tempo em que o passado se torna campo de conhecimento da história enquanto narrativas possíveis dos acontecimentos, se colocou a questão da perda e o silenciamento da memória, principalmente, dos grupos oprimidos. Tal acepção

1 Sr. Deodato de Almeida Caetano, Quilombo Fazendinha de Pilar (Entrevista realizada em 18/02/2016).

está em Benjamin, em suas teses sobre a história, na crítica que faz às "ilusões do progresso", cujo ultimato é escrever a história a contrapelo, ou seja, do ponto de vista dos vencidos.[2]

A institucionalização do saber histórico é, assim, concomitante às perdas da tradição impostas pelo mundo moderno e permeia a construção de um conjunto de conhecimentos escolares reproduzidos nas suas expressões colonizadoras das ideias de educação universal. Para os objetivos deste trabalho, importam os efeitos da rememoração como suporte a uma educação crítica e afirmativa da pluralidade étnica e quilombola brasileira, cujo conceito tem profunda relação com a noção de pertencimento territorial. Frente aos enquadramentos da racionalidade histórica, econômica e política do território sob o avanço da urbanização, a comunidade Fazenda Pilar realiza um trajeto incessante ao passado que veio a lhe permitir o reconhecimento quilombola pela Fundação Palmares em 2006.[3]

Compreender os sentidos da memória quilombola, ativada e reivindicada em comunidades rurais e urbanas, remete, antes de tudo, à incursão sobre seus sentidos em relação à construção de uma identidade quilombola no Brasil contemporâneo. A história de Palmares[4] tem sido amplamente reconhecida como

---

2 LOWY, Michael. A filosofia da história de Walter Benjamin. *Estudos avançados 16* (45), 2002, p. 203.

3 Segundo o Relatório Técnico de Identificação e Delimitação - RTID, da Associação dos Remanescentes do Quilombo do Espólio do Tenente Antônio de Almeida Leite da Fazenda Pilar-Pilar do Sul-SP, assinado por Patrícia Scalli dos Santos- Antropóloga do ITESP, Instituto de Terras do Estado de São Paulo, em setembro de 2007.

4 Palmares nasceu de escravos fugidos que se estabeleceram na Zona da Mata, cerca de setenta quilômetros a oeste do litoral, no

a mais longa resistência dos escravos brasileiros à escravidão. Zumbi de Palmares, assim, é homenageado no dia 20 de novembro (Dia Nacional da Consciência Negra), como data comemorativa simbólica das comunidades negras.[5] Nas escolas, nas universidades e na sociedade, a data relembra essa intensa batalha. Palmares e diversos quilombos são referências para os quilombos atuais reivindicarem a titulação das terras com base no art. 68 da Constituição Federal.[6] Ao longo do século XX, e até hoje, os movimentos sociais e intelectuais negros, das peri-

início do século XVII. Zumbi refere-se a seu provável papel espiritual na comunidade, nzumbi sendo associado com um título banto, religioso e militar a um só tempo, sobrinho do rei Ganga Zumba, atuou como o grande líder dessa batalha. [...] no dia 20 de novembro de 1695, o rei foi capturado, executado e sua cabeça exposta em local público como um terrível memorial... (FUNARI, 1996, p.30-34).

5 Em 2003, a Lei Federal nº 10.639 incluiu o Dia Nacional da Consciência Negra no calendário escolar, e tornou obrigatório o ensino sobre história e cultura afro-brasileira nas escolas de ensino fundamental e médio, públicas e particulares. Foi idealizada pelo poeta, professor e pesquisador gaúcho Oliveira Silveira (1941 – 2009), um dos fundadores do Grupo Palmares, que reunia militantes e pesquisadores da cultura negra brasileira, em Porto Alegre. Em 1971 (mesmo ano de fundação do grupo), ele propôs essa data por crer ser mais significativa do que o dia 13 de maio, Dia da Abolição da Escravatura, sendo celebrado pela primeira vez nesse mesmo ano. Disponível em: <http://www.comciencia.br/reportagens/negros/03.shtml>. Acesso em: 06 fev. 2020.

6 A aprovação do art. 68 do Ato das Disposições Constitucionais Transitórias (ADCT) conferiu o seguinte direito: “Aos remanescentes das comunidades dos quilombos que estejam ocupando suas terras é reconhecido a propriedade definitiva, devendo o Estado emitir-lhes os títulos respectivos”.

ferias, dos quilombos e do *rap*, reavivam a memória dessa resistência contestando o racismo enraizado nas ruas, nas prisões, nos territórios periféricos, na escola e nas universidades. Esse é um importante paradigma aos movimentos sociais negros nos embates do presente.

Propomos, assim, a discutir as relações entre memória quilombola e a construção de práticas docentes fortalecedoras de sentidos afirmativos de reconhecimento das identidades afro-brasileiras. Grande parte dos livros didáticos, manuais, apostilas e narrativas em sala de aula, ainda discutem as dores da escravidão e os quilombos que se formaram em todo o território colonial como formas pretéritas de luta. Com o fim da escravidão, esses territórios são estudados como acontecimentos históricos, embora, numerosas famílias moradoras de quilombos rurais e urbanos, que hoje são conhecidas,[7] venham organizando modos de vida e territorialidades diversas como suportes existenciais. Anjos,[8] realizando o segundo mapeamento, registrou 2.228 ocorrências de territórios quilombos no Brasil. Dessa forma, embora as escolas incluam no seu calendário o *Dia da Consciência Negra,* pouco se tem articulado a vida dos estudantes negros à sala de aula, constituindo-se, dessa maneira, conhecimentos descontextualizados que resultam no enfraquecimento de suas autoidentidades.

7 Levantamento da Fundação Cultural Palmares, do Ministério da Cultura, mapeou 3.524 dessas comunidades. De acordo com outras fontes, o número total de comunidades remanescentes de quilombos pode chegar a cinco mil. Ver: <http://www.palmares.gov.br/?p=3041>. Acesso em 30 mai. 2021.

8 ANJOS, Rafael Sanzio A. dos. Cartografia e Quilombos: Territórios Étnicos Africanos no Brasil. *Africana studia*, nº. 9, 2006, Edição do Centro de Estudos Africanos da Universidade do Porto (CEAUP).

Analisando a invisibilidade dos territórios quilombolas no espaço escolar, trabalhamos com a interpretação de que existe um pacto de silêncio sobre as relações entre passado e presente, o qual vigora na educação brasileira, como fruto de concepções colonialistas de currículo e educação.[9] Segundo McLaren,[10] um expoente da pedagogia crítica, a vida que é levada para dentro da escola é aquela carregada de contradições, com base econômica e conflitos de classe, cheias de relações de poder, sejam econômicas, de gênero ou étnica.

O autor ressalta a importância da Pedagogia Crítica e do número considerável de contribuições no que tange a autores, ideias e movimentos, com tendências teóricas antigas e recentes, associadas a novas abordagens que buscam questionar a educação tradicional na manutenção dos poderes da sociedade capitalista. Ainda nos levando a refletir sobre como as atuais imposições neoliberais esses poderes vêm atacando violentamente a educação no sentido da restrição à autonomia dos indivíduos e colocando em risco o próprio direito à escola. Esse processo impacta, historicamente, negros, mulheres, população LGBT, indígenas, imigrantes, acentuando-se as marginalizações e exclusões. O sentido da crítica, destarte, se associa à necessidade de construírem-se discursos e práticas contra hegemônicos capazes de reverter dialeticamente o contexto de mercantilização da educação e possibilitar a emancipação dos estudantes. Segundo Apple:

9 Ver colonialidade do poder In: QUIJANO, Aníbal. *A colonialidade do saber*: eurocentrismo e ciências sociais, perspectivas latino-americanas. Buenos Aires: CLACSO, 2005. p. 117-142. Disponível em: <https://ria.ufrn.br/jspui/handle/123456789/1661> Acesso em: 30 mai. 2021.

10 MCLAREN, Peter. *A vida nas escolas*: uma introdução à pedagogia crítica nos fundamentos da educação. Artes médicas, Porto Alegre: 1997.

> Conceitos como "pedagogia crítica", "hibridismo", "marginalização", "subalterno", "política cultural", "globalização" e toda a gama de vocabulário pedagógico pós-colonial e crítico podem ser usados de várias maneiras. Pretendem significar um conjunto intenso de relações, experiências e realidades históricas, geográficas, econômicas e culturais que são complexas e contraditórias. Mas o que não se deve se perder no processo de usá-las é a natureza inerentemente política de seus próprios interesses e história.[11]

A diversidade teórica a que alude o autor demonstra a possibilidade de criar práticas pedagógicas as quais possam dar sentido às instituições escolares, organizações e movimentos sociais em torno da liberdade de usos distintos do conhecimento, das culturas e até dos territórios. Incluem-se neste rol: a luta pela terra, pela educação e pela cidadania, sendo, um conjunto que fornece suporte à reprodução social e existencial. Os estudiosos da pedagogia crítica, em suas variantes, identificam um sentido comum entre suas ideias e práticas - "o de fortalecer aqueles (as) sem poder e transformar desigualdades e injustiças existentes".

A relevância de discutir projetos pedagógicos críticos envolvendo a territorialidade quilombola, memória e formação docente, nos levou à parceria com a Secretaria de Educação Municipal de Pilar do Sul, entre 2017 e 2019, realizando-se projeto de extensão voltado à docência da Educação Básica, movimentos sociais e educadores sociais, com base na temática da valorização do Território Quilombola na cidade.[12] Para além do

---

11 APPLE, Michael. *Ideologia e currículo*. Porto Alegre, RS: Artmed, 2008/ 2013.

12 A oferta do Curso Educação Quilombola e Relações Étnicas e Raciais, como atividade de extensão foi apresentada na forma

reconhecimento do quilombo com vistas à regularização territorial, representantes da comunidade quilombola Fazenda Pilar procuraram a UFSCar, entendendo ser importante que esse processo se fizesse presente, também, nas escolas municipais, que pouco se remetiam à sua presença territorial, história e ao patrimônio cultural que representa na cidade.

O projeto se constituiu na oferta de cursos para a formação docente[13] com centralidade na cultura e construção histórica do processo de formação do povo brasileiro, os quais se desdobraram em projetos pedagógicos no espaço escolar da educação no município sul pilarense; buscou-se, para isso, elencar conhecimentos a respeito da construção das desigualdades étnicas e raciais brasileiras. As práticas educativas em interface com a realidade sociocultural de um quilombo se tornaram fundamentais

---

de editais de Apoio às Atividades de Extensão a serem realizadas na UFSCar, sempre nos segundos semestres de 2017, 2018 e 2019, sendo parte das atividades Educação Quilombola e Relações Étnicas e Raciais, do Observatório Quilombo Evamariô, da UFSCar, com a participação da Secretaria de Educação Municipal de Pilar do Sul/SP e do IFSP – Instituto Federal de Educação, Ciência e Tecnologia de São Paulo. O curso contou com professores da UFSCar, de diversas universidades, estaduais e federais, do Instituto Federal de São Paulo, tendo a participação de representantes da comunidade quilombola Fazendinha Pilar, Quilombo do Carmo, da Ong Quilombinho/Sorocaba, estudantes da Graduação e Pós-graduação da UFSCar, campus Sorocaba.

13 O curso de extensão se desenvolveu em 3 semestres, envolvendo professore/as das 13 escolas municipais de Pilar do Sul, de escolas estaduais, além de interessados em outros municípios próximos a Sorocaba, bem como de representantes de movimentos sociais, quilombolas, educadores, coletivos de resistência, estudantes de Graduação, Pós-Graduação e Licenciaturas e servidores educacionais da rede pública.

nesta discussão e constituíram o elemento comum às diversas etapas escolares, como exporemos a seguir.[14] Considerando-se os contextos históricos culturais, os vínculos e relações mais amplas e os interesses em vigência, buscou-se avançar na educação crítica com interesses na mudança social, à valorização histórica e cultural do quilombo de Pilar do Sul, apresentando seus resultados à comunidade da cidade, aos docentes que participaram dos projetos, estudantes das escolas municipais, seus familiares e à UFSCar, campus Sorocaba, no Dia da Consciência Negra.

Memória, História e Territorialidade

Lembrar é um processo contínuo para o Quilombo de Pilar do Sul. Ao buscar manter acesa a chama da memória que fortalece a organização social do grupo na cidade, seus líderes, como o Sr. Deodato de Almeida Caetano, seguindo o caminho de seu pai, tem buscado incessantemente a história da formação do quilombo.

Segundo o Sr. Deodato, que foi presidente da Associação dos Remanescentes do Quilombo do Espólio do Tenente de

---

14 Os cursos foram ministrados por professores, pesquisadores e educadores dos temas, de forma interdisciplinar, contando com a participação de representantes dos movimentos sociais e coletivos de resistência. Eixos do Curso: Artes e patrimônio histórico afro-brasileiro, África Contemporânea, universalidades e diversidades na contemporaneidade, Territórios Quilombolas, Educação para as Relações Étnicas e Raciais, Lutas pelo Reconhecimento, segregação urbana e racial brasileira, educação e culturas afro-brasileiras. • Total da Carga Horária: 100h (04/09 a 27/11/2019). • Atividades: Presenciais: 48 presenciais – 12 à distância. • Número de Vagas: 80 – 100 vagas. • Dias e horário: quarta-feira, entre 19 e 21h. • Local: Auditório CCGT (atrás do Prédio vermelho): Campus Sorocaba. Horário das aulas: 19h – 21h.

Almeida Leite,[15] a formação deste território se remete à escravidão na região de Sorocaba, à qual Pilar esteve ligada durante o período colonial, assim como diversos outros municípios. O tenente era possuidor de terras e residência no distrito de Itapetininga e freguesia de Sarapuí, conforme o testamento aberto em 02/09/1869, no qual ele fez doação de parte de suas terras aos seus escravos, deixando-os livres, mas condicionados a não venderem suas terras.[16] Segundo o Sr. Deodato, foi feita, também, uma doação para a construção de um cemitério e da capela Senhor Bom Jesus do Bonfim, o que propiciou o início da povoação. Nesse caminho, verifica-se sua liderança marcante na organização social quilombola, por ser um dos mais velhos e seguir as trilhas da pesquisa documental que seu pai iniciara, o que o tornou legítimo representante da memória do grupo. Ele participou, inclusive, da Banda de Música de Pilar, tocando flauta até que ficou impossibilitado de utilizar instrumentos de sopro devido a uma doença nas cordas vocais.

15 A Associação dos Remanescentes do Quilombo do Espólio do Tenente de Almeida Leite foi criada em 19/06/2006

16 VOGT, Carlos; FRY, Peter. *Cafundó*: a África no Brasil: linguagem e sociedade. São Paulo: Companhia das Letras, 1996.

Figura 1 - Encontro do Curso de Extensão na Associação dos Remanescentes do Quilombo do Espólio do Tenente de Almeida Leite, em 2018

Fonte: Foto da Autora

Outra liderança, o Sr. Orlando da Silva[17] (Figura 2), que foi presidente da Associação Afro-brasileira de Salto de Pirapora,[18] nos explicou o motivo que o levou a pesquisar sobre a escravidão na região de Pilar do Sul. Nascido em 14 de maio de 1950, no quilombo de Cafundó, em Sorocaba, ele trouxe memórias da infância e das idas à capelinha da cidade. Com sete anos de idade, ao se mudar com a mãe para São Paulo, sofreu um choque de realidade, pelos múltiplos prédios, bondes, trens etc. As lembranças da infância se tornaram o motor principal de busca por suas raízes, no final da década de 1980. Seu falecido irmão e sua mãe compraram uma velha Kombi que os traria

17 Entrevista realizada em 28/02/2016, na comunidade quilombola Fazenda Pilar.

18 Infelizmente, recebemos a notícia do falecimento do Sr. Orlando José da Silva, no mês de maio de 2021, o que nos deixou muito consternados.

à capelinha e, posteriormente, conversando com seu tio-avô, Otávio Caetano, encontrou o ponto de partida para a sua pesquisa pessoal.

Figura 2 – Reunião do 31/07/2015, às 14h30, na UFSCar, campus Sorocaba, para tratar de assuntos das comunidades de quilombos da região, manejos e meio ambiente e assentamento das famílias. Palestrante: Sr. Orlando José da Silva

Fonte: http://quilombodopilar.blogspot.com/2015/

O Sr. Orlando decidiu procurar ajuda de um promotor na cidade de São Bernardo do Campo, o qual indicou o advogado Dr. José Barreto Vale, na cidade de Sorocaba, com o objetivo de analisar a questão fundiária da região. Em determinado momento, o Dr. Barreto esclareceu à sua mãe que havia uma dificuldade imensa em entender o escopo geral da história, em que apareciam variadas pessoas e nomes.

Após percorrer um árduo caminho, o Sr. Orlando encontrou um processo movido no fórum de Sorocaba por Otávio Caetano, seu tio-avô, requerendo questões referentes às terras, pelo qual ele esperou durante muitos anos e não tinha se concretizado até à data de sua morte. Foi feito um levantamento dentro dos fóruns da região, cartórios e na Igreja de Itapetininga e a partir disso soube que documentos relacionados à pesquisa foram transferidos para a Igreja de Jundiaí, o que acredita tratar-se de uma manobra ao incômodo causado, já que a Igreja era o Estado de antigamente e em suas mãos se encontravam documentos valiosos do período. Daí decorre, segundo ele, a dificuldade de entender a totalidade da história, pois a divisão das terras da fazenda em comarcas não respeitou os limites dos territórios quilombolas, assim, constituindo hoje uma grande barreira à reconstituição histórica, uma vez que antes havia um território integral que foi multifacetado e dividido.

Considerando a memória coletiva nacional em relação ao longo período de duração da escravidão brasileira, de que forma a história prosseguiria seu trabalho do silêncio sobre os combates e lutas dos negros na escravidão e fora dela em Pilar do Sul? De que maneira as memórias quilombolas afloram em momentos de crise e em conflitos latentes e desencadeados?

Segundo o Sr. Orlando, um longo período se passou em que diversas comunidades familiares se estabeleceram nas terras desde a escravidão sob o jugo dos coronéis. O quilombo de Caxambu, localizado em Salto de Pirapora, São Paulo, onde ele nasceu, localizado no lado oposto ao de Pilar, praticamente desapareceu. Ambos eram divididos pelo rio Turvo, tendo sido Caxambu propriedade de Salvador de Almeida Leite e a Fazenda Pilar, pertencido ao seu irmão, o Tenente Antônio de Almeida Leite.

Após o falecimento da esposa do Tenente Almeida Leite, em 1843, houve a venda de 645 alqueires a seu sobrinho, José Rodrigues de Paula, marido de Benedita Maria de Almeida, então filha de seu irmão, Sr. João de Almeida Leite. No mesmo ano, ele doou parte de seu terreno à construção da Capela, a partir do que, futuramente, cresceu a cidade de Pilar. A edificação da capela foi aprovada pela Cúria de Sorocaba no mês seguinte à doação das terras sendo que, depois de completada a obra, formou-se uma aglomeração populacional em seu entorno dando origem ao atual centro da cidade de Pilar do Sul. Assim, como ocorreu com outros territórios quilombolas da região, ao falecer, o senhor deixou o restante de sua fazenda aos seus 17 escravos, juntamente com a liberdade. O testamento aberto que dá posse aos escravos das terras doadas foi lavrado em 20 de janeiro de 1866, quatro anos antes de sua morte. As condições expressas eram que as terras não fossem vendidas em tempo nenhum, para que se criassem filhos e netos, mesmo sendo campo ou mato a Fazenda Pilar (Figura 3).

Figura 3 - Localização de Pilar do Sul, limite ao Cafundó, em 1873

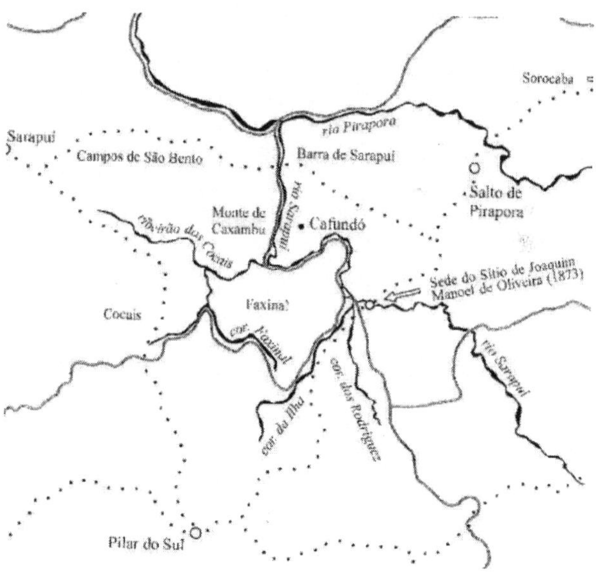

Fonte: Extraído de VOGT, Carlos e Peter Fry. *Cafundó*: a África no Brasil. *Op. cit.*, p. 46.

Figura 3 – Pilar do Sul na Região Metropolitana de Sorocaba

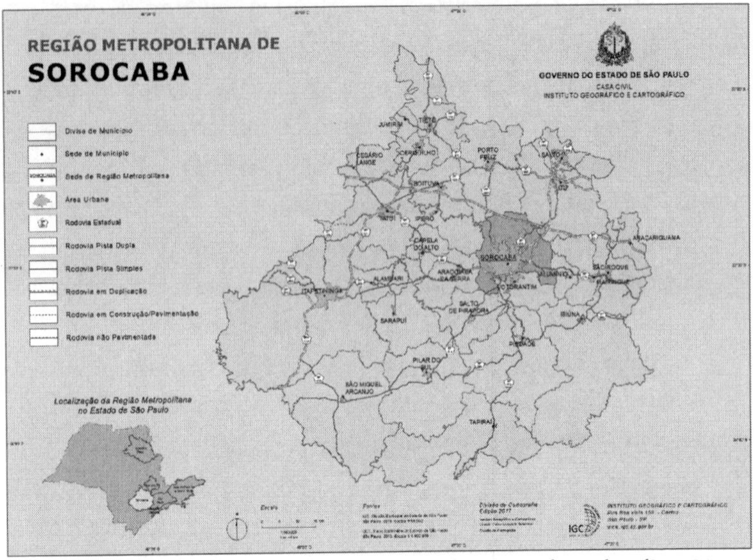

Fonte: http://www.igc.sp.gov.br/produtos/mapas_rab88c.html?ra=31

Figura 4 - Mapa feito pelo INCRA da Fazenda Pilar

Fonte: http://quilombodopilar.blogspot.com/2013/08/mapa-feito--pelo-incra-da-fazenda-pilar.html?m=0

Figura 5 – Croqui da demarcação das áreas de Terras do Quilombo da Fazenda Pilar-SP.

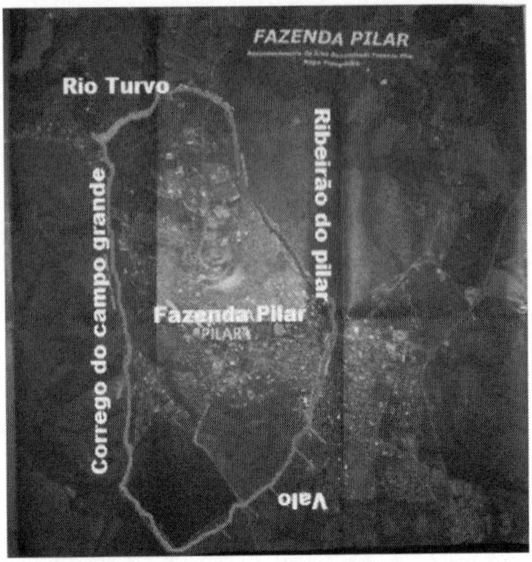

Fonte: http://quilombodopilar.blogspot.com/2015/

Figura 6 – Casas Antigas da Vila de Pilar do Sul – 1950

Fonte: http://quilombodopilar.blogspot.com/2015/

Desde o final do século, foram feitas aquisições de terras quilombolas por representantes oficiais do município. O século XX, também, marca importantes perdas territoriais do território quilombola Fazenda Pilar, sendo grande parte delas incorporada à Prefeitura Municipal de Pilar do Sul, fragmentando a comunidade. Na década de 1970, o então prefeito solicitou a desapropriação das terras. Segundo Vieira[19], durante o mandato do Prefeito Antônio José Ayub, 1977, a prefeitura entrou com pedido de desapropriação das terras, as quais pertenceriam à Prefeitura Municipal. Essas ações levaram à comunidade a se organizar na luta pela memória que se tornou o alicerce mais importante para a restituição dos territórios e de seus direitos. A aprovação do Art. 68, da ADCT (Constituição federal) e, em 2003, o Decreto 4887/03, constituíram-se importantes marcos legais para esse reconhecimento.

Pilar do Sul é, hoje, uma cidade pequena em termos de número de habitantes,[20] cuja urbanização tem avançado mais rapidamente no final do século passado, ao mesmo tempo em que esse espaço de feições rurais é habitado múltipla e diversamente preenchido pelas práticas cotidianas, sem que se reconheçam os sentidos plurais do lugar. A Associação da Fazenda Pilar, Pilar do Sul/SP, se localiza no bairro de Campo Grande, tendo sido criada conforme as exigências para a regularização do território

19 VIEIRA, Eliseila de Góis. *Associação dos Remanescentes do Quilombo do Espólio do Tenente de Almeida da Fazenda Pilar*. Monografia (Especialização em Sociologia). Rede São Paulo de Formação DocDocente/Secretaria de Educação do Estado de São Paulo/Universidade de São Paulo. São Paulo, 2012.

20 Segundo o Censo do IBGE (2010), a cidade tinha 26.406 hab., em 2020, é estimada de 29.402. Disponível em: <https://cidades.ibge.gov.br/brasil/sp/pilar-do-sul/pesquisa/13/78117>. Acesso em: 06 mai. 2021.

comum,[21] o que está projetado para se reconstruir em espaços fronteiriços aos limites geográficos urbanos. Ela representa o próprio território quilombola numa cidade que se expandiu sobre o espaço que, anteriormente, pertencia à comunidade, desterritorializando as famílias.

A memória, nesse caso, não se apagou, e muitas atividades agrícolas continuam se desenvolvendo nos quintais,[22] perfazendo um intenso processo de tradição que passa entre as gerações e pauta a esperança das famílias se reunirem novamente no território já mapeado pelo Instituto de Terras do Estado de São Paulo – o ITESP.

Certeau,[23] distanciando-se das visões totalizantes e varredores das diferenças que habitam os espaços geométricos da cidade, se utiliza da metáfora de Freud sobre as camadas da memória, a fim de nos mostrar que a memória e o esquecimento se encontram juntos havendo sempre um equilíbrio incerto entre a pressão das lembranças no presente e sua exclusão ilusória. Essa diferenciação sobre a memória requisitada pelas necessidades do presente está na base da abordagem de temporalidades

21 A Associação dos Remanescentes do Quilombo Espólio do Tenente Almeida Leite da Fazenda Pilar encontra-se sediada no Bairro Campo Grande. Instituiu-se em uma sociedade civil sem fins lucrativos, regulamentada pela Lei no. 11.816, de 30/12/2004 e pela Lei Complementar no. 611 de 2004.

22 PAIXÃO, Gabriela Marques Leite. *Memórias Resistentes nos Quintais Quilombolas de Pilar do Sul.* Dissertação (Mestrado em Sustentabilidade na Gestão Ambiental). PPGSGA – Programa de Pós-graduação em Sustentabilidade na Gestão Ambiental -UFSCar, Sorocaba, 2018.

23 CERTEAU, Michel de. *A invenção do cotidiano*: artes de fazer. 21. ed. Petrópolis, Rio de Janeiro.: Vozes, 2014.

que são partes das diferenças compondo os modos de viver e perceber o tempo e o espaço em contexto de enfrentamentos.

O fato de que o negro tem sido posto fora do código social da propriedade e da cidadania, desde a abolição, no campo e na cidade, impulsiona a formação de identidades num processo histórico de exclusões, concomitantemente à criação de práticas espaciais que expressam o contínuo embate do ser e estar no mundo e o mundo nele próprio, no ser. Nesse sentido, não se toma o espaço e sua forma território como algo dado e essencialmente construído, mas pela potencialidade do existir frente à alteridade, assim como a memória não se resgata de um ponto, sendo formada pelas demandas postas no individual e no coletivo no presente.

Para Lefebvre,[24] o espaço seria instrumento e mediação, e mais do que isso, um atributo antropológico do ser altero à natureza, portanto, presente no campo da historicidade, do processo de elaborar e construir uma gramática de conhecimento e do ser. Dessa forma, os sujeitos coletivos têm sido forçosamente reconhecidos no Brasil contemporâneo em suas expressões na busca da cidadania em que o território aparece como uso e consumo.

A noção de mediação estabelece o ponto problemático da questão em que memória, identidade e história são vistos como processos distintos, no interior das narrativas sobre a aceleração temporal própria à chamada mundialização ou globalização. Trata-se de um processo histórico que opera dentro de si o problema da passagem da memória à história, na modernidade, diria o historiador Pierre Nora,[25] já que a história tende a apagar a memória.

---

24 LEFEBVRE, Henri. *Espaço e Política*. Belo Horizonte: Editora UFMG, 2008.

25 NORA, Pierre. *Entre memória e história* – a problemática dos lugares. Trad. Yara Aun Khoury. *Revista Projeto História*, São Paulo,

Michael Pollack analisa que a memória opera no sentido de manter a coesão dos grupos sociais: o território, produz um enquadramento da memória a partir de discursos legitimadores e justificadores:

> Estudar as memórias coletivas fortemente constituídas, como a memória nacional, implica preliminarmente a análise de sua função. A memória, essa operação coletiva dos acontecimentos e das interpretações do passado que se quer salvaguardar, se integra, como vimos, em tentativas mais ou menos conscientes de definir e de reforçar sentimentos de pertencimento e fronteiras sociais entre coletividades de tamanhos diferentes: partidos, sindicatos, igrejas, aldeias, regiões, clãs, famílias, nações etc. A referência ao passado serve para manter a coesão dos grupos e das instituições que compõem uma sociedade, para definir seu lugar respectivo, sua complementaridade, mas também as oposições irredutíveis.[26]

Nesse sentido, a memória coletiva nacional ou não, segundo o autor, possui seus limites na própria identificação dos sujeitos com as narrativas feitas sobre passado para darem sentido ao presente, o que torna a própria memória coletiva um ponto problemático. Para o autor, os fatos sociais, tendem a se tornam coisas, solidificadas e dotadas de duração e estabilidade, na medida em que nos fluxos da produção histórica, a primazia da definição de identidades coletivas se concentra nas instituições oficiais, como o Estado ou a escola.

PUC-SP, n. 10, p. 7-28, dez. 1993.

26 POLLAK, Michael. *Memórias, Esquecimento, Silêncio. Revista Estudos Históricos*. Rio de Janeiro: Ed UFRJ, v. 2, n. 3, p. 3-15, 1989, p.7.

A luta da memória dos marginalizados e dos esquecidos contra as homogeneizações como memórias subterrâneas que devem ser ponderadas desde o que foi e não foi dito, pois as memórias subterrâneas são parte do processo de resistência. Nesse sentido, há sempre os silenciamentos que nos deixam lacunas não explicadas sobre os acontecimentos. Mas tais silêncios devem ser explicados não só porque existem as coerções, mas nos sentimentos que os sujeitos podem ter de que o momento não seja adequado para trazer à tona as suas memórias. Frente aos olhares e possíveis interpretações negativas de diversas formas existentes nos contextos sociais, os oprimidos as guardam ou as utilizam sob as diversas formas. Ou seja, a memória subterrânea é aquela que vai sendo trabalhada no silêncio e nas negociações entre o presente e o passado.

Segundo Pollack, as memórias subterrâneas são parte integrante das culturas dominadas em oposição à "Memória oficial", como a memória nacional, podendo, também, fazer parte de diversos contextos conflitantes que promovem a rememoração. Esta se encontraria num campo de disputas, que, segundo o autor, abarca memória e esquecimento. Nesse sentido, se diferencia de Halbwachs[27] na medida em que vê a evocação da memória em certos momentos como parte de processos sociais amplos envolvendo diversos atores e relações de conflito na sociedade, como é o caso da construção das memórias coletivas que se amparam nas histórias nacionais. O autor explica, nesse ponto, que na constituição memorial individual e coletiva podem surgir formas de negociação acerca do acontecido, que podem ou não aflorar uma vez que as dores do passado nem sempre são tão facilmente rememoráveis, conforme o grau das violências e dos limites impostos à dignidade humana.

27 HALBWACHS, Maurice. *A memória coletiva*. Trad. de Beatriz Sidou. São Paulo: Centauro, 2006.

Ecléa Bosi no estudo da memória de velhos delineia quadros familiares e culturais que intervêm no interesse pelo passado, destacando as rememorações como a característica principal de um grupo, pois, considera que para os mais velhos a lembrança é muito importante e, por isso, bem mais buscada que em relação aos demais indivíduos: "Haveria, portanto, para o velho uma espécie singular de obrigação social, que não pesa sobre os homens de outras idades: a obrigação de lembrar e lembrar bem".[28] Nesse sentido, a autora analisa a memória coletiva como função social que é exercida aqui e agora pelo sujeito que lembra, fazendo parte das representações que um grupo possui pelos seus referenciais da tradição. Tal obrigação seria de alguma maneira o resguardo dessa tradição que para o grupo, família, instituição ou sociedade constituiria um elo importante com as experiências sociais do passado.

Essa memória é o ponto fundamental, portanto, para entender a luta da comunidade Fazenda Pilar pelo território perdido; tendo sido doado em testamento do senhor Antônio de Almeida Leite, aos ancestrais, e hoje, fragmentado pelo avanço do tecido urbano, o grupo reivindica o território que lhes confere pertencimento a uma história que antecede a própria cidade.

Território e territorialidade num sentido histórico e relacional

As discussões e atividades realizadas nos cursos de extensão ocorreram de forma a pensar o território quilombola de Pilar do Sul na sua específica história, tendo como contrapartida as narrativas dos mais velhos do quilombo, sendo as visitas e entrevistas gravadas com vários moradores e com as lideranças,

28 BOSI, Ecléa. *Memória e sociedade*: memória de velhos. São Paulo: T.A. Editor, 2009.

propiciando a análise da memória como disputa face às narrativas oficiais.

O conceito de território vem sendo discutido a partir de interpretações sobre o seu caráter relacional, entendendo-se que ele não somente pertence aos domínios jurídicos, do poder político estatal e da propriedade, mas abarcando, também, o próprio relacionamento dos indivíduos com o espaço social de pertencimento, poder e suporte. Se as múltiplas autodefinições traduzem a ruptura com critérios homogeneizantes e colonialistas, que negam as diferenças étnicas e culturais,[29] a centralidade do território e da memória adquire caráter importante na organização coletiva. Sob os domínios das identidades, vê-se necessário situar o território no plano teórico e refletir sobre os significados da memória como instrumento capaz de fazer emergir o passado como interpretativo da questão quilombola na construção do presente.

A negação dos sujeitos, por isso, não se faz somente nos campos do simbólico e das ideias, mas, no campo concreto da vida social, nas exclusões materiais, do emprego, da moradia, da escola e do direito à propriedade. Nesse sentido, ao refletirmos sobre o quilombo de Pilar do Sul, foi pensado o território usado, com base em Milton Santos, representando controle e apropriação do espaço por diversos agentes, de um nível mais material, físico até um nível mais imaterial ou simbólico. Partindo da centralidade do poder econômico predominante no mundo globalizado, o autor analisa que as características hegemônicas desse tempo histórico resultam no aprofundamento de hierarquias que podem valorizar ou desvalorizar os lugares, os indivíduos e as entidades territoriais:

29 ALMEIDA, Alfredo Wagner B. de Os quilombos e as novas etnias. O'DWYER, E. C. *Quilombos*: identidade étnica e territorialidade. São Paulo: ABA/FGV, 2002, p.167.

> O que interessa discutir é, então, o território usado, sinônimo de espaço geográfico. E essa categoria, território usado, aponta para a necessidade de um esforço destinado a analisar sistematicamente a constituição. Como se trata de uma proposta totalmente empiricizável, segue-se daí o enriquecimento da teoria.[30]

O autor defende uma periodização histórica e geográfica para o estudo do território que possibilite pensar sobre os usos diferentes em diversos momentos históricos de formação das sociedades. Entende que, no período atual, existe a acumulação de tempos e espaços distintos, no sentido de que o espaço geográfico contemporâneo abarca tempos e espaços hegemônicos do capitalismo mundial e outros pretéritos que não são dissolvidos, mas subordinados e entrelaçados à lógica racional da economia, da informação e do conhecimento científico. Santos destaca, também, que o desenvolvimento das técnicas seria a base empírica para compreender essa periodização, uma vez que elas se desenvolvem e são praticadas historicamente de formas heterogêneas e distintas.

Antes de tudo, tornou-se necessário analisar que a categoria espaço não se separa do tempo, sendo relações históricas produzidas na apropriação dos recursos da natureza, portanto, inscrevendo-se no âmbito da separação fundamental entre sociedade e natureza. Como processo cultural, o território é produzido e praticado, portanto, vivido, significando, além de apropriação, exploração, dominação; as construções simbólicas advindas das representações dos grupos e indivíduos que, em múltiplas escalas temporal e espacial, adquirem concretude, dependem,

30 SANTOS, Milton. *O Brasil*: Território e Sociedade no início do Século XXI. São Paulo: Record, 2001, p. 20.

na maioria das vezes, dos processos demarcados em contextos históricos, políticos e culturais singulares.

Analisar o território significa não somente entendê-lo como domínio estatal, mas, para além dele, os vínculos de poder territorial que se estabelecem de forma mais ampliada, pertencentes, também, às organizações dos indivíduos, dos laços grupais, das empresas e do Estado. A partir da formação territorial que se liga à história estatal sobre uma ou várias identidades dos sujeitos instituem-se poderes que originalmente os levam à alienação despossuindo-os desse poder em favor do Estado e do mercado. Contudo, segundo Raffestin,[31] podem ser afirmadas territorialidades que resistem à homogeneização sob outras formas do vivido, as quais representam territorialidades singulares, sendo capazes de dar sentido para além das identidades nacionais. As territorialidades são, para o autor, um bem particular, que remete à multidimensionalidade do viver o territorial, dimensão que se relaciona ao "vivido" territorial dos membros de uma coletividade os quais não se inserem na relação homem-meio ou sociedade e espaço pura e simplesmente. A mediação territorial expressa, assim, um caráter simbólico e informacional na medida em que se estabelece por meio das relações de apropriação do espaço e do tempo pelos sujeitos.

As desterritorializações, conforme Haesbaert,[32] constituem-se em face da aceleração dos fluxos (capitais, pessoas, informações e mercadorias), que diferenciam o mundo globalizado. A desterritorialização da sociedade expressaria a conjun-

---

31 RAFFESTIN, Claude. *Por Uma Geografia do Poder*. São Paulo: Ática, 1993.

32 HAESBAERT, Rogério. *O mito da desterritorialização*: do "fim dos territórios" à multiterritorialidade. Rio de Janeiro: Bertrand Brasil, 2004.

ção de múltiplos sujeitos na dinâmica de despossessão imposta pelos processos econômicos, políticos e culturais, sendo imprescindível considerar a especificidade das ações de cada um deles. Mas, longe de representar a extinção das territorialidades, essa dinâmica resultaria em novas reterritorializações. O que o autor denomina de multiterritorialização seria, assim, não apenas a imbricação ou sobreposição de múltiplos tipos territoriais (o que inclui territórios-zona e territórios rede), mas também a experimentação/reconstrução da reterritorialização, na verdade, uma necessidade de existir socialmente.

A reinterpretação que os autores propõem à análise territorial contribuiu à reflexão acerca dos contextos de formação das territorialidades quilombolas e seu elo com a memória como elemento importante das representações sociais. Território e Memória se unem para a auto constituição dos sujeitos que são mobilizados pelas experiências e que colocam em palavras e ato tudo o que os afeta no presente. Nesse sentido, como diz Souza,[33] muito mais do que trazer o passado para o presente, a memória propicia reavaliações, revisões, autoanálise, autoconhecimento consistindo em narrativas que organizam as experiências, em que incluímos os significados territoriais.

Formação Territorial Brasileira, Branqueamento e Territorialidades Quilombolas

O conceito de território ocupou a centralidade nos cursos formativos, buscando remeter as reivindicações de regularização territorial quilombola aos processos da formação social brasilei-

33 SOUZA, Mariana Jantsch. A memória como matéria prima para uma identidade: Apontamentos teóricos acerca das noções de memória e identidade. *Revista Graphos*, vol. 16, n° 1 UFPB/ PPGL, 2014.

ra. Esta que conforma o território, constituindo em sua gênese inúmeros conflitos e multiterritorialidades contraditórias contra uma visão e práticas de espaço homogêneas estabelecidas. As forças econômicas e políticas dominantes, historicamente, amparam os discursos e as práticas macroestruturais estatais, sem vínculo com o lugar e o cotidiano das comunidades tradicionais, como são os quilombolas, indígenas e demais grupos. O debate junto aos docentes, movimentos sociais, quilombos e os diversos participantes do curso de extensão foi concernente à construção do Estado nacional e do território.

Schwarz explicitou em *Ideias Fora do Lugar*, as disparidades entre a sociedade brasileira, escravista e as ideias do liberalismo europeu que aqui adentravam nas mentalidades do século XIX, sem uma correspondência com as práticas sociais. Pois que enquanto o universalismo seria ideologia na Europa: "Entre nós, as mesmas ideias seriam falsas num sentido diverso, por assim dizer, original" já que predominavam as relações abomináveis da escravidão.[34]

Segundo o autor, as elites brasileiras importaram e consumiram ideias desenvolvidas na Europa, formulando, dessa forma, um modelo próprio para o país que atendesse ao debate a respeito de qual nação e de que tipo de sociedade estava em formação no final do século XIX, ao mesmo tempo em que puseram em prática políticas territoriais que se adequaram às mentalidades patrimoniais e culturais das elites.

Assim, políticas territoriais modernizantes foram colocadas em prática pelo Estado em seus esforços de organização política, a partir da criação de instituições dirigidas para esse fim. A funda-

---

34 SCHWARZ, Roberto. *Ao vencedor as batatas*: forma literária o processo social nos inícios do romance brasileiro. São Paulo: Duas Cidades/Editora 34, 2000, p. 10-31.

ção de institutos, como o IHGB (Instituto Histórico e Geográfico Brasileiro), em 1838, e o IBGE (Instituto Brasileiro de Geografia e Estatística), em 1936, aos quais se uniram o Conselho Nacional de Geografia, o Conselho Nacional de Cartografia e o Conselho Nacional de Estatística, permitiram o conhecimento amplo do território e seus recursos. A criação de superintendências de desenvolvimento regional e os planos geopolíticos de integração territorial, na segunda metade do século XX, representa, também, as ideologias geográficas que embasaram o Estado como autor que dá coesão às suas elites. Estabeleceu-se, assim, uma organização espacial cujos projetos vão representar as aspirações dominantes de se instituir uma civilização moderna.

Segundo Moraes,[35] tais espectros perpassam as gestões coloniais, a Monarquia, a República e o Estado Novo. No século XX, dentro do contexto da "Marcha para o Oeste", dando abertura de áreas para a "ocupação" humana, colocou-se em conflito essas frentes de colonização com os indígenas e posseiros que as habitavam. O Plano de Metas de JK e os governos militares, cada qual ao seu modo, ampliou essa perspectiva sobre a ocupação e a (re) organização do território (instalação e disposição/remodelagem de objetos técnicos), construindo novos conhecimentos sobre o que se fazer com os recursos naturais (fundos territoriais) e seu povo (abandono, violência, tutela ou integração). Na contemporaneidade, a questão ambiental e sua interface com políticas públicas e a globalização, se engendram novos esforços de modernização e tecnificação, construindo outros conflitos.

Embora não fale das territorialidades diversas que se constituem no conjunto territorial brasileiro, o autor nos deixou um

35 MORAES, Antônio Carlos Robert de. *Território e História no Brasil.* São Paulo: Annablume/Hucitec, 2002.

legado teórico importante ao fundamentar uma análise geográfica histórica que auxilia na compreensão dos processos da formação territorial nacional e das lutas que emergem reivindicando um território, frente à persistência de uma visão colonialista de ocupação e exploração dos fundos territoriais:

> A herança escravista e o domínio fundiário influíram na sociabilidade construída. Nesse quadro de formação nacional tem-se um território a ocupar e um Estado em construção, mas a população disponível não se ajusta à identificação de uma nação conforme os modelos identitários vigentes nos centros hegemônicos. No contexto, ao abandonar-se o caminho da construção da nacionalidade proposto por José Bonifácio (cujo eixo repousava na gradativa abolição das relações escravistas), começa a tomar corpo uma concepção que vai identificar o país não com sua sociedade, mas com seu território. Isto é, o Brasil não será concebido como um povo e sim como uma porção do espaço terrestre, não uma comunidade de indivíduos, mas com um âmbito espacial.[36]

O autor procurou, assim, realçar a visão que perpassou a ocupação das fronteiras econômicas que, em termos geopolíticos foi acompanhada de instituições encarregadas do conhecimento e formulação de planos de ocupação e integração do território nacional. Nesse processo, a invisibilidade que recai sobre as diversas territorialidades que fizeram do Brasil um mosaico multicor expressa o projeto do branqueamento, a identidade territorial se resumindo a um corpo, uno e indivisível.

Entre os intelectuais brasileiros que formularam o projeto moderno do Brasil o "branqueamento" se apresentou como

36 *Ibidem*, p. 116.

saída e solução para a abolição, inscrevendo a raça no plano explicativo das diferenças.[37] Em *Espetáculo das Raças*, a autora analisou o pensamento racial em vigor no século XIX, que apontou que o futuro reservava a vitória de uma nação branca.

Estudos posteriores buscaram romper com o pensamento de cunho racial desse momento questionando, tanto as visões que naturalizavam a raça, quanto o mito da democracia racial presente na obra de Gilberto Freyre.[38] Essas reviravoltas teóricas juntamente à organização dos movimentos sociais negros foram fundamentais para desmistificar a democracia racial e avançar na reivindicação e conquista de direitos territoriais no Brasil contemporâneo.

Na década de 1990, as mudanças no debate nas ciências sociais, em função do Artigo 68, abriram a possibilidade de atendimento a demandas quilombolas pela titulação de seus territórios. Vários estudos sobre comunidades rurais negras demonstram que essas identidades se estabelecem no contexto de conflitos fundiários, ambientais, e de grandes projetos modernizadores do território.

Nesse processo, segundo O'Dwyer,[39] a Antropologia se destacou pelas discussões conceituais sobre as comunidades quilombolas, enfatizando as pesquisas que tomassem como ponto de partida a autoidentificação dos grupos sociais que reivindicam o direito presente na Constituição Federal. Não mais

---

37 SCHWARCZ, Lília Moritz. *O espetáculo das Raças*. Cientistas, instituições e questão racial no Brasil (1870-1930). São Paulo: Companhia das Letras, 1993.

38 FREYRE, Gilberto. *Casa Grande & Senzala*. São Paulo: GLobal Editora, 2006.

39 O'DWYER, Eliane Cantarino. *Quilombos*: identidade étnica e territorialidade. Rio de Janeiro: FGV, 2002.

seria o olhar do antropólogo no exercício da etnografia que interpretaria sozinho os símbolos da cultura, mas os sujeitos envolvidos na representação de sua identidade. Essa mudança de paradigma, segundo a autora, permitiu a análise dos quilombos contemporâneos não como resíduos do passado ou "resquícios arqueológicos de ocupação temporal ou de comprovação biológica", mas enquanto expressões de identidades construídas entre o passado e o presente.

À luz das diversas realidades territoriais o conceito de quilombo tem sido analisado não somente como formados por escravos fugitivos, mas, também, por doações de terras pelos senhores, abandono das fazendas pela decadência econômica e por outras diversas formas. Nesse sentido, se baseando em práticas cotidianas que alimentam seus modos de vida em prol da consolidação de um território próprio, uso comum, saberes tradicionais, a afirmação de fronteira étnica e não o seu isolamento seriam constituintes da territorialidade desses grupos.

As análises interdisciplinares têm, assim, convergido para o entendimento do aspecto central da memória no fortalecimento da coesão dos quilombos contemporâneos e sua autoidentificação sobre uma base comum territorial agora amparada no preceito jurídico constitucional.

Nesse sentido, procuramos trazer o tema da memória para as atividades desenvolvidas no curso de extensão. Reuniões foram realizadas ao longo do ano, paralelamente, aos encontros no curso de extensão, na Secretaria Municipal de Educação, entre 2018 e 2019. Para a exposição dos resultados dos trabalhos foram convidados pesquisadores, representantes de movimentos sociais e da própria comunidade quilombola, os quais trouxeram debates importantes para se pensar a questão étnica e racial brasileira, no contexto histórico, a partir das demandas organizadas pelo quilombo. A formulação do projeto passou pelas questões do presente, memória, território e luta pela regularização territorial, e pode ser pensada no sentido da história da formação territorial brasileira, na qual é possível pensar tais questões.

O projeto teve, assim, como resultado, a elaboração de projetos pelos participantes junto a diversas escolas e distintos níveis de ensino do município de Pilar do Sul. Sendo apresentados no dia 21 de novembro de 20128, no auditório da UFSCar, *campus* Sorocaba, conforme fotos realizadas pela organização do encontro abaixo (Figuras 7 a 12). Registramos, nesse encontro, a presença de: estudantes, professores da UFSCar, professores/as das escolas municipais, pais dos alunos e convidados externos que assistiram as apresentações musicais, danças, teatro, poesia e a exposição de painéis, livros e trabalhos manuais do/as alunas, os quais contribuíram enormemente à reflexão sobre a importância do aprofundamento dos debates a partir de seus trabalhos.

Figura 7 - Estudantes e pais

Fonte: Autora

Figura 8 - Apresentação de trabalhos no auditório da UFSCar, campus Sorocaba

Fonte: Autora

Figura 9 -
Exposição de Trabalhos

Fonte: Autora

Figura 10 -
Auditório da UFSCar

Fonte: Autora

Figura 11 -
Slide da palestra do Prof.

Fonte: ANJOS, R. S. dos.

Figura 12 -
Apresentação de dança

Fonte: Autora

Esses registros fotográficos retratam, ainda que parcialmente, os trabalhos e nos estimulam a continuar os trabalhos na região de Sorocaba e em outros territórios quilombolas da região. Além disso, a participação de pesquisadores como Rafael do Sanzio Araújo dos Anjos (UnB) promoveu a construção de espaços de conhecimento de diversas origens. Assim, ele resume, na figura 5, um pensamento de Milton Santos, o qual representa muito as ideias e práticas do curso de extensão e do projeto pedagógico: "O território é o chão e isto é uma identidade, o fato e o sentimento de pertencer àquilo que nos pertence. O território é a base do trabalho, da residência, das trocas materiais e espirituais e da vida, sobre os quais ele influi".

O período atual requer aprofundar a análise do papel da memória em suas ligações com esse tempo histórico e os desmontes da política pública de reconhecimento, regularização dos territórios quilombolas, além de mortes de quilombolas em conflitos fundiários. A paralisação dos processos de regularização e titulação das terras, bem como as violências nas expulsões e nas mortes mostram os desafios da luta pelo território que segue, desde Palmares, passando pelos quilombos antigos e contemporâneos, até os que são urbanizados e os que chegam às favelas e às periferias.

Considerações Finais - Deixar falar o território

No Brasil, a cultura do silenciamento de tragédias como o longo período da escravidão guarda marcas de dores e sofrimentos infligidos àqueles que foram submetidos e aos que ousaram se insurgir contra a violência extrema. Tais períodos têm sido abordados em diversas instâncias da vida social, mostrando-se marcas indeléveis na destruição das identidades e extermínio físico das vítimas, ainda não totalmente trabalhadas. São, assim, acontecimentos do passado brasileiro que retornam nas relações de violência e restituição de afrontas aos direitos humanos cotidianos no presente. Mas, longe de conduzir ao esquecimento, a memória se opõe aos silenciamentos impostos. Ao mesmo tempo, coletiva e individual, a memória quilombola conduz à reflexão sobre a formação do território brasileiro e desvenda um processo de negação das diversas relações com esse território, engendradas no embate frente aos enquadramentos jurídicos e estatais que marcaram a construção da nação.

Todorov[40] (2000) analisa o papel que o passado deve ter no presente quando acontecimentos trágicos marcaram numerosos contingentes humanos. A recuperação da memória seria um dever não para que o passado venha a reger o presente, mas para que este se sirva das memórias singulares, coletivas e nacionais com o sentido de compreender o que se passou, permitindo, assim, aos povos e grupos o necessário luto sobre as suas perdas e possibilitando apreender as lições extraídas para vigiar e combater no presente a violência sob novas roupagens:

> Nada debe impedir la recuperación de la memoria: éste es el principio que se aplica al primero proceso. Cuando los acontecimientos vividos por el grupo o por el grupo son de la naturaleza excepcional o trágica, tal derecho se convierte en un deber: el de acordar-se. El de testimoniar.[41]

Esse processo histórico está nas preocupações das lideranças quilombolas de Pilar do Sul ao reivindicarem discussões com os professores da rede pública municipal. A desconsideração do quilombo no território urbano mostrava um distanciamento da história dos afro-brasileiros, sendo necessário que nas escolas e em toda a comunidade do município, se refletisse sobre as diversas narrativas da história, entre elas a do próprio quilombo. Foi possível realizar os cursos tendo como ponto de partida a presença de suas lideranças quilombolas, e em articulação com professores da rede municipal, o desenvolvimento de projetos pedagógicos tendo como mote a educação quilombola e as relações étnicas e raciais brasileiras.

40 TODOROV, Tzvetan. *Los Abusos de La Memoria*. Barcelona: Ediciones Paidós Ibérica, 2000.

41 *Ibidem*, p. 17-18.

A memória do quilombo é viva e se forma pelas condições atuais, torna a história dinâmica, a qual se ampara nas lutas históricas do povo negro, como a do Quilombo de Palmares, tornando-o não somente um território da memória, mas referencial à memória do território de pertencimento de todos aqueles quilombos que enfrentam o silenciamento e a métrica dos territórios oficiais.

Essas questões perpassaram as pesquisas e debates nos cursos de extensão, tendo como base a compreensão da história das resistências escravas e a constituição dos quilombos. Mas, para a concretização democrática, não somente há a necessidade de se reconhecer os territórios, mas, também, que se discuta o tema na educação no sentido de se romperem as barreiras entre a escola e a vida territorial. O reconhecimento das comunidades negras passa pela identificação dos vínculos sociais, culturais e históricos nos lugares do viver territorial, temática pouco visitada ainda pelo ensino de geografia.

Nesse sentido, trazer as falas orais, de mocambeiros, presentes nas letras de rappers e em relatos de jovens das periferias urbanas, aponta para as narrativas contemporâneas sobre os territórios quilombolas, num tempo mais recente dessas identidades. Esse processo que se inscreve em cada território torna a memória central à sobrevivência não somente física, mas simbólica de grupos territorializados presentes na realidade brasileira e pode ressignificar o saber dominante existente nos monumentos, documentos históricos e livros didáticos.

A relação entre memória e território torna-se elemento crucial no campo do pertencimento e da afirmação dos direitos dos grupos excluídos. As comunidades quilombolas demandam o reconhecimento de suas identidades, contrárias à homogeneização cultural e territorial, contando outras histórias do território sob práticas vivenciadas e renovadas a cada momento. É o que, espraiadas no território urbano de Pilar do Sul, as famílias quilombolas de Pilar, estão fazendo, nas longas lutas, sem perder a esperança, fazendo falar o território.

Referências bibliográficas

ALMEIDA, Alfredo Wagner B. de Os quilombos e as novas etnias. O'DWYER, E. C. *Quilombos: identidade étnica e territorialidade.* São Paulo: ABA/FGV, 2002.

ANJOS, Rafael Sanzio A. dos. Cartografia e Quilombos: Territórios Étnicos Africanos no Brasil. *AFRICANA STUDIA*, nº. 9, 2006, Edição do Centro de Estudos Africanos da Universidade do Porto (CEAUP).

APPLE, Michael W. *Ideologia e Currículo.* Porto Alegre, RS: Artmed, 2008/ 2013.

ARRUTI, José. Maurício. *Mocambo: Antropologia e história do processo de formação quilombola.* Bauru, SP: EDUSC, 2006.

BARTH, Fredrik. *O guru, o iniciador e outras variações antropológicas.* Trad.: John Cunha Comerford. Rio de Janeiro: Contracapa, 2000.

BOSI, Ecléa. *Memória e sociedade*: memória de velhos. São Paulo: T.A. Editor, 2009.

BRASIL. Presidência da República. Casa Civil. Subchefia para Assuntos Jurídicos. Lei no. 11.645, de 10 de março de 2008, altera a Lei no. 9394, de 20 de dezembro de 1996, modificada pela Lei no. 10.639, de 9 de janeiro de 2003, que estabelece as diretrizes e bases da educação nacional, para incluir no currículo oficial da rede de ensino a obrigatoriedade da temática "História e Cultura Afro-Brasileira e Indígena. *Diário Oficial da União*, Brasília: DF, Presidência da República. Brasília: DF, Presidência da República, 10 de março de 2008.

______. Decreto n. 4.887, de 20 de novembro de 2003. Regulamenta o procedimento para identificação, reconhecimento, delimitação, demarcação e titulação das terras ocupadas por remanescentes das comunidades dos quilombos de que trata o art. 68 do Ato das Disposições Constitucionais Transitórias. Diário Oficial da União, Brasília, DF: Presidência da República, 21 nov. 2003

CARRIL, Lourdes F. B. *Quilombo, favela e Periferia: A longa busca da cidadania.* SP: Annablume, 2006.

CERTEAU, Michael de. *A invenção do cotidiano: artes de fazer*. 21. ed. Petrópolis, RJ.: Vozes, 2014.

FREIRE, Paulo. *Pedagogia do Oprimido.* RJ: Paz e Terra, 1979.

FREYRE, Gilberto. *Casa Grande & Senzala.* São Paulo: Editora Global, 2006.

FUNARI, Pedro P. A. A República de Palmares e a arqueologia da Serra da Barriga. In: REIS, J. J.; GOMES, F. dos S. *Liberdade por um fio: história dos quilombos no Brasil.* São Paulo: Companhia das Letras, 1996. P. 26-51.

HALL, Stuart. *Identidade Cultural na Pós-modernidade.* Rio de Janeiro: DP&A, 2001.

HAESBAERT, Rogério. *O mito da desterritorialização:* do "fim dos territórios" à multiterritorialidade. Rio de Janeiro: Bertrand Brasil, 2004.

HALBWACHS, Maurice. *A memória coletiva.* Trad. de Beatriz Sidou. São Paulo: Centauro, 2006

LEFEBVRE, Henri. *Espaço e Política.* Belo Horizonte: Editora UFMG, 2008.

LOWY, Michael. A filosofia da história de Walter Benjamin. *ESTUDOS AVANÇADOS* 16 (45), 2002, p. 203.

MCLAREN, Peter. *A vida nas escolas:* uma introdução à pedagogia crítica nos fundamentos da educação. Artes médicas, Porto Alegre, 1997.

MORAES, Antônio. Carlos R. de. *Território e História no Brasil*. São Paulo: Annablume/Hucitec, 2002.

NORA, Pierre. Entre memória e história – a problemática dos lugares. Trad. Yara Aun Khoury. *Revista Projeto História*, São Paulo, PUC-SP, n. 10, p. 7-28, dez. 1993.

O'DWYER, Eliane Cantarino. *Quilombos: identidade étnica e territorialidade*. Rio de Janeiro: FGV, 2002.

PAIXÃO, Gabriela Marques Leite. *Memórias Resistentes nos Quintais Quilombolas de Pilar do Sul*. Dissertação (Mestrado em Sustentabilidade na Gestão Ambiental). PPGSGA – Programa de Pós-graduação em Sustentabilidade na Gestão Ambiental -UFSCar, Sorocaba, 2018.

POLLAK, Michael. Memórias, Esquecimento, Silêncio. *Revista Estudos Históricos*. Rio de Janeiro: Ed UFRJ, v. 2, n. 3, p. 3-15, 1989.

RAFFESTIN, Claude. *Por Uma Geografia do Poder*. São Paulo: Ática, 1993.

SACK, Robert D. *Human Territoriality. Its Teory and history*. Cambridge: Cambridge University Press, 1986.

SANTOS, Milton. *O Brasil: Território e Sociedade no início do Século XXI*. São Paulo: Record, 2001.

SCHWARCZ, Lília K. Moritz. *O espetáculo das Raças. Cientistas, instituições e questão racial no Brasil (1870-1930)*. São Paulo: Companhia das Letras, 1993.

SCHWARZ, Roberto. *Ao vencedor as batatas: forma literária o processo social nos inícios do romance brasileiro*. São Paulo: Duas Cidades/ Editora 34, 2000, ps. 10-31.

SOUZA, Mariana Jantsch. A memória como matéria prima para uma identidade: Apontamentos teóricos acerca das noções de memória e identidade. *Revista Graphos*, vol. 16, n° 1 UFPB/PPGL, 2014.

TODOROV, Tzvetan. *Los Abusos de La Memoria*. Barcelona: Ediciones Paidós Ibérica, 2000.

VIEIRA, Eliseila de G. *Associação dos Remanescentes do Quilombo do Espólio do Tenente de Almeida Leite da Fazenda Pilar*. Monografia (Especialização em Sociologia). Rede São Paulo de Formação DocDocente/Secretaria de Educação do Estado de São Paulo/ Universidade de São Paulo. São Paulo, 2012.

VOGT, Carlos; FRY, Peter. *Cafundó*: A África no Brasil: linguagem e sociedade, São Paulo: Companhia das Letras, 1996.

Agradecimentos

Várias pessoas participaram e fortaleceram os cursos de extensão "Educação Quilombola e Relações Étnicas e Raciais", organizados pelos Curso de Licenciatura/Proex – Pró - Reitoria de Extensão da UFSCar/Observatório Quilombola Evamario, *campus* Sorocaba, iniciados em 2016, sendo que nos anos de 2018 e 2109, eles ocorreram no âmbito do Projeto de Pesquisa *Perdas e Ressignificações dos Usos do Território na História do Negro em Sorocaba-SP*. Todos os debates realizados contribuíram ao avanço das discussões teóricas sobre a temática.

Agradeço, assim, a todos, pois constituíram a possibilidade dos encontros, de compartilhamento do conhecimento e das formações tão importante às nossas práticas docentes.

Às/aos estudantes: Débora Priscila de Oliveira, Ana Carolina Paula Basílio, Uma Reis Sorrequia, Pâmela Baena, Gabriela Paixão, Linderlane Souza Pereira, Thalita Suzan Souza.

A organização de encontros contou com a participação de professores, pesquisadores, educadores e representantes de movimentos sociais a respeito do crucial tema do racismo estrutural e do silenciamento de populações afro-indígenas brasileiras. São eles/elas: Ademir Barros dos Santos, Alcione Caetano, Alecsandro José Prudêncio Ratts, Ana Maria Mendes, Camila Camargo Vieira, Cléber dos Santos Vieira, Cristiano Nunes Alves,

Érika da Silva Brito, Fábio Dantas da Rocha, Fátima Aparecida Faria da Silva Galvão, Helbert Medeiros Prado, José Francisco Ferreira, Laíne Horta Lima, Luís Fernando de Freitas Camargo, Márcio Roberto dos Santos, Marcos Aurélio Caetano Fernandes, Marcos Ferreira dos Santos, Marcos da Silva e Silva, Marilda Côrrea, Maurício Moysés, Núria Hanglei Cacete, Rafael Sanzio Araújo dos Anjos, Rosana Batista, Rute Rodrigues dos Reis, Maria Walburga dos Santos.

Agradeço ao Paulo Lopes Rodrigues, técnico do Laboratório de Geografia Humana e do Observatório Quilombola Evamariô, da UFSCar, por todo o apoio.

Ao Quilombo Cafundó (Salto de Pirapora/SP)

Ao Quilombo Fazenda Pilar (Pilar do Sul/SP)

Ao Quilombo do Carmo (São Roque/SP)

A todos/as os/as docentes que se inscreveram e participaram dos cursos de extensão

À Secretaria da Educação Municipal de Pilar do Sul

Ao CNPQ pelo apoio à pesquisa e seus desdobramentos.

Sobre os autores

ADERVAL COSTA FILHO JR. Doutor em Antropologia Social pela UnB. Professor Adjunto do Departamento de Antropologia e Arqueologia da Universidade Federal de Minas Gerais. Ex-Coordenador da Comissão Nacional de Desenvolvimento Sustentável dos Povos e Comunidades Tradicionais, pelo Ministério do Desenvolvimento Social e Combate à Fome.

ANGELA PAPPIANI. Jornalista formada pela ECA/USP. É escritora e produtora cultural, sócia, editora e produtora da IKORE – Projetos culturais e artísticos, uma microempresa criada e dirigida por pessoas indígenas e não indígenas com a proposta de realizar projetos que fortaleçam as culturas tradicionais, criem produtos culturais para ampla divulgação e gerem renda para as comunidades.

BERNADETE APARECIDA CAPRIOGIO DE CASTRO. Antropóloga e docente da Universidade Estadual Paulista "Júlio de Mesquita Filho" – IGCE/DEPLAN – Rio Claro, SP. Mestre e doutora em Ciência Social (Antropologia Social) pela Universidade de São Paulo (1998). Possui também graduação em Licenciatura em História – Faculdades Associadas do Ipiranga (1987). Membro do Conselho Superior do Arquivo Público e

Histórico de Rio Claro, SP. Desenvolve pesquisa e orientação acadêmica dentro da temática Patrimônio Cultural, Memória e Território abordando: campesinato e território; patrimônio cultural e políticas públicas; territórios étnicos; dinâmicas territoriais e processos culturais. Coordenadora do LAPAT – Laboratório Interdisciplinar de Pesquisa sobre Patrimônio, Memória e Território/DEPLAN/IGCE-UNESP (2012-2017).

Daniela Cristina Lopes de Abreu. Graduada em Pedagogia e mestre em Educação Escolar pela Universidade Estadual Paulista Júlio de Mesquita Filho. Doutora em Educação pela Universidade de São Paulo (2013). Pesquisadora voluntária no Arquivo Público e Histórico de Rio Claro. Participa como pesquisadora do NIEPH – Núcleo Interdisciplinar de Estudos e Pesquisas em História Educação da FE/USP. Atua como coordenadora do curso de graduação da UNICEP – Rio Claro e diretora da Rede Municipal de Ensino de Rio Claro.

Débora Priscilla de Oliveira. Graduada em Filosofia pela Universidade de Sorocaba (UNISO). Graduanda em Licenciatura em Geografia na UFSCar (campus Sorocaba) e Mestre em Educação pela UFSCar. É membro do grupo de Pesquisa Evamariô: Educação e Identidades Territorializantes (CNPq).

Eliane Cantarino O'Dwyer. Antropóloga, Professora do Departamento e do Programa de Pós-Graduação em Antropologia da Universidade Federal Fluminense. É bolsista de produtividade e coordenadora do Grupo de Estudos Amazônicos (GEAM) do diretório de pesquisas do CNPq. Vice-presidente representante da ALA – Associação Latino-Americana de Antropologia – por indicação do Conselho Diretor da ABA.

Lourdes de Fátima Bezerra Carril. Graduada em Geografia, mestre em História Social e doutora em Geografia Humana pela FFLCH/USP. Professora Adjunta da Universidade Federal de São Carlos (campus Sorocaba). Possui estágio em pós-doutorado na Faculdade de Educação da USP (Fundamentos da Educação). Atualmente, é líder do Grupo de Pesquisa Evamariô: Educação e Identidades Territorializantes (CNPq) e coordena o Projeto de Extensão *Observatório Quilombola Evamariô*, da UFSCar. Coordenadora da Pesquisa *Perdas e Ressignificações dos Usos do Território na História do Negro em Sorocaba-SP* (Chamada MCTIC/CNPq Nº 28/2018). Processo: 433023/2018-0.

Maria Cecilia Cortez Christiano de Souza. Professora titular na Faculdade de Educação da Universidade de São Paulo. É licenciada, mestra, doutora, livre docente e titular do Departamento de Filosofia da Faculdade de Educação da Universidade de São Paulo. Recebeu em 2013 o prêmio Odara/Patrimônio e História da Secretaria de Promoção da Igualdade Racial da Cidade de São Paulo em reconhecimento pela sua atuação. Trabalha com os seguintes temas: relações étnico raciais na escola, história da psicologia e da psicanálise na educação brasileira.

Patrícia Hetti. Graduada em Filosofia pela Universidade de São Paulo e em História pela Universidade Estadual Paulista Júlio de Mesquita Filho. Mestre em Letras (Letras Clássicas) pela Universidade de São Paulo e doutora em Educação pela FEUSP. Atualmente, é professora do Instituto Federal de Educação Tecnológica de São Paulo e vice-líder do Grupo de Pesquisa Evamariô: Educação e Identidades Territorializantes (CNPq).

Reinado José de Oliveira. Sociólogo, Licenciatura em Ciências Sociais pela PUC/SP. Mestre em Ciências Sociais (PUC/SP), Doutor (PUC/SP) e Pós- Doutor pelo Programa Nacional de Pós-doutorado pela Fundação CAPES. Recebeu bolsa de pesquisa da Fundação Ford/Carlos Chagas para o desenvolvimento da tese de doutorado nas cidades de Lisboa – Instituto da Ciência e do Trabalho, no Núcleo de Estudos Territoriais (ISTEC) e em Paris, no Centro de Intervenção e Análise Sociológica (CADIS), na Escola de Altos Estudos em Ciências Sociais. Professor da Educação Básica no Estado da Bahia e Professor Universitário. Membro colaborador do NEPPINS/UFRB.

Regina Marques de Souza. Psicóloga, psicanalista. Mestre e Doutora pela PUC/SP. Pós-Doutorado pelo Instituto dos Mundos Africanos na Escola de Altos Estudos em Ciências Sociais em Paris/França. Professora do Mestrado em Relações Étnicas e Contemporaneidade da Universidade Estadual do Sudoeste da Bahia (PPGREC/UESB, Campus Jequié/BA), Professora e Supervisora Clínica no curso de graduação da Universidade Federal do Recôncavo da Bahia e coordenadora do NEPPINS – Núcleo de Estudos e Pesquisas em Identidade, Negritude e Sociedade da UFRB no Centro de Ciências da Saúde/BA. Coordenadora do Grupo de Trabalho Psicologia e Relações Raciais da Associação Nacional de Pesquisa, Ensino e Pós-Graduação em Psicologia (ANPEPP).

Renata Câmara Spinelli. Psicóloga clínica, psicanalista e tradutora. Mestre em Educação na linha Psicologia e Educação pela FEUSP. Graduada pela Faculdade de Psicologia e Inglês/Português – PUC-SP. Especialização lato-sensu em Psicologia

Clínica – Psicanálise e Aperfeiçoamento na Abordagem Fenomenológica pela PUC-SP. Pesquisadora e ex-coordenadora da Rede de Saúde Mental de Paraty-RJ.

Alameda nas redes sociais:

Site: www.alamedaeditorial.com.br
Facebook.com/alamedaeditorial/
Twitter.com/editoraalameda
Instagram.com/editora_alameda/

Esta obra foi impressa em São Paulo no inverno de 2022. No texto foi utilizada a fonte Adobe Garamond Pro em corpo 11 e entrelinha de 15 pontos.